읽어보면 안다, 쏘쿨한 엑셀

직장인에 의한, 직장인을 위한,
직장인의 엑셀 실무 해설서

읽어보면 안다

안다 쏘쿨한

So Cool

엑셀

[직장인에 의한,
직장인을 위한,
직장인의
엑셀 실무 해설서]

조애연 지음

BJPUBLIC

CONTENTS

3장 당장 실무에 필요한 함수 익히기

4장

당장 실무에 필요한 피벗 테이블 익히기

7장

엑셀 표에 대해 이해하기

8장

오류의 종류와 명칭 알기

11장

매크로 기록기로 단순 반복 작업을 멈추자

12장

어떻게 해야 작업을 빠르고 간단하게 끝낼 수 있을까?

13장

OFFICE INSIDER

0장

들어가며

일일이 손으로 중복값을 찾던 과장님!

입사한 지 얼마 지나지 않았을 때, 참으로 충격적인 모습을 목격했습니다. 중복값을 찾아서 체크해야 하는 일이 있었는데, 한 과장님이 A3 용지에 모든 엑셀 데이터를 출력한 후 손으로 짚어가며 중복된 값들을 눈과 30cm 자를 이용해서 찾은 후 체크를 하고 있는 것이었습니다. 저는 그 당시에 엑셀에서 중복값을 찾는 방법 정도는 알고 있었기 때문에 참으로 놀랐습니다. 더 놀라웠던 건 제가 중복값을 찾는 방법을 알려줘도 그 과장님은 출력해서 찾는 것이 더 편하다며 배우려고 하지도 않았습니다. 물론 이것은 꽤 오래 전 얘기입니다. 그렇지만 아직도 배우기 귀찮다는 이유, 한 번 하고 더 안 할 거라는 이유, 배워도 금방 잊는다는 이유로 효과적인 일 처리를 마다하는 것은 참으로 안타까운 일입니다.

엑셀에서는 한 글자만 알아도 사용법을 알 수 있다

고등학생 때 선생님들이 문제 속에 답이 있다고 했을 때 말도 안된다고 생각한 적이 있습니다. 진짜 문제 속에 답이 있는 문제가 있긴 했지만 그것도 뭔가 조금은 알아야 풀 수 있었으니까요. 그런데 엑셀은 정말 한 글자만 알아도 모두 풀 수 있습니다. 예를 들어 VLOOKUP 함수를 사용한다고 가정해 보면, 셀에 V만 치더라도 V로 시작하는 함수들 목록이 나열됩니다. 'VLOOKUP'은 Vertical Lookup의 줄임말일테니, 특정 열에서 특정 값과 일치하는 걸 찾으라는 거구나'라고 유추할 수 있고, 셀에 VLOOKUP을 치는 순간, 필요한 인수들이 무엇인지 바로 알려줍니다. 영어로 알려주는 것이 단점이긴 하지만, 중등 영어 수준이면 해석이 가능한 단어들이니 별 문제는 아닙니다. 물론 영어를 전혀 모른다고 하더라도 처음 사용할 때 잠깐의 검색을 하는 수고가 조금 필요할 뿐입니다.

엑셀은 설명서가 아닌 해설서가 필요하다

이 책은 엑셀 사용법을 알려주는 책이 아닌, 엑셀 프로그램의 '해설서'라고 보면 좋을 것 같습니다. 모두가 알고 있겠지만 엑셀은 'MicroSoft'라는 회사가 만든 것으로 공식적으로 제공하는 설명서들이 영어로 되어 있습니다. 현재 우리는 메뉴를 좀 더 보기 쉽게 하기 위해 표시 언어를 한국어로 바꿔서 사용하고 있지만 함수나 기타 구체적인 기능으로 들어가보면 영어로 되어 있는 것이 많다는 것을 알게 됩니다. 또한 한글로 된 메뉴나 기능이라고 할지라도 다소 생소한 단어들도 많이 보입니다. 평소에 잘 쓰지 않는 한글 단어와 영어로 이루어진 프로그램을 다루려고 보니 더 어렵고 복잡하게 느껴지는 것은 당연한 일입니다. 그래서 이 책에서는 용어의 뜻풀이부터 시작합니다. 중등 수준의 영어 실력만 되면 충분히 따라올 수 있을 것입니다. 간단한 문장과 실습 예제를 통해 내용을 확인하면서 가면 더욱 흥미를 느낄 수 있게 됩니다.

엑셀 프로그램 입장에서 생각해야 한다

엑셀 공부를 한 번이라도 해봤던 사람들은 분명히 책과 강의에서 알려주는 대로 똑같이 했지만 알 수 없는 오류가 나고, 엉뚱한 값들이 나와 당황한 적이 있을 것입니다. 그 이유는 가장 기본이라고 할 수 있는 엑셀 프로그램이 어떻게 돌아가는지 모르기 때문입니다. 대체 왜 내가 원하는 곳에 필터가 걸리지 않고 엉뚱한 행에 필터가 걸릴까요? 이유는 엑셀에서 생각하는 데이터 범위와 내가 생각하는 데이터 범위가 다르기 때문입니다.

엑셀 프로그램에서 데이터 범위라고 생각할 수 있도록 내가 먼저 데이터 정리를 해줘야만 원하는 곳에 필터를 걸 수 있습니다. 함수들의 이름이 왜 그 이름인지 또 왜 그런 인수들이 필요로 하는지 등 오류를 어떻게 해석하고 해결해야 하는지 이 책을 따라 공부하다 보면 다른 기능들은 자연스럽게 이해하고 적용할 수 있게 될 것입니다.

이 책에서 얻을 수 있는 것은 특정 기능이나 함수 사용 방법이 아니다

엑셀 작업을 할 때 필요한 기능이나 함수가 있다면 시간은 조금 걸려도 웹에서 검색하여 찾아 적용시킬 수 있습니다. 하지만 이 또한 자신이 하고 있는 작업에 어떤 기능과 함수를 써야 할지 알았을 때 할 수 있는 일입니다. **엑셀에서는 대략적으로 이런 기능과 함수, 그리고 요령 등이 있다는 것만 알면 됩니다.** 전체적으로 어떻게 작업을 할지 머릿속이나 메모장에 정리한 뒤 필요한 세부적인 내용만 이 책을 찾아보면 됩니다. 곧 자연스럽게 업무 효율화 방안이 떠오르고 업무 시간을 단축시킬 수 있을 것입니다.

1장

엑셀 프로그램의
종류와 차이

Office 2019와 Office 365의 차이

Microsoft 사에서는 두 개의 차이를 홈페이지에서 자세히 설명하고 있으며, 매달 사용료를 받을 수 있는 Office 365를 구매하게끔 유도하고 있습니다. 엑셀에 관심이 많아 새로운 기능을 사용하고 싶거나 다른 작업자와 작업을 공유해야 한다면 Office 365가 낫겠지만 그렇지 않다면 Office 2019을 구매해도 사용에 큰 문제는 없을 것입니다. 직장인이라면 이미 회사에서 어떤 버전이든 이미 구매가 되어 있을 테니 사용하고 있는 버전에 맞게 잘 활용해보기를 권합니다.

만약 새로 Office 프로그램을 구매해서 사용해야 한다면, Office 2019 를 구매할지, Office 365를 구매할지 결정하고 그 안에서 또 어떤 버전을 선택해서 구매할지 선택해야 합니다.

Office 2019는 Office Home & Student 2019, Office Home & Business 2019, Office Professional 2019 등으로 나누어져 있습니다. 버전에 따라 기능이 달라지기 때문에 자신에게 맞거나 필요한 버전을 잘 살펴보고 구매하면 됩니다.
Office 365는 가정용 또는 개인용, 비즈니스용, 비영리단체용 등 세부적으로 나누어져 있습니다. 역시 버전에 따라 기능이 달라집니다.

자세한 사항은 Microsoft 홈페이지에서 확인해야 합니다. 그런데 홈페이지에 가보면 매달 또는 매년 비용을 받을 수 있는 Office 365에 대한 내용이 주를 이루고 있습니다. 다른 내용을 찾기 어렵게 되어 있기 때문에, Microsoft 홈페이지에 접속한 뒤, office를 누르고 원하는 내용은 검색을 해서 찾으면 좀 더 빨리 원하는 내용을 찾을 수 있습니다. 직접 비교해보며 원하는 프로그램이 무엇인지 정확히 확인하고 작업에 맞는 것을 구매하기 바랍니다. 검색 방법은 그림 1-1부터 그림 1-3을 참고하세요.

그림 1-1 Microsoft 홈페이지 접속 후 Office 클릭

그림 1-2 Office 클릭 후 Office 2019 검색

그림 1-3 Office 2019 검색 화면

프로그램 구매는 온라인 쇼핑몰 등에서 해도 됩니다. 이 책에서는 가장 안전하고 공식적인 방법을 설명하고 있습니다.

2강 설치 방법

프로그램을 구매하면 온라인이나 전자 우편으로 제품키가 옵니다.
https://setup.office.com에 접속하고, 회원가입 후 로그인을 합니다. 안내해주는 순
서대로 받은 제품키를 입력하고 프로그램을 다운로드 받은 후 설치하시면 됩니다. 그
림 1-4처럼 과정이 나옵니다. 요즘은 예전과 달리 인터넷에 접속하고 제품키만 입력
하면 되므로 누구나 쉽게 설치할 수 있습니다.

그림 1-4 Office 2019 및 Office 365 설치 화면

2장

당장 실무에 필요한 기능 익히기

1 ⊞ 조건부 서식

1. 뜻풀이

'조건부 서식'이란 말 그대로 특정 조건에 맞는 데이터를 찾아서 색이나 글자 크기 등
서식을 다르게 만들어 눈에 잘 띄게 표시하는 것입니다. '서식'이란 셀의 일정한 양식
으로써 배경색, 글자색, 크기, 테두리 등을 말합니다.

2. 활용

특정 범위에 있는 중복값을 찾을 때나 특정 범위에서 100보다 큰 값을 찾을 때, 특정
수식을 만족하는 값을 찾을 때 등에 활용할 수 있습니다.

3. 기초 예제

그림 2-1의 학교 열에서 '중학교'가 포함된 셀을 조건부 서식을 이용하여 표시하세요.

연번	학생이름	학교	레벨
1	김가가	A초등학교	6
2	김나나	A초등학교	3
3	김다다	C초등학교	2
4	김라라	C중학교	7
5	김마마	E고등학교	5
6	김바바	F초등학교	8
7	김사사	E중학교	2
8	김아아	I초등학교	2
9	김자자	J중학교	5

그림 2-1 조건부 서식 기초 예제

조건부 서식 설정 방법은 〈홈 → 조건부 서식 → 셀 강조 규칙 → 다음 텍스트를 포함하는 셀의 지정 → 중학교 입력〉입니다. 먼저 〈텍스트 포함〉을 클릭했을 때 뜨는 창에서 '중학교'를 입력합니다. 그림 2-2를 참고하세요.

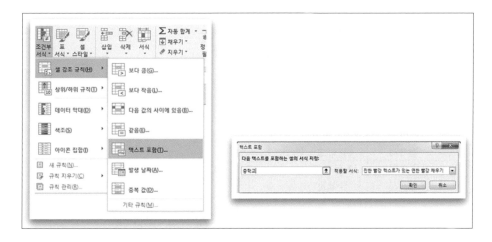

그림 2-2 셀 강조 규칙

결과는 그림 2-3과 같습니다. 중학교가 포함된 부분이 붉은 글씨와 분홍색 바탕의 셀로 표시된 것을 확인할 수 있습니다.

연번	학생이름	학교	레벨
1	김가가	A초등학교	6
2	김나나	A초등학교	3
3	김다다	C초등학교	2
4	김라라	C중학교	7
5	김마마	E고등학교	5
6	김바바	F초등학교	8
7	김사사	E중학교	2
8	김아아	I초등학교	2
9	김자자	J중학교	5

그림 2-3 조건부 서식 기초 예제 결과

4. 고급 예제

그림 2-4에서 '중학교'가 포함된 행 전체를 표시하세요.

연번	학생이름	학교	레벨
1	김가가	A초등학교	6
2	김나나	A초등학교	3
3	김다다	C초등학교	2
4	김라라	C중학교	7
5	김마마	E고등학교	5
6	김바바	F초등학교	8
7	김사사	E중학교	2
8	김아아	I초등학교	2
9	김자자	J중학교	5

그림 2-4 조건부 서식 고급 예제

방법은 〈홈 → 조건부 서식 → 새 규칙 → 수식을 사용하여 서식을 지정할 셀 결정 → 다음 수식이 참인 값의 서식 지정〉입니다. 수식은 '=ISNUMBER(FIND("중학교",$C17))'을 넣어보세요. 그림 2-5와 그림 2-6을 참고하세요.

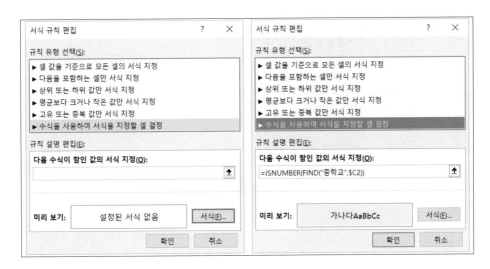

그림 2-5 새 서식 규칙

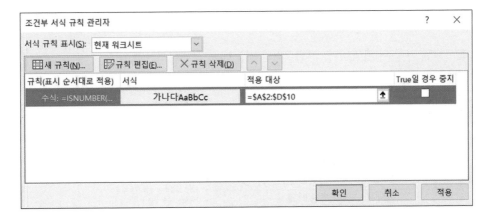

그림 2-6 조건부 서식 규칙 관리자

결과는 그림 2-7과 같습니다. 중학교가 작성된 행의 모든 부분이 노란 바탕으로 표시된 것을 확인할 수 있습니다.

연번	학생이름	학교	레벨
1	김가가	A초등학교	6
2	김나나	A초등학교	3
3	김다다	C초등학교	2
4	김라라	C중학교	7
5	김마마	E고등학교	5
6	김바바	F초등학교	8
7	김사사	E중학교	2
8	김아아	I초등학교	2
9	김자자	J중학교	5

그림 2-7 조건부 서식 고급 예제 결과

5. 왜 내가 하면 안될까?

조건부 서식 적용 대상 설정 방법은 이름 상자에 기준이 되는 셀이 오도록 범위를 설
정하는 것입니다. 다중 범위 설정 시에도 마찬가지입니다. 기준이 되는 셀은 일반적
으로 제일 왼쪽 위 셀입니다. 그림 2-8을 참고해서 실행해보세요.

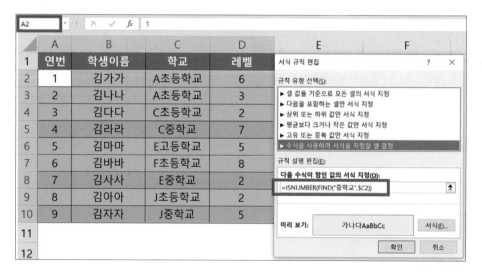

그림 2-8 기준이 되는 이름 상자 확인

그림 2-8처럼 A2셀을 기준이 되는 셀로 범위를 설정했다면 수식에도 기준이 되는 셀과 같은 행 또는 같은 열을 설정해야 합니다. 그림 2-8의 예제의 경우 C열은 고정해야 합니다. 기준이 되는 셀을 제일 왼쪽 위가 아닌 오른쪽 아래를 선택했을 때로 수식은 이름 상자에 셀의 행 또는 열이 같게 나오도록 바꿔줘야 합니다. 그림 2-9처럼 열을 고정하는 수식을 넣습니다.

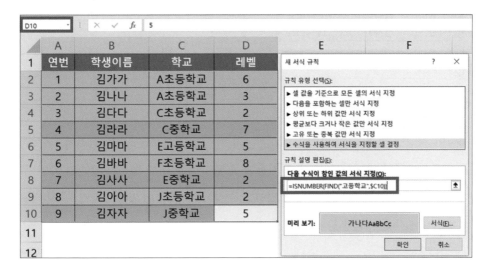

그림 2-9 기준이 되는 이름 상자 확인

위의 수식을 적용 후 다시 조건부 서식의 수식을 확인합시다. 그림 2-10과 같이 수식이 제일 왼쪽 위 셀 기준으로 자동으로 바뀌어 있음을 확인할 수 있습니다.

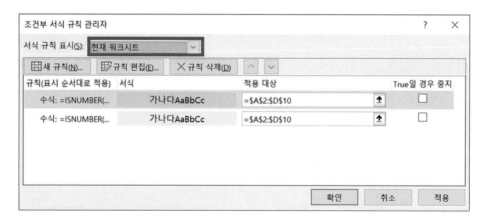

	A	B	C	D	E	F
1	연번	학생이름	학교	레벨		
2	1	김가가	A초등학교	6		
3	2	김나나	A초등학교	3		
4	3	김다다	C초등학교	2		
5	4	김라라	C중학교	7		
6	5	김마마	E고등학교	5		
7	6	김바바	F초등학교	8		
8	7	김사사	E중학교	2		
9	8	김아아	J초등학교	2		
10	9	김자자	J중학교	5		
11						
12						

서식 규칙 편집

규칙 유형 선택(S):

▶ 셀 값을 기준으로 모든 셀의 서식 지정
▶ 다음을 포함하는 셀만 서식 지정
▶ 상위 또는 하위 값만 서식 지정
▶ 평균보다 크거나 작은 값만 서식 지정
▶ 고유 또는 중복 값만 서식 지정
▶ 수식을 사용하여 서식을 지정할 셀 결정

규칙 설명 편집(E):

다음 수식이 참인 값의 서식 지정(O):

=ISNUMBER(FIND("고등학교",$C2))

미리 보기: 가나다AaBbCc 서식(F)...

확인 취소

그림 2-10 바뀐 수식 확인

서식이 지정될 범위 확인 방법은 〈조건부 서식 → 조건부 서식 규칙 관리자 → 서식 규칙 표시 : 현재 워크시트 → 내가 지정한 규칙과 적용 대상 범위가 맞는지 확인〉입니다. 적용해야 하는 영역을 잘못 설정하면 수식이 바뀔 수 있으니 수식 입력 및 적용 후에는 반드시 확인해야 합니다.

조건부 서식 규칙 관리자

서식 규칙 표시(S): 현재 워크시트

田 새 규칙(N)... 규칙 편집(E)... × 규칙 삭제(D) ∧ ∨

규칙(표시 순서대로 적용)	서식	적용 대상	True일 경우 중지
수식: =ISNUMBER(...	가나다AaBbCc	=$A$2:$D$10	☐
수식: =ISNUMBER(...	가나다AaBbCc	=$A$2:$D$10	☐

확인 취소 적용

그림 2-11 규칙 관리자에서 수식 및 적용 범위 확인

서식 규칙 표시를 〈현재 워크시트〉로 해야 만들어 놓은 조건부 서식이 나타남에 주의
하세요. 그림 2-11처럼 반드시 현재 워크시트로 설정하세요.

2 🔢 정렬하기

1. 활용

엑셀에서는 단순하게 값을 정렬하는 것이 가능합니다. 작은 값부터 정렬하는 오름차순 정렬과 큰 값부터 정렬하는 내림차순 정렬이 있습니다. 단, 정렬의 적용 범위를 꼭 확인해야 합니다. 글자색과 셀의 색으로도 정렬이 가능합니다. 조건부 서식으로 중복값을 셀 색으로 표시한 뒤, 셀 색으로 정렬을 하면 중복값들을 쉽게 확인할 수 있습니다. 또한 단계별 정렬 기준이 가능합니다. 예제를 통해 자세히 확인하겠습니다.

2. 기초 예제 ① : 오름차순으로 정렬하기

가장 적게 팔린 제품부터 위에 오도록 정렬해보겠습니다.

	A	B	C	D
1	제품	분류	판매 개수	가격
2	라테	커피	51	4100
3	마키아토	커피	51	2800
4	매실차	차	66	4400
5	바닐라	커피	37	4500
6	사과주스	주스	2	3200
7	아메리카노	커피	44	3100
8	오렌지주스	주스	30	2300
9	포도주스	주스	22	2700
10	홍차	차	100	2100

그림 2-12 정렬 활용법 기초 예제 ①

데이터 범위 내 셀 클릭 후 필터를 적용하세요. 필터 적용 단축키는 'Ctrl+Shift+L'입니다.

그림 2-13 필터 적용

그림 2-14처럼 필터 단추를 누른 뒤에 뜬 화면에서 숫자 오름차순 정렬을 누르세요.

	A	B	C	D
1	제품	분류	판매 개수	가격
2	라테	숫자 오름차순 정렬(S)		4100
3	마키아	숫자 내림차순 정렬(O)		2800
4	매실차	색 기준 정렬(T)		4400

그림 2-14 오름차순 정렬 적용

결과는 그림 2-15와 같습니다. 판매 개수가 적은 사과주스부터 순서대로 정렬된 것을 확인할 수 있습니다.

	A	B	C	D
1	제품	분류	판매 개수	가격
2	사과주스	주스	2	3200
3	포도주스	주스	22	2700
4	오렌지주스	주스	30	2300
5	바닐라	커피	37	4500
6	아메리카노	커피	44	3100
7	라테	커피	51	4100
8	마키아토	커피	51	2800
9	매실차	차	66	4400
10	홍차	차	100	2100

그림 2-15 정렬 활용법 기초 예제 ① 결과

3. 기초 예제 ② : 글자 색으로 정렬하기

그림 2-16에서 글자색을 기준으로 빨간색, 파란색 순으로 정렬하세요. 이 책에서는 순서의 변동을 보기 위해 임의로 색을 선정해서 바꿨습니다.

	A	B	C	D
1	제품	분류	판매 개수	가격
2	라테	커피	51	4100
3	마키아토	커피	51	2800
4	바닐라	커피	37	4500
5	아메리카노	커피	44	3100
6	매실차	차	66	4400
7	홍차	차	100	2100
8	사과주스	주스	2	3200
9	오렌지주스	주스	30	2300
10	포도주스	주스	22	2700

그림 2-16 정렬 활용법 기초 예제 ②

데이터 범위 내 셀 클릭 후 필터를 적용하세요. 필터 적용 단축키는 'Ctrl+Shift+L'입니다

	A	B	C	D
1	제품	분류	판매 개수	가격

그림 2-17 필터 적용

필터 단추를 눌러서 색 기준 정렬에서 빨간색을 선택하세요. 그림 2-18과 같이 색깔을 선택하면 됩니다.

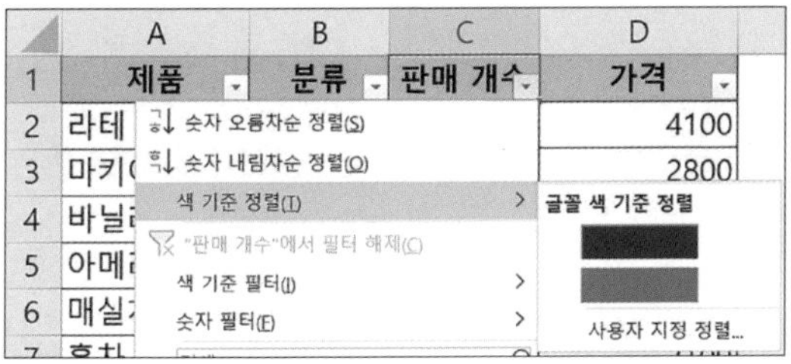

(그림 2-18) 색 기준 정렬 적용

결과는 그림 2-19와 같습니다. 빨간색 글자가 제일 위로, 파란색 글자가 그 아래로 정렬될 것을 확인할 수 있습니다.

	A	B	C	D
1	제품	분류	판매 개수	가격
2	라테	커피	51	4100
3	마키아토	커피	51	2800
4	매실차	차	66	4400
5	홍차	차	100	2100
6	바닐라	커피	37	4500
7	아메리카노	커피	44	3100
8	사과주스	주스	2	3200
9	오렌지주스	주스	30	2300
10	포도주스	주스	22	2700

(그림 2-19) 정렬 활용법 기초 예제 ② 결과

4. 고급 예제 ① : 다중 정렬

이번에는 좀 더 복잡한 정렬을 시도해보겠습니다. 그림 2-20의 표에서 제품을 같은 것끼리 인접한 셀에 모으고, 제품별 높은 가격 순으로 정렬하세요.

	A	B	C	D
1	제품	분류	판매 개수	가격
2	홍차	차	100	2100
3	오렌지주스	주스	30	2300
4	포도주스	주스	22	2700
5	마키아토	커피	51	2800
6	아메리카노	커피	44	3100
7	사과주스	주스	2	3200
8	라테	커피	51	4100
9	매실차	차	66	4400
10	바닐라	커피	37	4500

그림 2-20 정렬 활용법 고급 예제

〈홈 → 정렬 및 필터 → 사용자 지정 정렬 → 정렬 기준(분류, 셀 값, 오름차순) → 기준 추가(가격, 셀 값, 내림차순)〉을 순서대로 누릅니다. 그림 2-21과 2-22를 참고하세요.

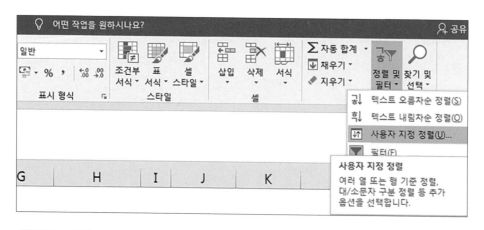

그림 2-21 사용자 지정 정렬

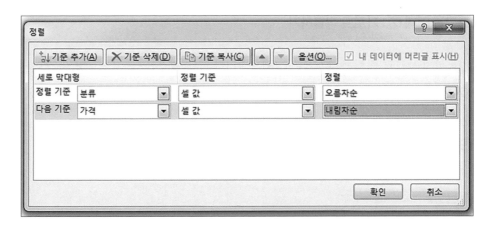

그림 2-22 기준 추가

그림 2-23처럼 같은 분류별로, 또 그 분류 안에서 높은 가격순으로 정렬된 것을 확인

할 수 있습니다.

	A	B	C	D
1	제품	분류	판매 개수	가격
2	사과주스	주스	2	3200
3	포도주스	주스	22	2700
4	오렌지주스	주스	30	2300
5	매실차	차	66	4400
6	홍차	차	100	2100
7	바닐라	커피	37	4500
8	라테	커피	51	4100
9	아메리카노	커피	44	3100
10	마키아토	커피	51	2800

그림 2-23 정렬 활용법 고급 예제 결과

5. 고급 예제 ② : 가로로 정렬하기

지금까지 세로로 정렬된 예제들을 살펴봤습니다. 그림 2-24는 가로로 정리된 데이터 입니다. 이 데이터를 가로로 오름차순으로 정렬해보겠습니다.

▲	A	B	C	D	E	F	G	H	I	J	K
1	연번	6	5	3	4	2	1	10	9	8	7

그림 2-24 가로로 정렬하기 예제

A열을 제외한 B1:K1 선택한 후 〈메뉴 → 데이터 → 사용자 지정 정렬 → 옵션 : 왼쪽 에서 오른쪽 선택〉을 차례로 클릭합니다. 그림 2-25를 참고하세요.

그림 2-25 정렬 옵션 선택

결과는 그림 2-26과 같이 왼쪽부터 오름차순으로 정렬됩니다.

▲	A	B	C	D	E	F	G	H	I	J	K
1	연번	1	2	3	4	5	6	7	8	9	10

그림 2-26 가로로 정렬하기 예제 결과

3 복잡한 함수 없이 단순 정렬로 할 수 있는 작업

1. 중복값을 찾아서 제일 위로 올리기

중복값을 찾은 뒤 그 값을 확인하기 위해 상단에 중복값을 올리는 방법에 대해 알아보겠습니다. 그림 2-27에서 중복값을 찾아서 그 값들을 위로 올리세요.

	A	B	C	D
1	제품	분류	판매 개수	가격
2	홍차	차	100	2100
3	오렌지주스	주스	30	2300
4	포도주스	주스	22	2700
5	마키아토	커피	51	2800
6	아메리카노	커피	44	3100
7	페리에	탄산수	66	4400

그림 2-27 중복값 찾아서 위로 올리기 예제

〈조건부 서식 → 셀 강조 규칙 → 중복값(서식 적용) → 셀 색으로 정렬(적용한 서식이 제일 위에 오도록 설정)〉을 차례로 클릭합니다. 그림 2-28과 2-29를 참고하세요.

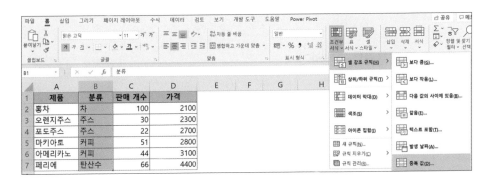

그림 2-28 셀 강조 규칙

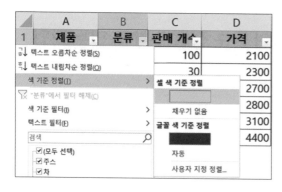

그림 2-29 셀 색으로 정렬

결과는 그림 2-30과 같습니다. 이제 중복값들을 쉽게 확인할 수 있습니다.

	A 제품	B 분류	C 판매 개수	D 가격
2	오렌지주스	주스	30	2300
3	포도주스	주스	22	2700
4	마키아토	커피	51	2800
5	아메리카노	커피	44	3100
6	홍차	차	100	2100
7	페리에	탄산수	66	4400

그림 2-30 중복값 찾아서 위로 올리기 예제 결과

중복값들이 있는 열을 먼저 오름차순 또는 내림차순으로 정렬한 뒤 중복값 찾기를 하면 같은 값끼리 인접한 셀에 위치하게 되어 더 보기 좋습니다.

2. 주소를 같은 분류로 구분하기

복잡한 함수 등을 사용할 필요가 없습니다. 단순하게 주소가 있는 열을 오름차순 또는 내림차순으로 정렬만 하면 자동으로 같은 시·구·군으로 모이게 됩니다. 실습 이미지가 따로 필요 없을 정도로 간단하니 직접 실행해봅시다.

4⋮⋮ 필터

1. 뜻풀이

필터는 데이터 범위를 좁히거나 필요한 데이터만 걸러낼 때 씁니다.

2. 검색 필터

검색 필터를 쓰면 원하는 데이터가 들어있는 셀만 필터가 가능합니다. 그림 2-31에서 '초등학교'만 남기세요.

	A	B	C	D
1	연번	학생이름	학교	레벨
2	1	김가가	A초등학교	6
3	3	김다다	C초등학교	2
4	4	김라라	C중학교	7
5	5	김마마	E고등학교	5
6	6	김바바	F초등학교	8
7	9	김자자	J중학교	5

그림 2-31 검색 필터 예제

단축키 'Ctrl+Shift+L'을 눌러 필터 키를 활성화한 후 검색란에 '초등'이라고 입력 후 확인을 누릅니다. 그림 2-32처럼 입력하세요.

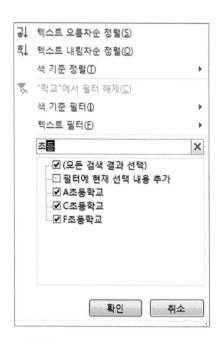

그림 2-32 검색하기

결과는 그림 2-33과 같습니다. '초등학교'만 남은 것을 확인할 수 있습니다.

	A	B	C	D
1	연번	학생이름	학교	레벨
2	1	김가가	A초등학교	6
3	3	김다다	C초등학교	2
6	6	김바바	F초등학교	8

그림 2-33 검색 필터 예제 결과

사용자 지정 자동 필터를 활용하면 보다 많은 필터 기능을 사용할 수 있습니다. 사용자 지정 자동 필터에는 같음, 같지 않음, 같거나 큼, 같거나 작음, 시작문자, 끝문자, 포함, 포함하지 않음 등이 있습니다.

3. 사용자 지정 자동 필터 예제

그림 2-34에서 초등학교와 중학교만 필터링하세요.

	A	B	C	D
1	연번	학생이름	학교	레벨
2	1	김가가	A초등학교	6
3	3	김다다	C초등학교	2
4	4	김라라	C중학교	7
5	5	김마마	E고등학교	5
6	6	김바바	F초등학교	8
7	9	김자자	J중학교	5

그림 2-34 사용자 지정 자동 필터 예제

〈필터 → 텍스트 필터 → 사용자 지정 필터 → 초등학교 포함 또는 중학교 포함〉을 차
례로 실행하세요. 그림 2-35와 2-36을 참고하세요.

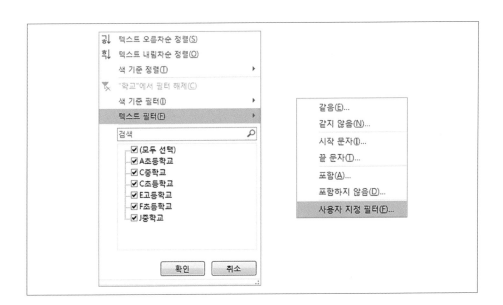

그림 2-35 사용자 지정 필터

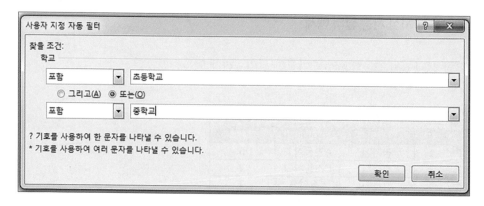

사용자 지정 자동 필터

결과는 그림 2-37과 같습니다. 초등학교와 중학교만 남은 것을 확인할 수 있습니다.

	A	B	C	D
1	연번	학생이름	학교	레벨
2	1	김가가	A초등학교	6
3	3	김다다	C초등학교	2
4	4	김라라	C중학교	7
6	6	김바바	F초등학교	8
7	9	김자자	J중학교	5

사용자 지정 자동 필터 예제 결과

4. 색 기준 필터 예제

이번에는 셀의 그림 2-38에서 노란색 셀만 남기세요. 그림 2-38을 보면 아무 색도 칠하지 않은 셀과 노란색, 초록색으로 칠해진 셀들이 있는 것을 확인할 수 있습니다. 노란색 셀만 남긴다면 총 2개의 셀만 남아야 할 것입니다. 어떻게 해야할까요?

	A	B	C	D
1	연번	학생이름	학교	레벨
2	1	김가가	A초등학교	6
3	3	김다다	C초등학교	2
4	4	김라라	C중학교	7
5	5	김마마	E고등학교	5
6	6	김바바	F초등학교	8
7	9	김자자	J중학교	5

그림 2-38 색 기준 필터 예제

〈필터 → 색 기준 필터 → 노란색 선택〉을 차례로 실행하세요. 그림 2-39를 참고하세요.

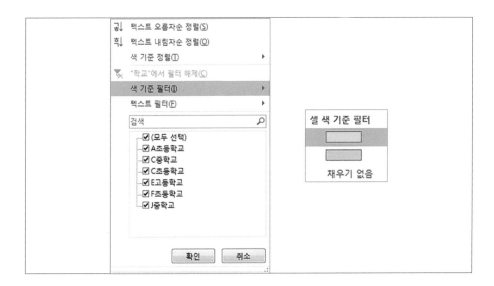

그림 2-39 색 기준 필터 선택

	A	B	C	D
1	연번	학생이름	학교	레벨
4	4	김라라	C중학교	7
7	9	김자자	J중학교	5

그림 2-40 색 기준 필터 예제 결과

5 고급 필터

1. 뜻풀이

고급 필터를 엑셀에서는 '복잡한 조건으로 필터링할 수 있는 기능'이라고 설명합니다. 이 내용을 조금 더 쉽게 풀이하면 조건에 맞춰서 걸러낸 내용을 새로운 영역에 쉽게 가져올 수 있게 하는 기능입니다.

2. 모든 조건 만족 예제

그림 2-41에서 조건에 맞는 데이터만 필터링한 후 F5셀 영역에 표시하세요. 조건은 동탄점에서 팔린 아메리카노입니다. 지점이 동탄점에 해당하고, 제품은 아메리카노여야 한다는 뜻입니다. 이 조건을 둘 다 만족해야 한다면 그림 2-41의 〈조건〉처럼 같은 행에 표시해야 합니다.

	A	B	C	D	E	F	G
1	지점	제품	판매 개수	가격		조건	
2	오류점	마키아토	256	3,500		지점	제품
3	동탄점	마키아토	228	3,500		동탄점	아메리카노
4	동탄점	아메리카노	55	3,500			
5	오류점	아메리카노	194	2,500			
6	동탄점	카페라테	31	3,000			
7	오류점	홍차	53	3,000			
8	중곡점	아메리카노	256	2,500			
9	중곡점	카페라테	28	3,000			
10	오류점	카페라테	51	3,000			

그림 2-41 고급 필터 기초 예제 (모든 조건 만족)

⟨데이터 → 정렬 및 필터 → 고급⟩을 차례로 클릭합니다. 그림 2-42를 참고하세요.

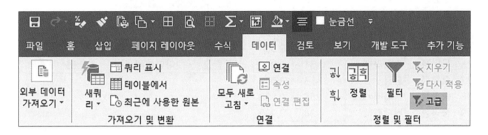

그림 2-42 고급 필터 선택

⟨다른 장소에 복사 → 목록 범위(원본 범위) → 조건이 있는 범위 복사 위치 선택⟩을 차례로 실행하세요. 그림 2-43을 참고하세요.

그림 2-43 고급 필터 복사 위치 선택

목록 범위와 조건 범위의 필드명이 반드시 같아야 합니다. 필드명은 제목을 말합니다. 결과는 그림 2-44와 같습니다.

	A	B	C	D	E	F	G	H	I
1	지점	제품	판매 개수	가격		조건			
2	오류점	마키아토	256	3,500		지점	제품		
3	동탄점	마키아토	228	3,500		동탄점	아메리카노		
4	동탄점	아메리카노	55	3,500					
5	오류점	아메리카노	194	2,500		지점	제품	판매 개수	가격
6	동탄점	카페라테	31	3,000		동탄점	아메리카노	55	3,500
7	오류점	홍차	53	3,000					
8	중곡점	아메리카노	256	2,500					
9	중곡점	카페라테	28	3,000					
10	오류점	카페라테	51	3,000					

그림 2-44 고급 필터 기초 예제 결과

3. 하나라도 만족 예제

그림 2-45의 왼쪽 표에서 오른쪽 표의 조건에 맞는 데이터만 필터링한 후 F6셀 영역에 표시하세요. 조건은 동탄점에서 팔렸거나 아메리카노가 팔렸거나로 둘 중 하나만 만족해도 표시해야 합니다. 둘 중 하나만 만족해도 되는 경우, 그림 2-45의 오른쪽 〈조건〉 표처럼 조건을 모두 다른 행에 표시합니다. 빈 칸은 모든 해당 필드명의 내용을 모두 표시하라는 것으로 이해하면 됩니다.

	A	B	C	D	E	F	G
1	지점	제품	판매 개수	가격		조건	
2	오류점	마키아토	256	3,500		지점	제품
3	동탄점	마키아토	228	3,500		동탄점	
4	동탄점	아메리카노	55	3,500			아메리카노
5	오류점	아메리카노	194	2,500			
6	동탄점	카페라테	31	3,000			
7	오류점	홍차	53	3,000			
8	중곡점	아메리카노	256	2,500			
9	중곡점	카페라테	28	3,000			
10	오류점	카페라테	51	3,000			

그림 2-45 고급 필터 기초 예제 (하나라도 만족)

〈데이터 → 정렬 및 필터 → 고급〉을 차례로 클릭합니다. 그림 2-46에서 표시한 부분을 클릭하면 됩니다.

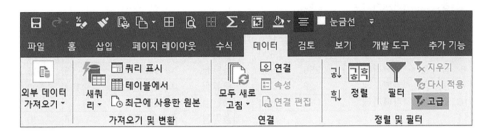

그림 2-46 고급 필터 선택

〈다른 장소에 복사 → 목록 범위(원본 범위) → 조건이 있는 범위 복사 위치 선택〉을 차례로 실행합니다. 그림 2-47을 참고하세요.

	A	B	C	D	E	F	G
1	지점	제품	판매 개수	가격		조건	
2	오류점	마키아토	256	3,500		지점	제품
3	동탄점	마키아토	228	3,500		동탄점	
4	동탄점	아메리카노	55	3,500			아메리카노
5	오류점	아메리카노	194	2,500			
6	동탄점	카페라테	31	3,000			
7	오류점	홍차	53	3,000			
8	중곡점	아메리카노	256	2,500			
9	중곡점	카페라테	28	3,000			
10	오류점	카페라테	51	3,000			
11							
12							
13							

고급 필터 ? ✕
결과
◯ 현재 위치에 필터(F)
◉ 다른 장소에 복사(O)
목록 범위(L): $A$1:$D$10
조건 범위(C): $F$2:$G$4
복사 위치(T): $F$6
☐ 동일한 레코드는 하나만(R)
확인 취소

그림 2-47 고급 필터 복사 위치 선택

결과는 그림 2-48과 같습니다. 동탄점에서 팔린 모든 제품과 아메리카노가 팔린 모든 지점을 표시하고 있습니다.

	A	B	C	D	E	F	G	H	I
1	지점	제품	판매 개수	가격			조건		
2	오류점	마키아토	256	3,500		지점	제품		
3	동탄점	마키아토	228	3,500		동탄점			
4	동탄점	아메리카노	55	3,500			아메리카노		
5	오류점	아메리카노	194	2,500					
6	동탄점	카페라테	31	3,000		지점	제품	판매 개수	가격
7	오류점	홍차	53	3,000		동탄점	마키아토	228	3,500
8	중곡점	아메리카노	256	2,500		동탄점	아메리카노	55	3,500
9	중곡점	카페라테	28	3,000		오류점	아메리카노	194	2,500
10	오류점	카페라테	51	3,000		동탄점	카페라테	31	3,000
11						중곡점	아메리카노	256	2,500

그림 2-48 고급 필터 기초 예제 결과

4. 숫자 고급 필터 예제

그림 2-49의 왼쪽 표를 오른쪽 조건에 맞게 필터링 한 후 F5셀 영역에 표시하세요.
판매 개수 100개 이상이고 가격 3,000원을 초과해야 합니다. 조건 표시 방법은 두 조
건을 모두 다 만족해야 하므로 그림 2-49처럼 조건을 같은 행에 표시합니다.

	A	B	C	D	E	F	G
1	지점	제품	판매 개수	가격			조건
2	오류점	마키아토	256	3,500		판매 개수	가격
3	동탄점	마키아토	228	3,500		>=100	>3000
4	동탄점	아메리카노	55	3,500			
5	오류점	아메리카노	194	2,500			
6	동탄점	카페라테	31	3,000			
7	오류점	홍차	53	3,000			
8	중곡점	아메리카노	256	2,500			
9	중곡점	카페라테	28	3,000			
10	오류점	카페라테	51	3,000			

그림 2-49 숫자 고급 필터 예제

등호와 부등호를 표시할 때는 부등호 먼저 써야 합니다. 만약 등호를 먼저 쓰면 그림 2-50과 같은 메시지가 나옵니다. 셀에 수식이 아닌 조건을 나타내야 하는데 등호가 먼저 나오면 수식과 헷갈리기 때문에 오류가 나오는 것입니다.

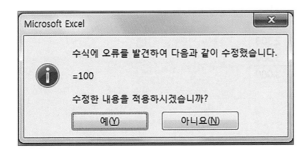

그림 2-50 오류 창

〈데이터 → 정렬 및 필터 → 고급〉을 차례로 클릭합니다. 그림 2-51에서 표시한 부분을 클릭하면 됩니다.

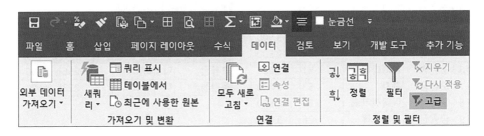

그림 2-51 고급 선택

〈다른 장소에 복사 → 목록 범위(원본 범위) → 조건이 있는 범위에 복사 위치 선택〉을 차례로 실행합니다. 그림 2-52를 참고하세요.

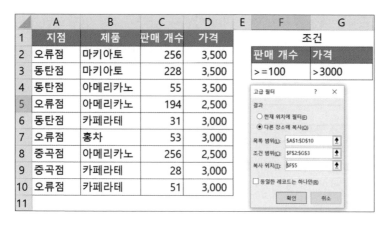

숫자 고급 필터 복사 위치 선택

결과는 그림 2-53과 같습니다. 100개 이상 팔리고 3,000원 초과인 제품을 확인할 수 있습니다.

숫자 고급 필터 예제 결과

1. 뜻풀이

엑셀에서는 데이터 유효성 검사를 '규칙 목록에서 규칙을 선택하여 하나의 셀에 입력할 수 있는 데이터 형식을 제한합니다. 예를 들어 1, 2, 3과 같은 값 목록을 제공하거나 1000보다 큰 숫자만 유효한 항목으로 허용할 수 있다'라고 설명합니다. 좀 더 간단히 설명하면 '유효한 데이터인지 아닌지 검사를 하고 유효한 데이터만 넣을 수 있도록 하겠다'라는 것입니다. 즉 내가 지정한 값만 넣을 수 있도록 하겠다는 뜻입니다.

2. 기초 예제

그림 2-54에서 B열에는 D열에 있는 값 이외의 다른 값을 넣지 못하게 만들어봅시다.

	A	B	C	D
1	물품명	사이즈		사이즈 종류
2	A			85
3	B			90
4	C			95
5	D			100
6	E			105
7	F			110

그림 2-54 데이터 유효성 검사 기초 예제

여러 가지 방법 중 첫 번째 방법은 유효한 데이터를 직접 설정하는 것입니다. 〈B2 : B7 범위 선택 → 데이터 → 데이터 도구 → 데이터 유효성 검사 → 제한 대상 : 목록

→ 원본 : 85, 90, 95, 100, 105, 110 입력〉을 차례로 합니다. 그림 2-55와 같이 실행하세요.

개별 입력으로 데이터 유효성 설정

두 번째 방법은 유효한 데이터를 범위로 설정하는 것입니다. 〈B2:B7 범위 선택 → 데이터 → 데이터 도구 → 데이터 유효성 검사 → 제한 대상 : 목록 → 원본 : =$D$2:$D$7 입력〉을 차례로 실행합니다. 그림 2-56을 참고하세요.

그림 2-56 범위로 데이터 유효성 설정

결과는 그림 2-57과 같습니다. 사이즈 열을 선택하면 설정된 범위 내의 값만 선택할 수 있도록 목록이 나오는 것을 확인할 수 있습니다.

	A	B	C	D
1	물품명	사이즈		사이즈 종류
2	A			85
3		85		90
4		90		95
5		95		100
6		100		105
7	F	105		110
		110		

그림 2-57 데이터 유효성 검사 기초 예제

범위로 데이터 유효성 설정을 하게 되면 데이터 목록에 따라 데이터 유효성 검사 범위를 재설정하는 것이 필요하다는 한계점이 있습니다. 이러한 한계를 극복하기 위해서는 INDIRECT 함수를 사용하여 동적인 데이터 목록을 만들어야 합니다. 이 방법은 아래 고급 예제에서 확인할 수 있습니다.

3. 고급 예제

설정한 데이터 목록이 변하면 데이터 유효성 검사 범위도 함께 변하도록 만듭니다. INDIRECT 함수를 이용하면 동적인 데이터 목록을 만들 수 있습니다. 데이터 목록을 표로 변환합니다. 표 이름은 사용자가 쉽게 기억할 수 있도록 '사이즈 종류'로 합니다. 그림 2-58을 참고하세요.

그림 2-58 데이터 목록을 표로 변환하기

여기에서 표 이름에는 공백이 들어갈 수 없고, 숫자를 제일 앞에 써도 안된다는 것을 기억하세요. 〈B2 : B7 범위 선택 → 데이터 → 데이터 도구 → 데이터 유효성 검사 → 제한 대상 : 목록 → 원본 : =INDIRECT("사이즈종류") 입력〉을 차례로 실행합니다. 그림 2-59를 참고하세요.

그림 2-59 INDIRECT 함수로 데이터 유효성 설정

결과는 그림 2-60과 같습니다.

	A	B	C	D
1	물품명	사이즈		사이즈 종류
2	A			85
3	85			90
4	90 95			95
5	100			100
6	105 110			105
7	F			110

그림 2-60 INDIRECT 함수로 데이터 유효성 설정 결과

검토를 위해 D4, D6셀(사이즈 종류 95, 105)을 삭제한 후 목록을 다시 확인해보면 자동으로 데이터 목록이 바뀐 것을 확인할 수 있습니다. 그림 2-61을 참고하세요.

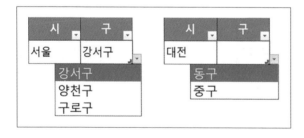

	A	B	C	D
1	물품명	사이즈		사이즈 종류
2	A			85
3		85		90
4		90		100
5		100		110
6	E	110		
7	F			

그림 2-61 INDIRECT 함수로 데이터 유효성 설정 결과 확인

데이터 유효성 검사가 걸린 셀에서 마우스 대신 키보드로 데이터를 선택할 수 있습니다. 'Alt+↓'를 누르고 화살표로 선택하면 됩니다.

4. 종속적 데이터 유효성 검사

특정 셀 값에 따라 정해진 값 목록만 선택 가능하도록 만듭니다. 아래 그림 2-62처럼 서울을 선택할 경우 '강서구, 양천구, 구로구'만 나오도록 하고, 대전을 선택할 경우 '동구, 중구'만 나오도록 설정합니다.

그림 2-62 종속적 데이터 유효성 검사 예제

그림 2-63처럼 먼저 시 및 구를 각각의 표를 만들고 표 이름을 시, 서울, 대전으로 만듭니다.

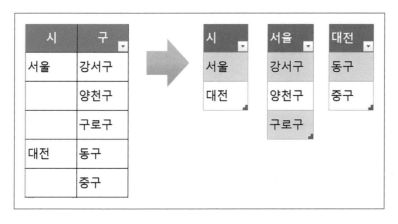

그림 2-63 데이터 범위를 표로 정리하기

그림 2-64처럼 종속적 데이터 유효성 검사를 넣을 범위도 표로 만드세요. 표로 만들어야 데이터를 추가할 때 자동으로 데이터 유효성 검사가 적용됩니다.

그림 2-64 적용할 범위를 표로 만들기

A2셀을 선택 후 데이터 유효성 검사를 설정합니다. 제한 대상은 목록으로 하고 원본에는 =INDIRECT($A$1) 또는 =INDIRECT("시") 를 넣으세요. '시'라는 이름을 가진 표를 참조하게 만드는 수식입니다. 그림 2-65와 2-66를 참고하세요.

그림 2-65 데이터 유효성 설정 방법 ①

그림 2-66 데이터 유효성 설정 방법 ②

B2를 선택 후 데이터 유효성 검사의 제한 대상은 목록으로, 원본 수식에는 '=INDIRECT(A2)'를 넣으세요. 그림 2-67과 같이 입력합니다.

`그림 2-67` 종속적 데이터 유효성 적용

원본 수식 내에 '=INDIRECT(A2)' 내에 절댓값 표시($)가 없음에 주의합니다. 절댓값 표시가 없어야 A2의 값에 따라 목록이 변합니다. 결과는 그림 2-68에서 2-71과 같습니다. 왼쪽의 셀 값에 따라 데이터 유효성 검사 목록이 달라짐을 확인할 수 있습니다.

`그림 2-68` 데이터 유효성 검사 적용 결과 확인

`그림 2-69` 종속적 데이터 유효성 검사 적용 결과 확인

그림 2-70 데이터 유효성 검사 적용 결과 확인   그림 2-71 종속적 데이터 유효성 검사 적용 결과 확인

5. 여러 개의 종속적인 데이터 유효성 검사

이번에는 여러 개의 종속적인 데이터를 만들어보겠습니다. 먼저 그림 2-72처럼 먼저 시, 구, 동을 각각의 표를 만들고 표 이름을 시, 구, 시구 이름으로 만듭니다. 1행의 필드명과 이름이 같도록 작성해야 기억하기 좋습니다.

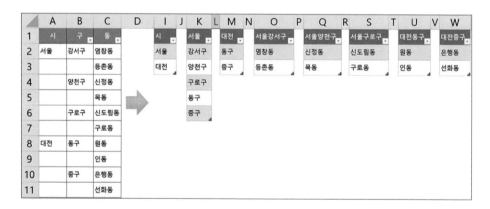

그림 2-72 범위를 표로 만들기

그림 2-73처럼 종속적 데이터 유효성 검사를 넣을 범위를 표로 만듭니다. 표로 만들어야 데이터를 추가할 때 자동으로 데이터 유효성 검사가 적용됩니다.

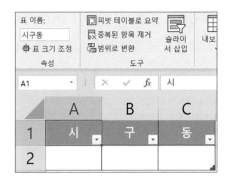

그림 2-73 적용할 범위를 표로 만들기

A2 셀을 선택 후 데이터 유효성 창에서 제한 대상은 목록으로 원본 범위는 '=INDIRECT($A$1)' 또는 '=INDIRECT("시")'로 하세요. '시'라는 이름을 가진 표를 참조하게 만드는 수식입니다. 그림 2-74 과 2-75를 참고하세요.

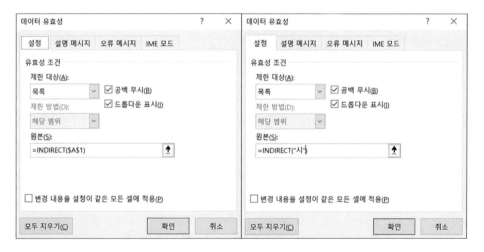

그림 2-74 데이터 유효성 설정 방법　　　그림 2-75 데이터 유효성 설정 방법

B2를 선택 후 데이터 유효성 검사를 제한 대상 목록으로 원본 범위는 '=INDIRECT(A2)'로 하세요. 이 원본 범위는 표 이름이 A2셀 값인 표의 목록을 가져오게 합니다 그림 2-76을 참고하세요. 여기에서 내부 수식 '=INDIRECT(A2)'에 절댓값 표시($)가 없음에 주의하세요.

그림 2-76 종속적 데이터 유효성 적용

C2를 선택 후 데이터 유효성 검사 창에서 제한 대상은 목록으로 원본 범위는 '=INDIRECT(A2&B2)'로 하세요. 표 이름이 A2셀과 B2셀과 관련된 표의 목록을 가져오게 합니다. 그림 2-77을 참고하세요. 원본 수식 '=INDIRECT(A2&B2)'에 절댓값 표시($)가 없음에 주의하세요.

그림 2-77 여러 개의 종속적인 데이터 유효성 설정

결과는 그림 2-78, 2-79와 같습니다. 시와 구에 따라 동의 목록이 달라짐을 확인할
수 있습니다.

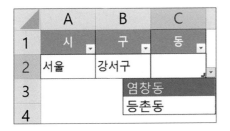

그림 2-78 여러 개의 종속적인 데이터 유효성
검사 적용 결과 확인

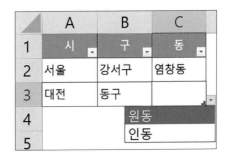

그림 2-79 여러 개의 종속적인 데이터 유효성
검사 적용 결과 재확인

7 빈 셀만 선택해서 한꺼번에 값 넣기

1. 활용

빈 셀만 선택하여 빈 셀에만 수식이나 값을 넣을 수 있습니다.

2. 예제

그림 2-80에서 모든 빈 셀에 바로 위 셀에 있는 값이 들어가도록 만듭니다. 셀 병합을 해제한 경우 빈 셀이 많이 생길 때 이렇게 빈 셀만 선택해서 한꺼번에 값을 넣으면 좋습니다.

	A	B
1	나라	판매개수
2	캐나다	619
3		700
4		409
5	태국	185
6	미국	320
7		888
8		677
9	캐나다	160
10	미국	900

그림 2-80 빈 셀만 선택해서 값 넣기 예제

먼저 원하는 범위 선택하고 F5키를 누른 후 옵션을 선택하세요. 그림 2-81을 참고하세요.

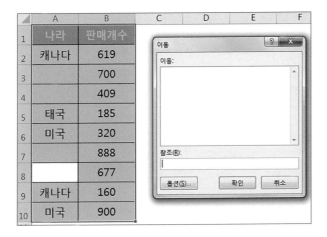

그림 2-81 이동 옵션

그림 2-82처럼 이동 옵션에서 빈 셀을 선택한 후 확인을 누르면 빈 셀만 선택이 됩니다.

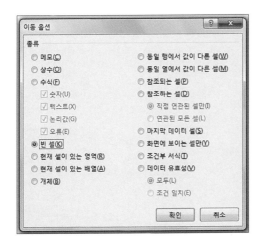

그림 2-82 이동 옵션 빈 셀 선택

그림 2-83처럼 빈 셀이 선택된 상태에서 '=A2'을 입력하고, 'Ctrl + Enter' 키를 누르세요.

	A	B
1	나라	판매개수
2	캐나다	619
3	=A2	700
4		409
5	태국	185
6	미국	320
7		888
8		677
9	캐나다	160
10	미국	900

그림 2-83 수식 넣기

결과는 그림 2-84와 같습니다. 모든 빈칸이 바로 위 셀 값과 같아진 것을 확인할 수 있습니다.

	A	B
1	나라	판매개수
2	캐나다	619
3	캐나다	700
4	캐나다	409
5	태국	185
6	미국	320
7	미국	888
8	미국	677
9	캐나다	160
10	미국	900

그림 2-84 빈 셀만 선택해서 값 넣기 예제 결과

8강 셀 서식 이해하기

1. 뜻풀이

서식은 문서 등의 서류를 꾸미는 일정한 방식이고, 셀 서식은 셀을 꾸미는 일정한 방식이라고 이해하면 됩니다. 셀 서식은 숫자, 텍스트, 날짜, 백분율, 통화 등으로 엑셀의 종류에 따라 올바른 계산을 할 수 있도록 셀 값의 종류를 정해주기 때문에 사람이 쉽게 이해할 수 있도록 돕습니다. 표시 형식은 주어진 셀 서식 안에서 사용자들이 눈으로 보면 됩니다. 셀 서식의 하위 개념으로 이해하면 좋습니다. 날짜 셀 서식은 그림 2-85처럼 일반적으로 'YYYY-MM-DD'로 표현됩니다. 표시 형식은 'YY-MM-DD', 'YYYY/MM/DD', 'YY/M/DD' 등 다양한 방법으로 표현할 수 있습니다.

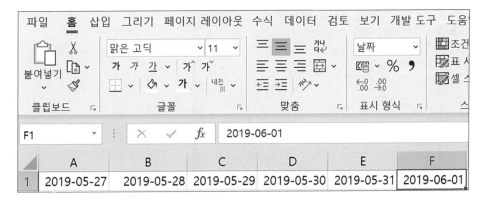

그림 2-85 날짜로 지정된 셀 서식

백분율 셀 서식은 그림 2-86처럼 실제 숫자는 0.1이기 때문에 계산이 될 때는 0.1로 계산되지만 사용자에게는 10%라고 보여집니다.

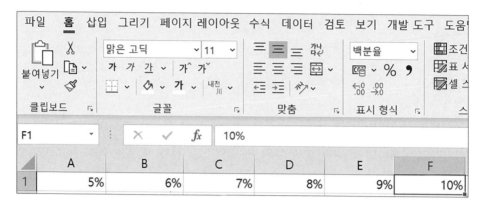

백분율로 지정된 셀 서식

셀 서식 맞춤에서 텍스트의 위치, 방향 및 텍스트 줄 바꿈, 셀에 맞춤 등을 정할 수 있습니다. 그림 2-87을 참고하세요.

그림 2-87 셀 서식 설정 창

텍스트 맞춤 → 가로를 '선택 영역의 가운데로'로 선택하면 셀 병합을 하지 않아도 셀 병합 효과를 낼 수 있습니다. 그림 2-88을 참고하세요.

	A	B	C	D	E
1	선택영역의 가운데로		->	선택영역의 가운데로	

그림 2-88 선택 영역의 가운데로 텍스트 맞춤 예제

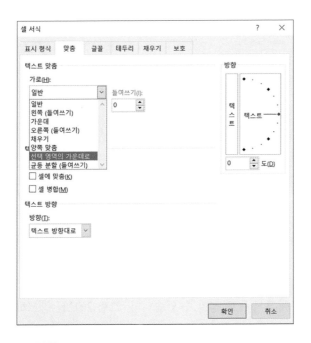

그림 2-89 선택 영역의 가운데로

셀 맞춤에 체크하면 셀 내 모든 텍스트를 사용자의 눈에 보이도록 글자 크기를 줄여 하나의 셀에 모든 내용을 넣을 수 있습니다. 그림 2-90과 2-91을 참고하세요.

	A	B	C	D
1	선택영역의 가운데로		->	선택영역의 가운데로

그림 2-90 셀 맞춤 예제

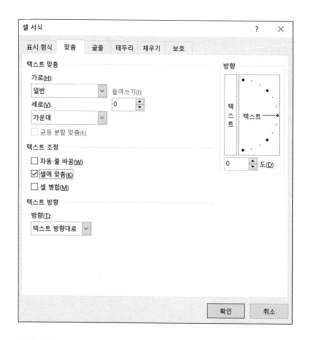

그림 2-91 셀에 맞춤 셀 서식 창

그 외 셀 값의 글꼴, 셀의 테두리, 배경색 등도 정할 수 있습니다. 그림 2-92를 참고하세요.

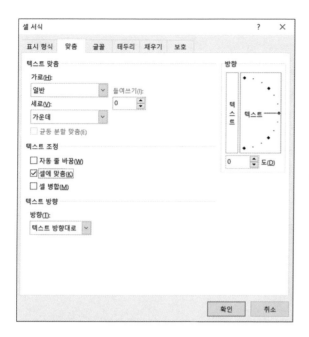

그림 2-92 글꼴 테두리 채우기 보호 셀 서식 창

텍스트 줄 바꿈에 체크하면 텍스트 크기를 줄이지 않고 줄을 바꿔 모든 값이 보이게 합니다. 그림 2-93을 참고하세요.

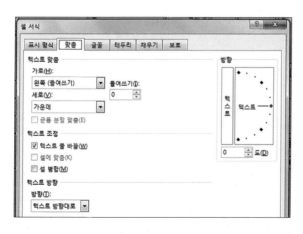

그림 2-93 텍스트 줄 바꿈

2. 주의점

사용자 지정 서식의 경우 엑셀에서 사용자의 눈으로 볼 때만 지정한 서식으로 보이고, 만약 다른 형식의 파일에 복사를 하면 실제 값만 복사되는 점에 주의하세요. 그림 2-94과 같이 실제 값은 '2017-12-17'이지만, 사용자가 보는 화면에서는 '17년12월17일(일)'로 나온다는 것을 확인할 수 있습니다.

E1	▼ :	× ✓ fx	2017-12-17

	E
1	17년12월17일(일)

그림 2-94 실제 값과 사용자에게 보여지는 값 비교

3. 셀 서식 설정 기초 예제

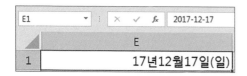

그림 2-95 셀 서식 설정 기초 예제

날짜를 다음과 같이 고쳐보세요. 〈2017-11-17 → 17년12월17일(일)〉

〈셀 서식(Ctrl+1)〉 '표시 형식 → 범주:사용자 지정 → 형식:yy"년"m"월"dd"일"" ("aaa")' 를 차례로 실행합니다. 그림 2-96을 참고하세요. 한글 요일 형식 선택 옵션을 한 글자(목)로 나타내길 원할 경우 "aaa", 세 글자(목요일)로 나타내길 원할 경우 "aaaa"입니다.

한글 요일을 a로 선택한 이유는 다른 나라 버전의 엑셀은 약자 기준을 적용하기 어렵기 때문에 제일 앞 알파벳을 쓴 것이 아닐까 생각됩니다. 영어의 요일, 형식, 선택 옵션에서 요약형(Thu)은 "ddd", 전체형(Thursday)은 "dddd"입니다. 요일을 d로 선택한 이유는 영어로 요일을 뜻하는 영단어가 day이기 때문인 것 같습니다.

그림 2-96 사용자 지정 날짜 서식

통화 표시를 다음과 같이 고쳐보세요. 〈3657.875 → 3657.88달러〉

〈셀 서식(Ctrl+1)〉에서 '표시 형식 → 범주:사용자 지정 → 형식:#,##0.00"달러"'를 차례로 누릅니다. 그림 2-97을 참고하세요.

그림 2-97 사용자 지정 회계 서식

4. 셀 서식을 쉽게 확인하는 팁

따로 맞춤을 지정하지 않았을 때 셀 값이 셀의 오른쪽에 붙어 있으면 숫자나 날짜 등 계산이 가능한 서식이고, 왼쪽에 붙어 있으면 텍스트 등 계산이 불가능한 서식입니다.

여기서 주의해야 할 사항은 그림 2-98에서 D1셀을 보면 셀 값이 가운데로 있습니다. 셀을 가운데로 맞춤 버튼을 눌러 놓았기 때문입니다. 이럴 때는 셀 서식을 바로 알 수는 없습니다. 값의 위치로 셀 서식을 확인하려면 그림 2-99처럼 왼쪽 맞춤, 가운데 맞춤, 오른쪽 맞춤 중 어느 것도 선택되지 않은 상태이어야만 합니다.

	D	E
1	1행	17년12월17일(일)
2	2행	3,567.88달러
3	3행	3434
4	4행	왼쪽

그림 2-98 　텍스트 가운데 맞춤 선택 상태

그림 2-99에서 E1셀을 보면 셀 값이 오른쪽에 붙어 있는 것을 볼 수 있습니다. 우리 눈에 보이기는 계산 가능한 날짜로 보이지는 않습니다. 표시 형식을 일반적인 날짜 형식으로 해놓지 않았기 때문입니다. 하지만 셀 값이 오른쪽에 붙어 있으므로 실제로는 계산 가능한 날짜 수식이라는 것을 확인할 수 있습니다.

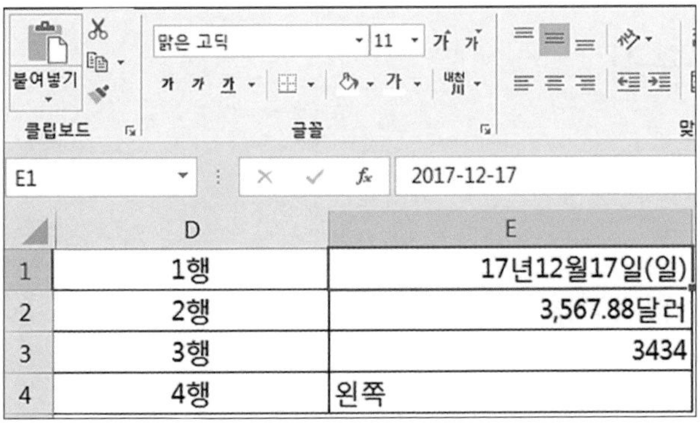

그림 2-99 텍스트 맞춤 해제 상태

그림 2-100을 보면 계산이 불가능한 텍스트는 셀의 왼쪽에 붙는 것을 확인할 수 있습니다.

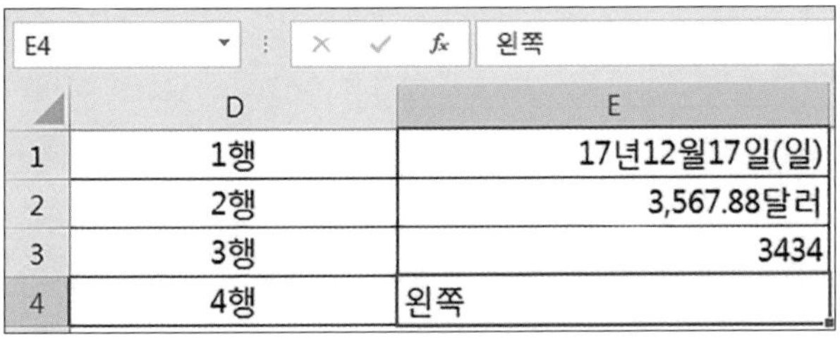

그림 2-100 셀 내에서 텍스트 서식의 위치 확인

9 셀 잠금 및 숨김

1. 셀 잠금으로 셀 내용 고칠 수 없게 만들기

그림 2-101의 B2셀만 잠금 상태로 내용을 고칠 수 없게 만들어보세요. 이 내용은 셀의 내용을 고칠 수는 없으나 선택 및 열람은 가능합니다.

| B2 | ▼ | : | × | ✓ | f_x | =IFERROR(VLOOKUP(A2,제품코드!$A$2:$B$6,2,0),"") |

	A	B	C	D	E
1	제품명	제품코드			
2	제품5	A-432			

그림 2-101 셀 잠금 예제

〈모든 시트 선택 → 셀 서식 → 보호 탭 → 잠금 체크 해제〉를 차례로 실행합니다. 그림 2-102를 참고하세요. B2셀만 잠그는 것이 목적이기 때문에 먼저 모든 셀들의 잠금을 해제해야 합니다.

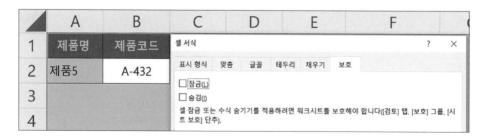

그림 2-102 셀 보호

다른 모든 셀의 잠금을 해제한 후 〈B2셀 선택 → 셀 서식 → 보호 → 잠금 체크〉를 차례로 실행하세요. 그림 2-103을 참고하세요. B2셀만 잠금을 하는 과정입니다.

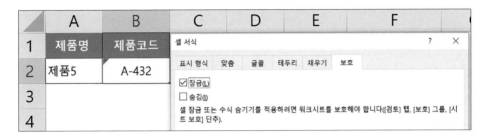

셀 잠금

〈시트 이름에서 마우스 오른쪽 버튼 클릭한 후 〈시트 보호 → 허용할 내용 설정(잠긴 셀/잠기지 않은 셀 선택) → 확인(원하면 암호 설정)〉을 차례로 실행합니다. 그림 2-104를 참고하세요.

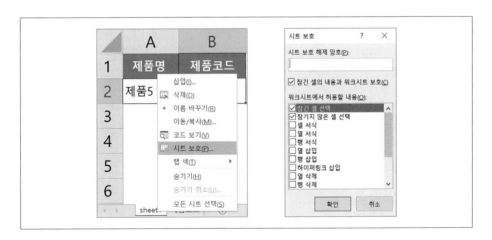

시트 보호

결과를 확인합니다. 만약 B2셀을 수정하려고 하면 그림 2-105와 같은 경고 화면이 나옵니다.

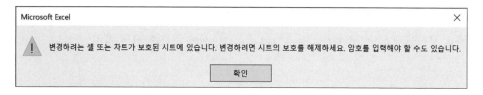

잠긴 셀을 선택하는 것도 불가능하게 만들고 싶을 때에는 그림 2-106과 같이 시트 보호 창의 워크시트에서 허용할 내용에 잠긴 셀 선택 체크를 해제하면 됩니다.

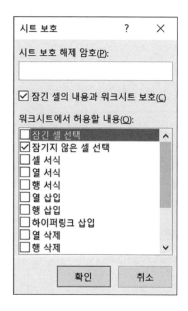

그림 2-106 잠긴 셀 선택을 해제한 화면

2. 셀 숨김으로 셀 내용 보이지 않게 만들기(수정 가능)

그림 2-107에서 B2셀의 수식이 수식 입력 창에도 보이지 않게 만드세요. 내용은 수정할 수 있어야 합니다.

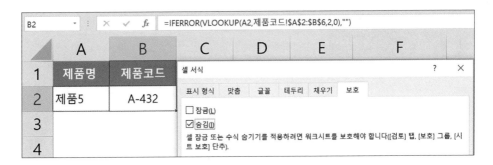

그림 2-107 셀 숨김 예제

〈B2셀 선택 → 셀 서식 → 보호 → 숨김 체크〉를 차례로 실행하세요. 그림 2-108을 참고하세요.

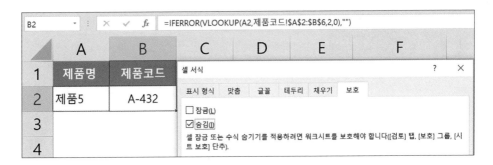

그림 2-108 셀 숨김

〈시트탭 선택 → 시트 보호 → 허용할 내용 설정 → 확인(원하면 암호 설정)〉을 차례로 실행하세요. 그림 2-109를 참고하세요.

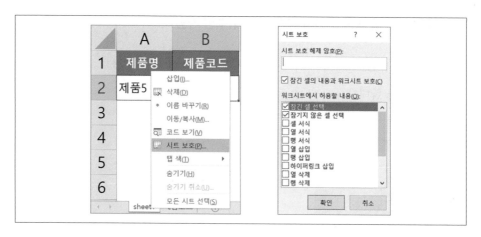

그림 2-109 시트 보호

그림 2-110처럼 B2셀의 값이 엑셀 시트에서는 보이지만 수식 창에는 보이지 않는 결과가 나옵니다.

그림 2-110 셀 숨김 예제 결과

그림 2-111에서 확인할 수 있듯이 셀 값이 수식 창에서는 보이지 않지만 입력할 때는 보이기 때문에 수정은 가능합니다.

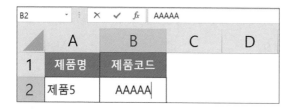

그림 2-111 수정 가능 확인

3. 셀 잠금과 숨김 같이 사용

그림 2-112에서 B2셀을 선택은 가능하지만 내용은 보이지 않게 하고, 수정할 수 없게 만드세요.

그림 2-112 셀 숨김 및 수정 불허용

〈모든 시트 선택 → 셀 서식 → 보호 탭 → 잠금 체크 해제〉을 차례로 실행합니다.

〈B2셀 선택 → 셀 서식 → 보호 탭 → 잠금, 숨김에 체크〉를 차례로 실행합니다. 그림 2-113을 참고하세요.

	A	B	C	D	E	F
1	제품명	제품코드				
2	제품5	A-432				
3						
4						

셀 서식   ? ✕

표시 형식   맞춤   글꼴   테두리   채우기   보호

☑ 잠금(L)
☑ 숨김(I)

셀 잠금 또는 수식 숨기기를 적용하려면 워크시트를 보호해야 합니다([검토] 탭, [보호] 그룹, [시트 보호] 단추).

그림 2-113 셀 잠금 및 숨기 설정

잠긴 셀을 선택하지 못하도록 설정할 경우에는 굳이 숨김에 체크를 하지 않아도 선택할 수 없기 때문에 자동으로 내용도 보이지 않게 됩니다.

〈시트탭 선택 → 시트 보호 → 허용할 내용 설정 → 잠긴 셀 선택 체크 → 확인〉을 차

레로 실행합니다. 그림 2-114를 참고하세요.

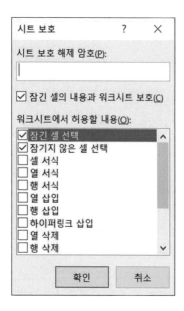

그림 2-114 잠긴 셀 선택

그림 2-115처럼 B2셀은 선택은 되지만 수정도 불가능하고 수식도 보이지 않는 결과
를 확인할 수 있습니다.

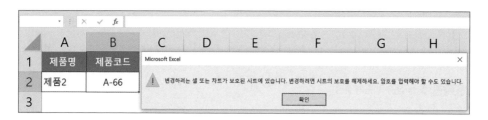

그림 2-115 셀 숨김 및 수정 불허용 결과

10 서식 복사 및 서식 지우기

1. 활용

서식 복사는 특정한 영역의 서식을 복사해서 다른 영역에 적용할 수 있게 해줍니다. 이 기능을 사용하면 복잡한 서식을 다시 입력하는 불편한 과정이 생략됩니다. 서식 지우기는 적용된 서식을 모두 제거하고 기본 서식으로 돌아가게 해줍니다.

2. 서식 복사 예제

아래 왼쪽 표를 오른쪽 표와 서식이 같도록 만들어보겠습니다.

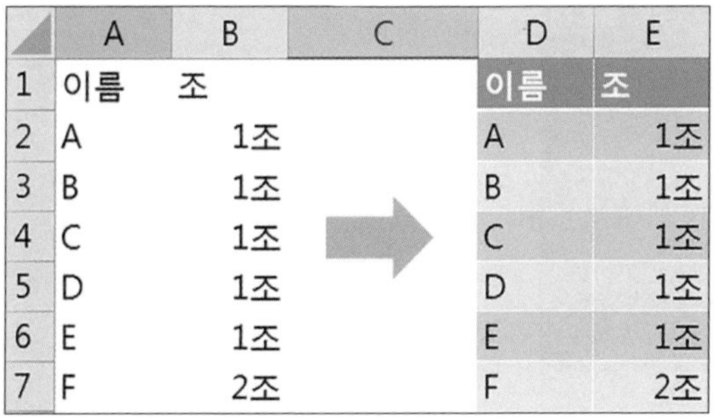

그림 2-116 서식 복사 예제

복사하고 싶은 서식이 있는 영역을 선택한 후 서식 복사를 누릅니다. 복사 후에는 마우스 커서가 페인트 붓 모양으로 변하기 때문에 서식의 복사 상태 여부를 확인할 수 있습니다. 그림 2-117을 참고하세요.

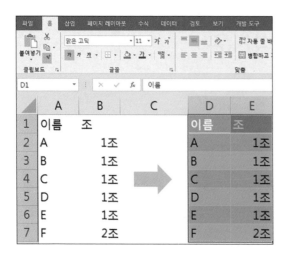

그림 2-117 서식 복사 선택

페인트 붓으로 적용하고 싶은 영역의 가장 왼쪽 위 셀을 클릭합니다. 그림 2-118을
참고하세요.

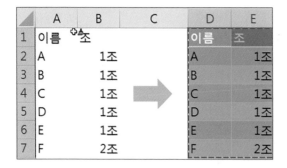

그림 2-118 서식 복사 실행

서식 복사 실행 결과는 그림 2-119와 같습니다. 오른쪽 표의 서식이 왼쪽 표와 똑같
아진 것을 확인할 수 있습니다.

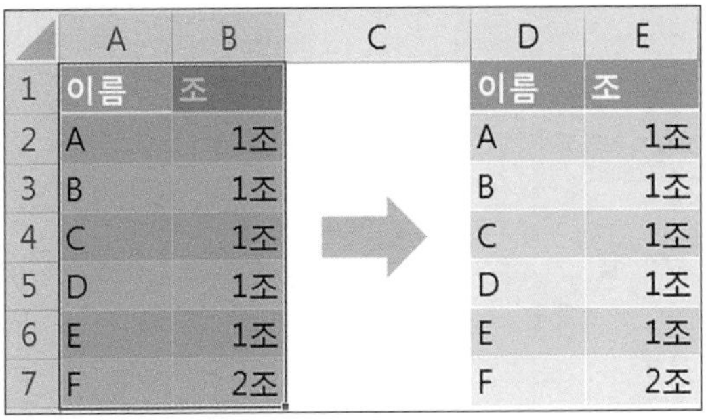

그림 2-119 서식 복사 예제 결과

3. 서식 지우기 예제

그림 2-120의 왼쪽 표에 적용된 서식을 지워보겠습니다.

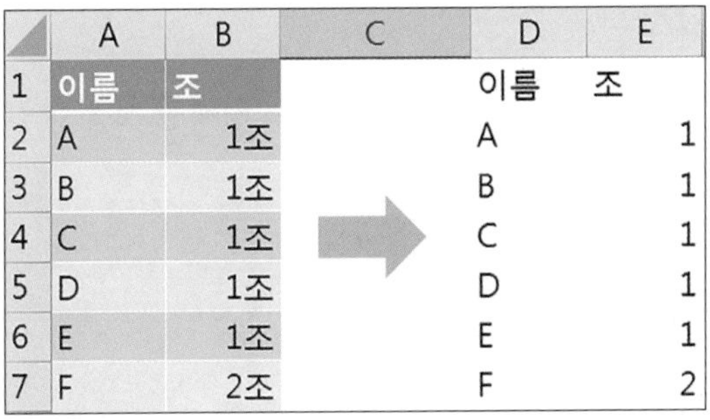

그림 2-120 서식 지우기 예제

서식을 지우고 싶은 〈영역 선택 → 홈 → 편집 → 지우기 → 서식 지우기〉를 차례로
실행합니다. 그림 2-121을 참고하세요.

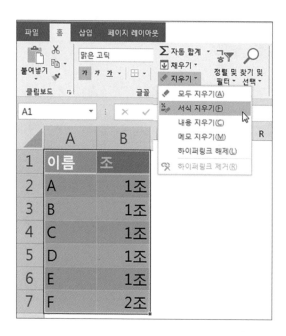

그림 2-121 서식 지우기 선택

서식 지우기 결과는 그림 2-122와 같습니다. 설정했던 서식이 모두 지워진 것을 확인할 수 있습니다.

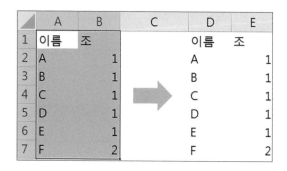

그림 2-122 서식 지우기 예제 결과

113 와일드 카드

1. 뜻풀이

와일드 카드는 일반적으로 '만능 키'의 뜻으로 많이 쓰입니다. 엑셀에서도 모든 글자나 숫자를 대신할 수 있는 만능 키로 사용됩니다. 아래의 예제를 통해 어떻게 사용되는지 알아봅시다.

2. 기본 활용 예제

정확한 단어가 생각나지 않을 때 와일드카드 *와 ?를 사용해서 단어 등의 데이터를 찾을 수 있습니다. *는 글자 수를 무시하고 찾는다는 것이고, ?는 글자 수까지 계산하고 찾는 것입니다. 그 차이를 자세히 확인하겠습니다.

그림 2-123에서 '가'로 시작하고 '라'로 끝나는 셀을 찾아보세요.

	A
1	특정 글자 포함한 셀 찾기
2	가나나a#라
3	가나라

그림 2-123 와일드 카드 * 사용 예제

〈찾기(Ctrl + F) → 가*라 입력 → 모두 찾기〉를 실행합니다. 모두 찾기 결과 A2와 A3의 셀 값이 모두 찾아지는 것을 확인할 수 있습니다. 그림 2-124를 참고하세요.

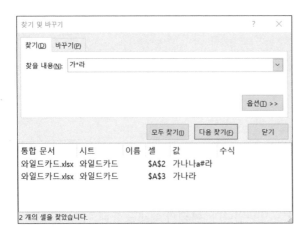

그림 2-124 와일드 카드 * 사용 예제 과정 및 결과

그림 2-125에서 '가'로 시작하고 '라'로 끝나며 사이에 한 글자만 있는 셀을 찾아보세요.

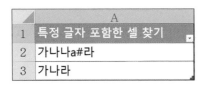

그림 2-125 와일드 카드 ? 사용 예제

〈찾기(Ctrl + F) → 가?라 입력 → 모두 찾기〉를 실행합니다. 모두 찾기 결과 A3의 셀 값만 찾아진 것을 확인할 수 있습니다. 그림 2-126를 참고하세요.

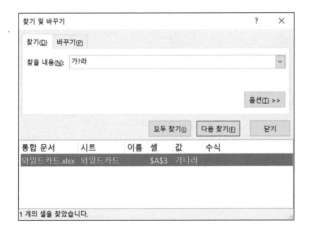

그림 2-126 와일드 카드 ? 사용 예제 과정 및 결과

3. 고급 활용 예제

와일드 카드를 사용하면 여러 시트에 있는 값을 한꺼번에 가져올 수 있습니다. 그림 2-127에서 와일드 카드를 이용해 다른 시트에서 2019년도에 팔린 판매 개수의 합을 구해보겠습니다.

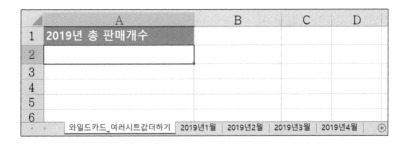

그림 2-127 와일드 카드 고급 활용 예제

각각의 시트 값을 보면 1월 10개, 2월 20개, 3월 30개, 4월 40개입니다.

그림 2-128 각각의 시트 값 확인

먼저 그림 2-129처럼 A2셀에 수식을 넣습니다.

그림 2-129 수식 입력

수식을 넣은 후 엔터를 치면 수식이 자동으로 그림 2-130처럼 바뀌는 것을 확인할 수 있습니다.

그림 2-130 바뀐 수식 확인

최종 결과는 그림 2-131과 같습니다. 모든 시트의 판매 개수의 합은 100입니다.

그림 2-131 와일드 카드 고급 활용 예제 결과

와일드 카드가 포함된 수식을 넣으면 해당 값을 모두 찾는 작업을 수행 후, 수식에 그 내용이 적용되므로 시트가 추가되거나 수정되면 다시 수식을 넣어야 하는 불편함이 있습니다. 따라서 작업 후에 데이터가 수정될 수 있다면 와일드 카드보다는 일반 함수를 넣어 계산하는 것이 더 편할 수도 있습니다. 충분히 실습을 해보신 후, 각자에게 알맞는 방법으로 적용하시면 훨씬 효율적인 업무가 가능할 겁니다.

3장

당장 실무에 필요한 함수 익히기

1강 VLOOKUP 함수

1. 뜻풀이

VLOOKUP 함수는 Vertical(수직 방향으로)에서의 V와 Lookup(찾기)의 Lookup의 합성어로 수직 방향(세로 방향)으로 값을 찾는 함수입니다. 예를 들어 합격자가 인쇄된 합격자 명단에서 자신의 이름을 찾을 때 이름이 적힌 열을 따라 손가락 또는 눈으로 따라 내려가며 이름을 찾는 것과 같은 작동을 하는 함수입니다.

2. 구성

VLOOKUP 함수는 찾을 내용 'lookup_value', 찾을 내용을 포함한 표 또는 범위 'table_array', 찾는 값이 있는 열 'col_number', 정확히 일치하는 값을 찾을 것인지, 근사값을 찾을 것인지 여부를 결정하는 'range_lookup'으로 구성되어 있습니다. 합격자 명단에서 찾는 내용은 내 이름이고, 찾을 내용을 포함한 표는 합격자 명단이며 찾는 값이 있는 열은 이름 열이고 정확히 일치하는 값을 찾아야 합니다.

수식 구성은 위에서 설명한 대로 '=VLOOKUP(lookup_value,table_array,col_number,range_lookup)'입니다.

3. 기초 예제

그림 3-1에서 제품 B가 4월에 팔린 개수를 구해보겠습니다.

◢	A	B	C	D	E	F	G
1		1월	2월	3월	4월	5월	6월
2	제품A	4	100	14	61	44	7
3	제품B	41	26	35	84	12	79
4	제품C	28	45	6	57	17	5
5	제품D	29	79	31	33	92	84

그림 3-1 VLOOKUP 기초 예제

먼저 화면을 인쇄된 종이라고 생각하고 눈으로만 찾아봅니다. 주어진 범위(A1:G5)의 첫 번째 열에 제품명이 있으므로 첫 번째 열에서 제품 B를 찾고, 4월은 5번째 열인 E 열에 있으므로 3행 5열로 이동해 84라는 값을 찾습니다.

이제 엑셀에 넣을 수식을 만듭니다. 'lookup_value'은 '제품 B'입니다. 텍스트를 수식에 넣고자 할 때는 쌍따옴표 안에 글자를 넣어야 합니다. 'table_array'는 A1:G5 입니다. 반드시 찾을 내용이 있는 열이 가장 왼쪽에 와야 하는 것에 주의하세요. 'col_number'는 5, 정확한 값을 찾아야 하므로 'range_lookup'은 0입니다.

완성된 수식은 '=VLOOKUP("제품B",A1:G5,5,0)'입니다.

4. 고급 예제

찾는 내용이 여러 개일 때 VLOOKUP 함수 적용 방법에 대해 알아보겠습니다. 그림 3-2에서 B8:B9셀에 알맞은 수식을 넣으세요.

	A	B	C	D	E	F	G
1		1월	2월	3월	4월	5월	6월
2	제품A	4	100	14	61	44	7
3	제품B	41	26	35	84	12	79
4	제품C	28	45	6	57	17	5
5	제품D	29	79	31	33	92	84
6							
7		5월					
8	제품A						
9	제품D						

그림 3-2 고급 예제

기초 예제와 고급 예제가 다른 점은 찾는 값이 여러 개라는 뜻입니다. 대표 셀(일반적으로 가장 위, 왼쪽 셀)에 수식을 넣어 다른 셀에 끌어 복사하기를 실행합니다. 절댓값($)을 적절히 사용해 행이나 열을 고정하여 범위나 찾는 값의 범위 등이 변하지 않도록 합니다.

엑셀은 셀을 통째로 복사해서 다른 셀로 붙여 넣기를 하면 셀의 이동 범위에 따라 수식이 자동으로 그 범위에 맞게 재설정됩니다. 셀을 끌어 복사하는 것도 복사이므로 셀의 위치 이동에 따라 이동시켜야 하는 값과, 이동하지 않아야 하는 값을 항상 절댓값($)을 사용해 구분해야 합니다. 끌어 복사할 셀은 A8로, 그 값을 A9로 복사를 하면 행이 하나 아래로 내려갔으므로 찾을 내용 또한 A9로 바뀝니다. 당연히 A9의 값을 찾아야 하므로 여기에는 절댓값을 사용하지 않아도 됩니다. 하지만 A8셀에 'table_array'를 A1 : G5라고 넣는다면 A9로 A8 값을 복사했을 때 행이 하나 아래로 내려갔으므로 'table_array'가 A2 : G6로 변하게 됩니다. 이를 막기 위해서는 'table_ array'

를 $A$1 : $G$5로 바꿔줘야 합니다. 'VLOOKUP'에서는 언제나 'table_array'에 절 댓값을 씌워줘야 한다고 생각하면 됩니다.

'lookup_value'는 A8이며, 'table_array'는 $A$1:$G$5입니다. 셀을 끌어 복사할 예 정이므로 범위가 변하지 않도록 모두 절댓값($)을 씌워줍니다. 5월은 'table_array' 범위에서 6번째 열에 있으므로 찾는 값이 몇 번째 열인지 확인하는 'col_number'는 6 이고, 정확한 값을 찾아야 하므로 'range_lookup'에는 0을 넣어줍니다.

셀에 수식 '=VLOOKUP(A18,$A$1 : $G$5,6,0)'을 입력 후 B9셀까지 끌어 복사하면 그 림 3-3과 같은 결과를 얻을 수 있습니다.

B8		× ✓ fx	=VLOOKUP(A8,$A$1:$G$5,6,0)		
	A	B	C	D	
7		5월			
8	제품A	44			
9	제품D	92			

그림 3-3 고급 예제 결과

5. VLOOKUP 함수 왜 내가 하면 안될까?

VLOOKUP 함수는 많이 사용하는 함수인 만큼 오류도 많이 발생합니다. 오류가 발 생하는 대표적인 이유는 아래와 같습니다.

마지막 'range_lookup'에 숫자 0을 생략했는지 확인하세요. 절대 생략하면 안 됩니 다. 'table_array'에 절댓값($)을 씌웠는지 확인하세요. 범위를 변동시키는 경우는 거 의 없으므로 언제나 절댓값을 씌워줘야 합니다. 찾을 내용이 있는 범위 설정 시 찾으 려는 값이 있는 열이 가장 왼쪽에 있는지 확인하세요.

6. VLOOKUP 함수에서 비슷한 값 찾기

엑셀에서는 VLOOKUP 함수의 'range_lookup' 값을 생략하거나 True 또는 0이 아닌 숫자를 넣으면 비슷하게 일치하는 값을 찾아준다고 설명하고 있습니다. 하지만 비슷한 값을 찾기 위해서는 반드시 참조하려는 값이 오름차순이 되어 있어야 하고 찾아준다는 비슷한 값 또한 자신보다 작은 값들 중에서 가장 큰 값이라는 걸 알고 있어야 합니다. 이를 이해하기 위해서 VLOOKUP 함수의 비슷한 값 찾기 작동 방식을 알아야 합니다.

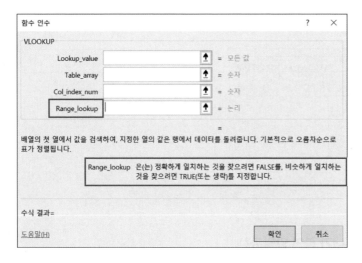

그림 3-4 Range_lookup 설명

그림 3-5를 보며 VLOOKUP 함수의 비슷한 값 찾기 작동 방식을 알아보겠습니다.

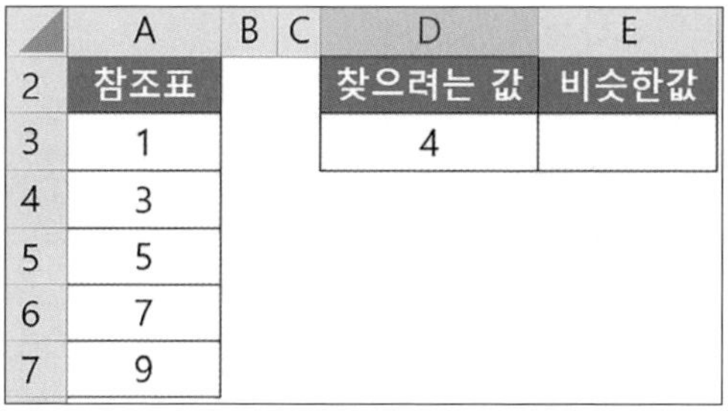

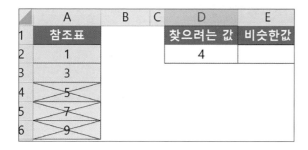

그림 3-5 VLOOKUP 함수 작동 방식 확인 예제

우선, VLOOKUP 함수를 사용해서 비슷한 값을 찾으려면 참조되는 영역이 반드시 오름차순으로 정렬되어 있어야 합니다. 그 이유는 아래 과정에서 확인할 수 있습니다. 엑셀이 생각하는 비슷한 값이란 자신보다 작은 값들 중에서 가장 큰 값입니다. 만약 같다면 당연히 그 값이겠지요.

VLOOKUP 함수에서 비슷한 값을 계산하는 순서는 다음과 같습니다. 찾으려는 값 (4)과 참조표 영역의 가운데 값(5)을 비교합니다. 그 값이 같지 않고, 4는 5보다 작기 때문에 5를 포함해서 아래 7과 9 영역은 버립니다. 그림 3-6을 참고하세요.

그림 3-6 참조표 영역 비교 1

찾으려는 값(4)과 남은 참조표 영역(A2:A3)의 가운데 값을 비교하려 했지만, 가운데 값이 없기 때문에 위 영역 중 가장 작은 값(1)과 찾으려는 값을 비교합니다. 1보다 4

가 크기 때문에 1을 버립니다. 그림 3-7을 참고하세요.

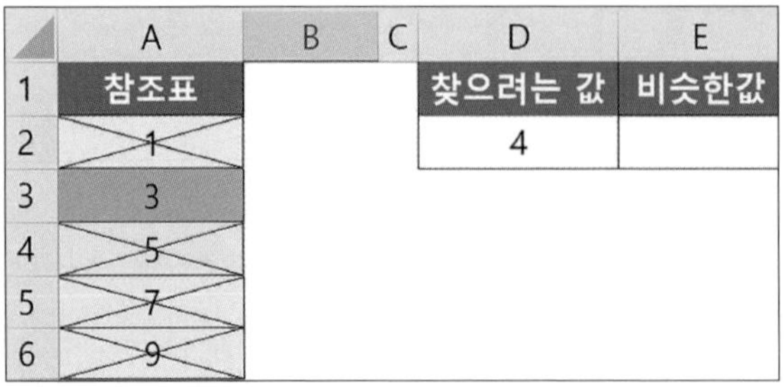

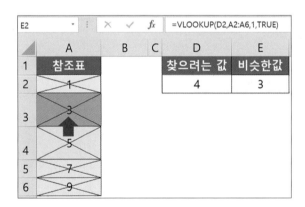

그림 3-7 참조표 영역 비교 2

남은 영역이 하나이므로 그 영역 값인 3과 4를 비교합니다. 3보다 4가 더 크므로 3을 지우고 아래 영역으로 갑니다. 하지만 아래 영역과 이미 비교를 했기 때문에 더 비교할 값이 없습니다. 그럼 이제 3과 5 사이에서 위 영역 중 가장 큰 값인 3을 가져옵니다. 그림 3-8을 참고하세요.

그림 3-8 참조표 영역 3

만약 오름차순으로 정렬이 되어 있지 않다면 엉뚱한 값이 나옵니다. 그림 3-9를 보면 비슷한 값이 1이 나온 것을 볼 수 있습니다.

E3	▾	:	×	✓	fx	=VLOOKUP(D3,$A$3:$A$7,1,TRUE)	

	A	B	C	D	E	F
2	참조표			찾으려는 값	비슷한값	
3	5			4	1	
4	3					
5	1					
6	11					
7	2					

그림 3-9 오름차순 정렬이 되어 있지 않은 VLOOKUP 비슷한 값 찾기 작동 방식 결과

비슷한 값이 1이 나온 과정을 설명하면, 먼저 가운데 값인 A5셀(1) 값과 4를 비교합니다. 4가 더 크므로 1을 포함한 위 영역을 버립니다. 11과 2가 남았으므로 11과 비교합니다. 4는 11보다 작으므로 11의 바로 위의 값인 1을 가져옵니다.

VLOOKUP의 비슷한 값 찾기는 가장 오차가 작은 값을 찾아주는 것이 아니라 찾으려는 값보다 작은 값들 중에서 가장 큰 값을 찾아주는 것입니다. 그것도 찾으려는 값이 있는 열이 오름차순으로 정렬되어 있을 때만 가능합니다. 그 원리를 완벽히 이해하지 않은 상태에서는 비슷한 값 찾기를 써서는 안됩니다. 그렇다면 언제 사용해야 할까요?

비슷한 값 찾기 활용 예를 찾아보겠습니다. 그림 3-10에서 찾으려는 값의 성적을 찾아서 기입하세요.

E2	▾	:	×	✓	fx	=IFERROR(VLOOKUP(D2,$A$2:$B$5,2,TRUE),"F")	

	A	B	C	D	E	F
1	점수	성적		찾으려는 값	비슷한값	
2	60	D		77	C	
3	70	C				
4	80	B				
5	90	A				

그림 3-10 비슷한 값 찾기 활용 예제

77점은 점수표를 위아래로 두 개의 영역으로 나눴을 때의 위 영역의 가장 아래 값인 70점보다 큽니다. 그러므로 70점을 포함한 위 영역을 제외합니다.

	A 점수	B 성적	C	D 찾으려는 값	E 비슷한값
2	~~60~~	D		77	
3	~~70~~	C			
4	80	B			
5	90	A			

그림 3-11 참조표 영역

남은 점수를 두 개의 영역으로 나누고, 위 영역의 가장 아래 값인 80점과 비교합니다. 80점보다 작고, 이미 80점보다 위에 있는 영역과의 비교는 마쳤으므로 80점의 바로 위 값인 70점에 해당되는 값인 C를 가져옵니다. 만약 오류가 나면 F 값을 가져오도록 IFERROR 함수도 사용하면 좋습니다. 결과는 그림 3-12와 같이 나옵니다.

E2			× ✓ fx	=VLOOKUP(D2,A2:B5,2,TRUE)		F
	A 점수	B 성적	C	D 찾으려는 값	E 비슷한값	
2	~~60~~	D		77	C	
3	~~70~~	C				
4	~~80~~	B				
5	90	A				

그림 3-12 비슷한 값 찾기 활용 결과

2 표 IF 함수

1. 뜻풀이

IF 함수는 말 그대로 조건이 맞으면 A를 실행하고, 아니면 B를 실행하는 함수입니다. 조건부 함수라고 이해하면 됩니다.

2. 구성

구성 요소는 조건 logical_test, 조건이 참일 때 넣을 값 'value_if_true', 조건이 거짓일 때 넣을 값 'value_if_false' 세 가지입니다. 대괄호로 묶인 'value_if_true'와 'value_if_false'는 생략이 가능하며 생략하면 True 또는 False로 결과가 표시됩니다. 수식 구성은 '=IF(logical_test,[value_if_true],[value_if_false])'입니다.

3. 기초 예제

제품 B는 4월에 100개 이상 팔렸으면 "100개 이상", 아니면 "100개 미만"이라고 표시하세요.

◢	A	B	C	D	E	F	G
1		1월	2월	3월	4월	5월	6월
2	제품A	4	100	14	61	44	7
3	제품B	41	26	35	84	12	79
4	제품C	28	45	6	57	17	5
5	제품D	29	79	31	33	92	84

그림 3-13 IF 함수 예제

먼저 내용 구성을 머릿속으로 합니다. 제품 B의 4월에 팔린 개수(84)를 찾고 100
보다 크거나 같은지 보고 크거나 같으면 "예", 작으면 "아니오"라고 넣어야 하므로,
logical_test는 E3>=100, [value_if_true]는 "예"이고 [value_if_false] 는 "아니오"로,
전체 수식은 =IF(E3>=100,"예","아니오")입니다.

A8	▾	:	✕ ✓	f_x	=IF(E3>=100,"예","아니오")

	A	B	C	D
8	아니오			

그림 3-14 IF 함수 예제 결과

4. IF 함수 왜 내가 하면 안될까?

조건에 부등호(< 또는 >)가 먼저 나왔는지 확인하세요. 등호(=)가 먼저 나오면 안 됩니
다. 만일 등호를 먼저 썼을 경우에는 그림 3-15처럼 오류 화면이 나타납니다.

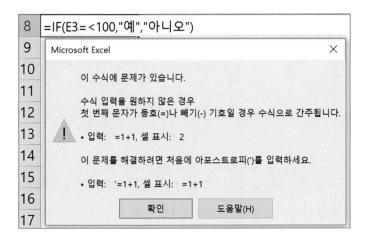

그림 3-15 IF 함수 수식 오류

그림 3-16처럼 텍스트를 쌍따옴표 안에 넣었는지 확인하세요. 이 오류는 쌍따옴표가 생략되었을 시에 나오는 오류입니다.

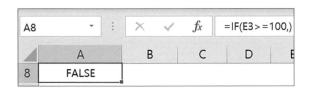

그림 3-16 IF 함수 "" 생략 오류

만약 'value_if_true'와 'value_if_true'를 생략하면, 그림 3-17처럼 각각의 값에 0 또는 False라는 값이 나오게 됩니다.

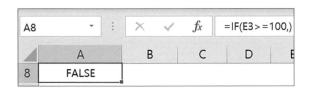

그림 3-17 IF 함수 인수 생략

3 🞖 IFNA 함수

1. 뜻풀이

IFNA 함수는 단어 뜻 그대로 만약 #N/A 오류가 나면 어떤 값을 넣으라는 함수로 오류의 이유까지 사용자에게 알려주고자 할 때 유용합니다.

2. 구성

=IFNA 함수는 value(값)과 value_if_na(만약 value 값이 #N/A 오류가 나면 넣을 내용)로 구성되어 있습니다. 수식은 '=IFNA(value, value_if_na)'로 구성됩니다.

3. 예제

그림 3-18의 왼쪽 표(A1:B6)에서 값을 가져와 오른쪽 표의 E2:E5셀 영역을 채우세요. 오류가 나면 '코드 없음'이라고 나오게 수식을 만드세요. VLOOKUP 함수를 사용해 값을 불러옵니다. D3:D4의 제품코드가 왼쪽 표에는 없기 때문에 E3:E4셀은 #N/A 오류가 납니다.

	A	B	C	D	E
1	제품코드	판매개수		제품코드	판매개수
2	A132	100		B135	=VLOOKUP(D2,$A$2:$B$6,2,0)
3	C933	200		B136	#N/A
4	A134	300		B137	#N/A
5	B135	400		C933	200
6	A136	500			

그림 3-18 IFNA 함수 예제

IFNA 함수 사용했을 때 #N/A 오류값이 나올 시 '코드 없음'이라고 나오도록 함수식을 넣습니다. 그림 3-19를 참고하세요.

	A	B	C	D	E
1	제품코드	판매개수		제품코드	판매개수
2	A132	100		B135	=IFNA(VLOOKUP($D2,$A$2:$B$6,2,0),"코드없음")
3	C933	200		B136	코드없음
4	A134	300		B137	코드없음
5	B135	400		C933	200
6	A136	500			

IFNA(value, **value_if_na**)

그림 3-19 IFNA 함수 적용

IFNA 함수를 사용한 결과는 그림 3-20과 같습니다. 코드가 있으면 판매 개수를 불러오고 코드가 없으면 '코드없음'이라고 나오는 것을 확인할 수 있습니다.

	A	B	C	D	E
1	제품코드	판매개수		제품코드	판매개수
2	A132	100		B135	400
3	C933	200		B136	코드없음
4	A134	300		B137	코드없음
5	B135	400		C933	200
6	A136	500			

그림 3-20 IFNA 함수 결과

4 ⊞ IFERROR 함수

1. 뜻풀이

IFERROR 함수는 만약 값이 오류가 나면 ~하라는 뜻의 함수로, #N/A, #REF! 등의 오류가 날 때 오류값 대신 다른 내용을 표기하고 싶을 때 사용합니다.

2. 구성

IFERROR 함수는 값 'value' 와, 만약 value 값이 오류가 나면 넣을 내용 'value_if_error'로 이루어지며 수식은 '=IFERROR(value, value_if_error)'로 구성됩니다.

3. 예제

그림 3-21의 왼쪽 표(A1:C6)에서 값을 가져와 오른쪽 F2:G5셀을 채우세요. #N/A 오류가 나면 '코드없음', #REF! 오류가 나면 '범위 벗어남'이라고 나오게 수식을 만듭니다.

	A	B	C	D	E	F	G
1	제품코드	1월판매개수	2월판매개수		제품코드	1월판매개수	2월판매개수
2	A132	100	100		B135		
3	C933	200	200		B136		
4	A134	300	300		B137		
5	B135	400	400		C933		
6	A136	500	500				

그림 3-21 IFERROR 함수 예제

먼저 VLOOKUP 함수를 사용한 수식을 넣으세요. 수식은 다음과 같습니다. =VLOOKUP($E2,$A$2:$B$6,COLUMNS($E$1:F1),0) 그림 3-22를 참고하세요.

	A	B	C	D	E	F	G
1	제품코드	1월판매개수	2월판매개수		제품코드	1월판매개수	2월판매개수
2	A132	100	100		B135	=VLOOKUP($E2,$A$2:$B$6,COLUMNS($E$1:F1),0)	
3	C933	200	200		B136		
4	A134	300	300		B137		
5	B135	400	400		C933		
6	A136	500	500				

그림 3-22 IFERROR 함수 활용

혹시 오류가 생기셨나요? 이 과정에서 #REF! 오류를 생기게 하기 위해 일부러 범위가 맞지 않게 수식을 설정하였습니다. F3:E4셀과 G3:G4셀은 E3:E4의 제품코드가 왼쪽 표에 없기 때문에 #N/A 오류가 납니다. 또한 G2, G5셀은 찾으려고 하는 값이 A열에 있으나 범위를 벗어난 3열에 있으므로 #REF! 오류가 생깁니다. 그림 3-23의 오른쪽 표를 참고하세요.

	A	B	C	D	E	F	G
1	제품코드	1월판매개수	2월판매개수		제품코드	1월판매개수	2월판매개수
2	A132	100	100		B135	400	#REF!
3	C933	200	200		B136	#N/A	#N/A
4	A134	300	300		B137	#N/A	#N/A
5	B135	400	400		C933	200	#REF!
6	A136	500	500				

그림 3-23 IFERROR 함수 오류

그림 3-24와 같이 IFNA 함수와 IFERROR 함수를 사용하여 각각의 오류를 대신할 값을 넣어줍니다. IFNA 값을 "코드없음" #REF 값을 "범위벗어남"이라고 설정합니다.

전체 수식은 =IFERROR(IFNA(VLOOKUP($E2,$A$2:$B$6,COLUMNS($E$1:F1),0),"

코드없음"), "범위벗어남") 와 같습니다.

	A	B	C	D	E	F	G	H	I
1	제품코드	1월판매개수	2월판매개수		제품코드	1월판매개수	2월판매개수		
2	A132	100	100		B135	=IFERROR(IFNA(VLOOKUP($E2,$A$2:$B$6,			
3	C933	200	200		B136	COLUMNS($E$1:F1),0),"코드없음"),"범위벗어남")			
4	A134	300	300		B137				
5	B135	400	400		C933				
6	A136	500	500						

그림 3-24 IFERROR와 IFNA 함수 적용

결과는 그림 3-25와 같습니다. 코드가 없으면 '코드없음', 범위를 벗어나면 '범위벗어
남'이라고 나오는 것을 확인할 수 있습니다.

	A	B	C	D	E	F	G
1	제품코드	1월판매개수	2월판매개수		제품코드	1월판매개수	2월판매개수
2	A132	100	100		B135	400	범위벗어남
3	C933	200	200		B136	코드없음	코드없음
4	A134	300	300		B137	코드없음	코드없음
5	B135	400	400		C933	200	범위벗어남
6	A136	500	500				

그림 3-25 IFERROR 함수 결과

5 SUM 함수

1. 뜻풀이

SUM 함수는 여러 셀의 값을 더하는 함수로 특정 범위에 있는 값을 모두 더할 때 쓰입니다.

2. 구성

SUM 함수는 각각의 값을 더할 때 '=SUM(number1,[number2]...)', 특정 범위를 더할 때는 =SUM(A1:C5)처럼 구성됩니다.

3. 기초 예제

그림 3-26에서 1월의 총 판매 개수를 구하세요.

	A	1월	2월	3월	4월	5월	6월
1		1월	2월	3월	4월	5월	6월
2	제품A	4	100	14	61	14	7
3	제품B	41	26	35	84	12	79
4	제품C	28	45	6	57	17	5

그림 3-26 SUM 함수 예제

숫자를 직접 더하는 방식의 수식은 '=SUM(4,41,28)'이고, 각각의 셀 값을 더하는 방식은 '=SUM(B2,B3,B4)'이며 범위를 더하는 수식은 '=SUM(B2:B4)'입니다.

4. 고급 예제

그림 3-26에서 SUM 함수를 이용하여 50보다 큰 숫자를 모두 더하세요. 수식은 '=SUM((B2:G4>50)*(B2:G4))'으로 과정은 다음과 같습니다. 먼저 (B2:G4>50)을 계산 해보면 범위 전체를 50과 비교하는 것이므로

{FALSE,TRUE,FALSE,TRUE,FALSE,FALSE;FALSE,FALSE,FALSE,TRUE, FALSE,TRUE;FALSE,FALSE,FALSE,TRUE,FALSE,FALSE} 입니다.

엑셀에서 TRUE는 1, FALSE는 0으로 계산되므로

{FALSE,TRUE,FALSE,TRUE,FALSE,FALSE;FALSE,FALSE,FALSE,TRUE, FALSE,TRUE;FALSE,FALSE,FALSE,TRUE,FALSE,FALSE} = {0,1,0,1,0,0;0 ,0,0,1,0,1;0,0,0,1,0,0}과 같습니다. 이중 배열에서 쉼표(,)는 열 바꿈, 세미콜론(;)은 행 바꿈을 의미합니다.

그러므로

{0,1,0,1,0,0;0,0,0,1,0,1;0,0,0,1,0,0} =

0	1	0	1	0	0
0	0	0	1	0	1
0	0	0	1	0	0

입니다.

또한 (B2:G4) ={4,100,14,61,14,7;41,26,35,84,12,79;28,45,6,57,17,5}이고 표로 바
꾸면

$$= \begin{array}{|c|c|c|c|c|c|} \hline 4 & 100 & 14 & 61 & 14 & 7 \\ \hline 41 & 26 & 35 & 84 & 12 & 79 \\ \hline 28 & 45 & 6 & 57 & 17 & 5 \\ \hline \end{array}$$

입니다.

엑셀의 계산 방식대로 행렬이 서로 대응되는 값들끼리 곱하면

$$\{0,100,0,61,0,0;0,0,0,84,0,79;0,0,0,57,0,0\} = \begin{array}{|c|c|c|c|c|c|} \hline 0 & 100 & 0 & 61 & 0 & 0 \\ \hline 0 & 0 & 0 & 84 & 0 & 79 \\ \hline 0 & 0 & 0 & 57 & 0 & 0 \\ \hline \end{array}$$

이고, 이 값들을 모두 더하면 381이 나옵니다.

배열수식을 사용했으므로 마지막엔 'Ctrl+Shift+Enter'로 마무리해야 합니다. 배열수
식이란 여러 개의 범위의 계산이 포함된 수식을 말합니다.

6강 SUMIFS 함수

1. 뜻풀이

SUMIF 함수는 말 그대로 조건에 맞는 값만 더하라는 함수입니다. SUMIFS 함수는 조건이 여러 개일 때, 그 조건들을 만족하는 값만 더하라는 함수입니다.

2. 구성

SUMIF 함수의 수식은 =SUMIF(range,criteria,[sum_range])이며, range는 조건이 포함된 범위, criteria는 조건, [sum_range]는 더할 값이 있는 범위입니다. range와 [sum_range]는 범위 크기가 같아야 합니다. 모든 조건에 대응되는 값이 있어야 조건을 만족하는 값을 찾아서 더할 수 있을 테니 당연한 것이겠지요.

SUMIFS 함수의 수식은 SUMIF 함수의 수식과 순서가 다름에 유의하시고, 수식도움줄을 보며 입력해야 합니다. 수식은 =SUMIFS(sum_range,criteria_range1,criteri_1, criteria_range2,criteri_2)이며, sum_range(더할 값이 있는 범위), criteria_range1(첫 번째 조건이 포함된 범위), criteria_1(첫 번째 조건), criteria_range2(두 번째 조건이 포함된 범위), criteria_2(두 번째 조건)으로 구성되어 있습니다. 조건은 최대 127개까지 입력 가능합니다.

여기서 유용한 팁을 드리자면 셀에 SUMIFS처럼 함수명과 괄호를 입력하면 그림 3-27처럼 바로 수식도움줄이 나옵니다. 수식의 인수가 많을 경우, 수식도움줄을 보고 각각의 인수에 맞는 값을 넣으면 됩니다.

그림 3-27 SUMIFS 함수 수식도움줄

3. SUMIF 함수 기초 예제

그림 3-28에서 제품 B의 전체 판매 개수를 구해보겠습니다.

	A	B
1	제품명	판매개수
2	제품A	4
3	제품B	41
4	제품C	28
5	제품B	38
6	제품A	33
7	제품B	80
8	제품C	45
9	제품A	91
10	제품A	34
11	제품B	24

그림 3-28 SUMIF 함수 기초 예제

조건이 포함된 범위인 'Range'는 $A$2:$A$11로, 조건인 criteria는 "제품B", 더할 값
이 있는 범위인 '[sum_ range]'는 $B$2:$B$11로, 전체 수식은 = SUMIF($A$2:$A$11,"
제품 B",$B$2:$B$11)과 같습니다.

그림 3-29 결과

4. SUMIF 함수 고급 예제

그림 3-30의 각각의 제품에 판매 개수가 나오도록 B17셀에 대표 수식을 넣어보겠습니다.

대표 수식은 가장 왼쪽, 가장 위쪽에 있는 셀에 들어갈 수식을 말합니다. 다른 셀로 끌어 복사하게 될 수식입니다.

	A	B
16	제품명	판매개수
17	제품A	
18	제품B	
19	제품C	

그림 3-30 SUMIF 함수 고급 예제

먼저 대표 셀에 들어갈 대표 수식은 =SUMIF($A$2:$A$11,A17,$B$2:$B$11)입니다.

조건이 포함된 범위인 Range는 $A$2:A로 설정합니다. 범위를 끌어 복사를 해도 범위가 변해서는 안되기 때문에 절댓값 처리를 하였습니다.

조건인 criteria는 A17이며 끌어 복사를 하면 조건도 따라 변해야 하므로 절댓값을 처리할 필요가 없습니다. 더할 값이 있는 범위인 sum_range는 $B$2:$B$11로 설정합니다. 범위를 끌어 복사를 해도 범위가 변해서는 안되기 때문에 절댓값 처리를 하였습니다. 여기서 range와 sum_range는 범위 크기가 같아야 합니다. 결과는 그림 3-31과 같습니다.

B17	▾	:	×	✓	fx	=SUMIF($A$2:$A$11,A17,$B$2:$B$11)	
	A	B	C	D			
16	제품명	판매개수					
17	제품A	162					
18	제품B	183					
19	제품C	73					

그림 3-31 SUMIF 함수 고급 예제 결과

5. SUMIFS 함수 기초 예제

그림 3-32에서 제품 B의 매장 D에서의 전체 판매 개수를 구하세요.

	A	B	C
1	제품명	판매개수	판매처
2	제품A	4	매장A
3	제품B	41	매장B
4	제품C	28	매장D
5	제품B	38	매장D
6	제품A	33	매장B
7	제품B	80	매장D
8	제품C	45	매장A
9	제품A	91	매장C
10	제품A	34	매장A
11	제품B	24	매장C

그림 3-32 SUMIFS 함수 기초 예제

대표 셀에 들어갈 대표 수식은 =SUMIFS($B$2:$B$11,$A$2:$A$11, "제품 B",$C$2:$C$11,"매장D") 입니다. 더할 값이 있는 범위인 sum_range는 $B$2:$B$11로 설정합니다.

첫 번째 조건이 포함된 범위 또는 값인 criteria_range1는 $A$2:$A$11로 설정합니다. 첫 번째 조건인 criteria_1 는 "제품B"로 설정합니다.

두 번째 조건이 포함된 범위인 criteria_range2는 $C$2:$C$11로 설정합니다. 두 번째 조건인 criteria_2는 "매장D"로 설정합니다. 결과는 그림 3-33과 같습니다.

A13		× ✓ fx	=SUMIFS($B$2:$B$11,$A$2:$A$11,"제품B",$C$2:$C$11,"매장D")		
	A	B	C	D	E
13	38				

그림 3-33 SUMIFS 함수 기초 예제 결과

6. SUMIFS 함수 왜 내가 하면 안될까?

SUMIFS 함수를 사용할 때 오류가 나는 대표적인 이유는 범위의 크기가 다르거나 절댓값 설정을 잘못했기 때문입니다. 만약 오류가 난다면 그림 3-34를 통해 이유를 확인해 봅시다.

	A	B	C	D	E	F
1	제품명	판매개수	판매처			
2	제품A	4	매장A			
3	제품B	41	매장B			
4	제품C	28	매장C			
5	제품B	38	매장D			
6	제품A	33	매장B			
7	제품C	80	매장D			
8	제품C	45	매장A			
9	제품A	91	매장C			
10	제품A	34	매장A			
11	제품B	24	매장C			
12						
13	#VALUE!	=SUMIFS($B$2:$B$9,$A$2:$A$11,"제품B",$C$2:$C$6,"매장D")				

그림 3-34 SUMIFS 함수 오류 확인

대표 셀에 들어가는 수식에서 끌기를 했을 때 변하면 안되는 행이나 열이 있는지 확인하고 절댓값을 씌워야 합니다. 또한 인수들의 순서가 정확한지 반드시 확인하세요. 일반적으로 함수를 사용할 때는 수식 도움줄을 보며 입력하면 되기 때문에, 인수들의 순서나 구성요소를 외울 필요는 전혀 없습니다.

7 :: INDEX 함수

1. 뜻풀이

INDEX의 사전상 의미는 색인 또는 목차이지만 엑셀에서의 의미는 참조하는 범위에서의 데이터의 위치를 말합니다. 어떤 의미를 갖고 있는지 더욱 자세하게 알아봅시다.

2. 구성

INDEX 함수의 구성은 '=INDEX(array, row_num,[column_num])'입니다. array는 찾고자 하는 값이 있는 범위이고, 'row_num'는 내가 찾고자 하는 값이 있는 범위에서 내가 원하는 값은 몇 번째 행에 있는가를 나타내주는 숫자입니다. 'column_num'는 내가 찾고자 하는 값이 있는 범위에서 내가 원하는 값은 몇 번째 열에 있는가를 나타내주는 숫자로 생략이 가능합니다.

3. 예제

그림 3-35에서 INDEX 함수를 이용하여 제품 C가 4월에 판매된 개수를 구하세요.

	A	B	C	D	E
1	제품명	1월	2월	3월	4월
2	제품A	4	100	14	61
3	제품B	41	26	35	84
4	제품C	28	45	6	57
5	제품D	29	79	31	33

그림 3-35 INDEX 함수 예제

array를 전체 범위인 A1:E5로 잡았을 때 제품 C는 4번째 행, 4월은 5번째 열이므로 함수식은 =INDEX($A$1:$E$5,4,5)입니다. 결과는 57로 나옵니다. 그림 3-36를 참고 하세요.

	A	B	C	D	E	F
1	제품명	1월	2월	3월	4월	
2	제품A	4	100	14	61	
3	제품B	41	26	35	84	
4	제품C	28	45	6	57	
5	제품D	29	79	31	33	
7	=INDEX($A$1:$E$5,4,5)	INDEX(**array**, row_num, [column_num]) INDEX(**reference**, row_num, [column_num], [area_num])				

그림 3-36 INDEX 함수 적용

array를 데이터 범위인 A2:E5로 잡았을 때, 제품 C는 3번째 행, 4월은 5번째 열이므로, 함수식은 =INDEX($B$2:$E$5,3,5)입니다. 마찬가지로 결괏값은 57입니다. 그림 3-37을 참고하세요.

	A	B	C	D	E
1	제품명	1월	2월	3월	4월
2	제품A	4	100	14	61
3	제품B	41	26	35	84
4	제품C	28	45	6	57
5	제품D	29	79	31	33
7	=INDEX($A$2:$E$5,3,5)	INDEX(array, row_num, [**column_num**]) INDEX(reference, row_num, [**column_num**], [area_num]			

그림 3-37 INDEX 함수 예제 결과

이렇듯 array 범위 설정에 따라 row_num 와 column_num가 달라지는 것을 확실히 이해해야 실수 없이 INDEX 함수를 사용할 수 있습니다.

8 ⊞ MATCH 함수

1. 뜻풀이

MATCH의 사전상 의미는 '맞는, 맞추다'이지만 엑셀에서의 의미는 '찾으려고 하는 값이 몇 번째에 있는지' 나타내는 숫자입니다. 좀 더 정확하게는 참조하는 데이터의 셀 위치라고 할 수 있습니다.

2. 구성

MATCH 함수의 구성은 '=MATCH(lookup_value, lookup_array, [match_type])'입니다. 'lookup_value'는 찾으려는 값이고, 'lookup_array'는 찾으려고 하는 값이 있는 열 또는 행입니다. 반드시 1개의 열 또는 행만 선택해야 하는 것에 유의하세요.

match_type은 정확히 일치하는 것을 찾을 것인지를 선택하는 것으로 대부분 정확히 일치하는 것을 찾기 때문에 생략하지 말고, 0을 넣으세요.

3. 개념 이해를 위한 예제

그림 3-38을 보고 제품 C는 몇 번째 행에 있는지 MATCH 함수를 사용해 나타내세요.

	A	B	C	D	E
1	제품명	1월	2월	3월	4월
2	제품A	4	100	14	61
3	제품B	41	26	35	84
4	제품C	28	45	6	57
5	제품D	29	79	31	33
7	=MATCH(A4,A2:A5,0)				
8	MATCH(lookup_value, lookup_array, [match_type])				

그림 3-38 개념이해를 위한 MATCH 함수 예제

찾으려는 값이 A4셀 값이고, 찾고자 하는 값이 있는 열은 A열로 'lookup_array'는 $A$2:$A$5입니다. 정확히 일치하는 값을 찾아야 하므로 'match_type'은 0을 넣습니다. 결괏값은 셀 A7의 값인 3입니다. 찾으려는 값이 설정한 열에서 3번째에 위치해 있다는 뜻입니다. 그림 3-39를 참고하세요.

	A	B	C	D	E
1	제품명	1월	2월	3월	4월
2	제품A	4	100	14	61
3	제품B	41	26	35	84
4	제품C	28	45	6	57
5	제품D	29	79	31	33
7	3	=MATCH(A4,$A$2:$A$5,0)			

그림 3-39 개념 이해를 위한 MATCH 함수 활용 결과

그림 3-40에서 4월은 몇 번째 열에 있는지 MATCH 함수를 사용해 나타내 봅시다.

그림 3-40　MATCH 함수 예제

찾으려는 값이 E1셀 값이고, 찾고자 하는 값이 있는 행은 1행으로 'lookup_array'는 $A$1:$E$1입니다. 정확히 일치하는 값을 찾아야 하므로 'match_type'은 0을 넣습니다. 결괏값은 5입니다. 찾으려는 값이 1행 중 5번째에 위치해 있다는 뜻입니다. 그림 3-41를 참고하세요.

그림 3-41　MATCH 함수 예제 결과

9 ⊞ INDEX 함수와 MATCH 함수

1. INDEX 함수와 MATCH 함수를 함께 쓰기

INDEX 함수 안에 MATCH 함수를 넣어 행과 열 번호를 이용해 원하는 값을 찾을 수 있습니다. VLOOKUP 함수와 Hlookup 함수를 합쳐 놓았다고 이해하면 좋습니다.

2. 구성

INDEX 함수와 MATCH 함수의 구성은 '=INDEX(array, MATCH( ), MATCH( ))' 입니다. array는 데이터가 있는 범위이고, MATCH( )는 행 넘버가 되고, 두 번째 MATCH( )는 열 넘버가 됩니다.

3. 예제

그림 3-42를 보고 INDEX 함수와 MATCH 함수를 이용하여 제품 C가 4월에 몇 개 팔렸는지 구하세요.

	A	B	C	D	E
1	제품명	1월	2월	3월	4월
2	제품A	4	100	14	61
3	제품B	41	26	35	84
4	제품C	28	45	6	57
5	제품D	29	79	31	33

그림 3-42 INDEX 함수로 MATCH 함수 예제

array를 데이터 범위인 A2:E5로 잡았을 때 제품 C는 4번째 행, 4월은 5번째 열이므로, INDEX(array, MATCH( ), MATCH( ))에서 첫 번째 MATCH에 들어가는 식은 MATCH(A4,$A$2:$A$5,0)이고, 두 번째 MATCH에 들어가는 식은 MATCH(E1,$A$1:$E$1,0)입니다.

결과는 그림 3-43과 같습니다. 결괏값은 57입니다.

	A	B	C	D	E	F	G	H
1	제품명	1월	2월	3월	4월			
2	제품A	4	100	14	61			
3	제품B	41	26	35	84			
4	제품C	28	45	6	57			
5	제품D	29	79	31	33			
7	=INDEX($A$2:$E$5,MATCH(A4,$A$2:$A$5,0),MATCH(E1,$A$1:$E$1,0))							

그림 3-43 INDEX 함수로 MATCH 함수 예제 결과

4. VLOOKUP 함수와의 비교

VLOOKUP 함수는 참조 범위를 정할 때 가장 왼쪽 열에 찾고자 하는 값이 있도록 만들어야 하며 열 넘버도 세어가며 넣어야 합니다. 하지만 INDEX 함수와 MATCH 함수는 찾고자 하는 값이 어느 열에 있어도 상관없으며, 필드명만 존재한다면 필드명으로 열 넘버까지 찾을 수 있어 편리합니다. INDEX 함수, MATCH 함수와 VLOOKUP 함수 중 상황에 따라 더 편리한 함수를 사용하면 됩니다.

10강 ROWS, COLUMNS 함수

1. 뜻풀이

ROWS 함수는 주어진 범위의 행의 개수를 세는 함수이고, COLUMNS 함수는 열의 개수를 세는 함수입니다.

2. 구성

ROWS 함수는 =ROWS(array)로 구성되어 있고, COLUMNS 함수는 =COLUMNS(array)로 구성되어 있습니다.

3. 연번 매기기

절댓값과 혼용하여 사용하면 매우 쉽게 연번을 매길 수 있습니다. 연번을 매길 때, 해당 셀이 몇 번째 행인지 말해주는 함수인 ROW 함수를 사용하면 행이 삭제나 추가가될 때 숫자가 변하게 되나 ROWS 함수는 행의 개수를 세는 함수이기 때문에 행이 삭제되거나 추가가 된다고 해도 연번에 영향을 주지 않습니다. 그림 3-44는 ROWS 함수를 사용해서 연번을 매긴 그림입니다.

	A
1	연번매기기 ▼
2	1
3	2
4	3

그림 3-44 ROWS 함수 예제

A2셀에 들어갈 대표 수식은 =ROWS($A$2:A2)으로 $A$2 셀에서 A2셀까지의 행의 개수입니다. 계산값은 1이 됩니다. 이 수식을 다른 셀에도 적용하기 위해 끌어 복사를 하면, A3셀에는 =ROWS($A$2:A3)의 수식이 들어가서 2가 됩니다. A4셀에는 =ROWS($A$2:A4)의 수식이 들어가서 3이 됩니다.

$의 의미는 수식을 복사하거나 끌어 복사를 하더라도 변하지 않는 값으로 만드는 절댓값을 의미합니다. 열 앞에 $이 붙으면 열 고정, 행 앞에 $이 붙으면 행이 고정됩니다.

4. 오른쪽 셀에 값이 있을 때만 연번 매기기

그림 3-45에서 E2에 들어갈 수식을 구하세요. 오른쪽 셀에 값이 있을 때만 연번을 매기세요.

	A	B	C	D	E	F	G
1	연번	시	구		연번	시	구
2	1	서울	강서구		1	서울	강서구
3	2		구로구				구로구
4	3	대전	동구		2	대전	동구
5	4	부산	중구		3	부산	중구
6	5		서구				서구

그림 3-45 ROWS 함수 응용 예제

오른쪽 셀에 값이 있으면 연번을 매기고 그렇지 않으면 연번을 매기지 않을 것이므로, B열을 중심으로 한 수식을 만듭니다. B열에 값이 있으면 카운팅하고 아니면 카운팅하지 않는 함수인 Counta 함수와 조건에 따라 True 값과 False 값을 반환하는 IF 함수를 사용합니다.

F열의 값이 몇 개인지를 따져서 숫자를 넣어야 하므로 E2셀에 수식 =COUNTA($F$2:F2)를 넣고, 아래로 끌어 복사하면 A열에 그림 3-46과 같이 값이 들어갑니다.

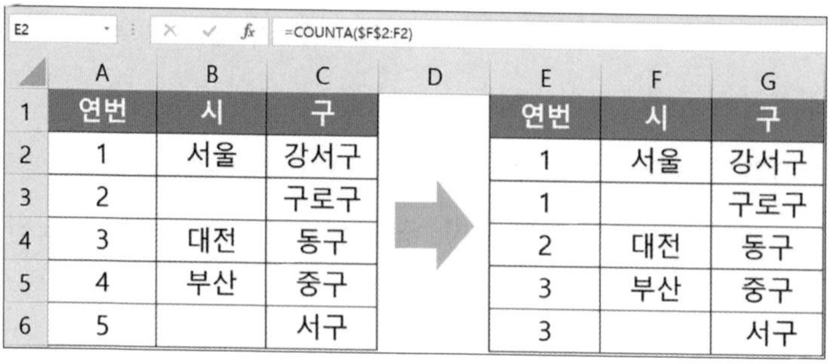
E2 =COUNTA($F$2:F2)

	A	B	C
1	연번	시	구
2	1	서울	강서구
3	2		구로구
4	3	대전	동구
5	4	부산	중구
6	5		서구

E	F	G
연번	시	구
1	서울	강서구
1		구로구
2	대전	동구
3	부산	중구
3		서구

그림 3-46 ROWS 함수 응용 수식 적용

만약 바로 오른쪽 셀에 값이 있으면, 연번을 넣고 아니면 빈칸을 오게 해야 하므로 IF 함수를 수식에 추가하고 FALSE 값에 ②번에서 구한 수식인 'COUNTA($F$2:F2)'을 넣으면 대표 수식인 '=IF(F2="","",COUNTA($F$2:F2))'이 완성됩니다. 마지막 셀의 수식과 값을 확인하며 검토합니다.

검토 결과는 그림 3-47과 같습니다.

E		F	G
연번		시	구
1		서울	강서구
			구로구
2		대전	동구
3		부산	중구
=IF(F6="","",COUNTA($F$2:F6))			서구

그림 3-47 ROWS 함수 응용 결과

5. VLOOKUP 함수와 함께 COLUMNS 함수 쓰기

그림 3-48 표에서 맞는 값을 찾아 A9 셀에 대표 수식을 넣어 그림 3-49의 표 B10:C11을 채우세요.

	A	B	C	D	E
1	제품	지점	판매 개수	가격	이윤
2	홍차	A	100	2100	0.4
3	오렌지주스	B	30	2300	0.15
4	포도주스	C	22	2700	0.2
5	마키아토	D	51	2800	0.4
6	아메리카노	E	44	3100	0.15
7	라테	F	38	4100	0.4

그림 3-48 ROWS 함수 고급 활용 예제 참조 범위

	A	B	C
9	제품	판매 개수	가격
10	마키아토		
11	라테		

그림 3-49 ROWS 함수 고급 예제

VLOOKUP 함수에서 찾는 값은 몇 번째 열에 있는지 찾는 인수인 'col_number'에 COLUMNS 함수를 넣어봅시다.

판매 개수는 참조범위 3번째 열에 가격은 4번째 열에 있으므로 대표 수식을 오른쪽 셀로 끌어 복사하면 'col_number'가 3에서 4로 변하게 만들어야 합니다. B10셀에 숫자 3이 오게 하고 오른쪽으로 끌기를 해서 4가 되게 하려면 열의 개수가 하나 증가되는 식을 만들면 되므로 'col_number'에 'COLUMNS($B$10:B10)+2'를 넣습니다.

따라서 B10셀에 들어갈 수식은 '=VLOOKUP($A10,$A$1:$E$7,COLUMNS($B$10 :B10)+2,0)'이고, C11셀까지 B10셀을 끌어 복사하면 됩니다. VLOOKUP 함수에 대해서는 제3장 (1)VLOOKUP 함수에서 자세히 다뤘으니 다시 확인하시길 바랍니다. 결과는 그림 3-50과 같습니다.

	A	B	C
9	제품	판매 개수	가격
10	마키아토	51	2800
11	라테	38	4100

그림 3-50 COLUMNS 함수 고급 활용 예제 결과

11과 AGGREGATE 함수

1. 뜻풀이

AGGREGATE 함수는 특정한 값들을 무시하고 계산을 할 수 있게 해주는 특별한 함수입니다.

2. SUM 함수의 한계

SUM 함수는 더하려고 하는 데이터 범위 내에 오류 값이 있으면 계산이 안됩니다. 그림 3-51과 3-52처럼 계산 범위 내에 오류가 있으면 오류 값을 반환합니다.

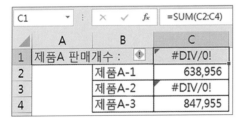

그림 3-51 #Div/0 오류가 포함된 SUM 함수　　　그림 3-52 #N/A 오류가 포함된 SUM 함수

SUM 함수는 더하려는 값이 있는 범위에 문자가 있을 때는 문자 값은 무시하고 더합니다. 그림 3-53를 참고하세요.

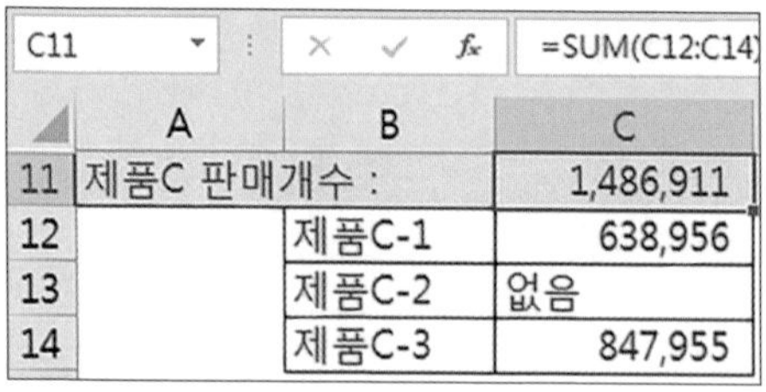

그림 3-53 문자가 포함된 SUM 함수

SUM 함수는 숨겨진 행이 있어도 범위 내에 포함되어 있으면 다 더합니다. 그림 3-54에서 19번 행이 숨겨져 있지만, 그 값도 더해졌습니다.

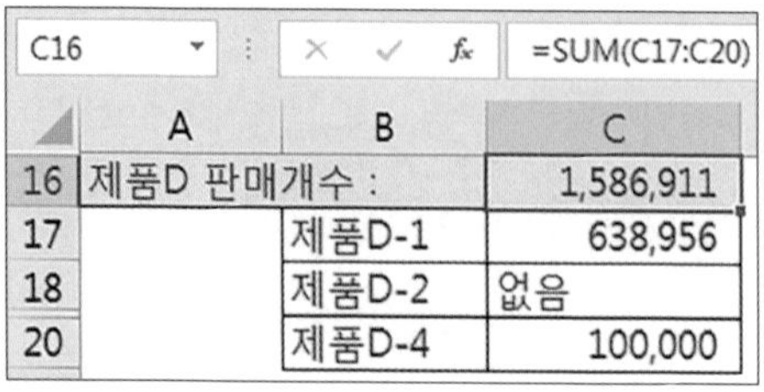

그림 3-54 SUM 숨겨진 행이 포함된 SUM 함수

3. AGGREGATE 함수가 더하는 법

설정에 따라 특정한 값(숨겨진 행, 오류 값, SUBTOTAL, AGGREGATE 등)을 제외하고 더합니다.

AGGREGATE 함수의 구성은 '=AGGREGATE(function_num, options, ref1, [ref2], …)'입니다. function_num에는 원하는 작업을 숫자로 넣습니다. 그림 3-55를 참고하세요. Options에는 무시할 값의 종류를 선택해서 넣습니다. 그림 3-56을 참고하세요. ref1에는 계산할 값의 범위를 넣으면 됩니다.

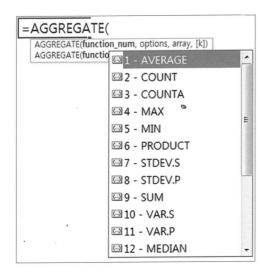

그림 3-55 AGGREGATE 함수 구성_function_num

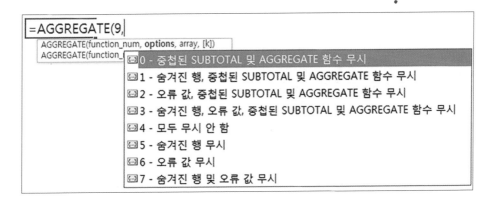

그림 3-56 AGGREGATE 함수_options

4. 오류 값 무시하고 더하기

그림 3-57를 보면 오류 값이 범위에 포함되어 있지만, 오류 값을 무시하고 더하도록
Options 6을 선택했기 때문에 오류 없이 계산이 됩니다.

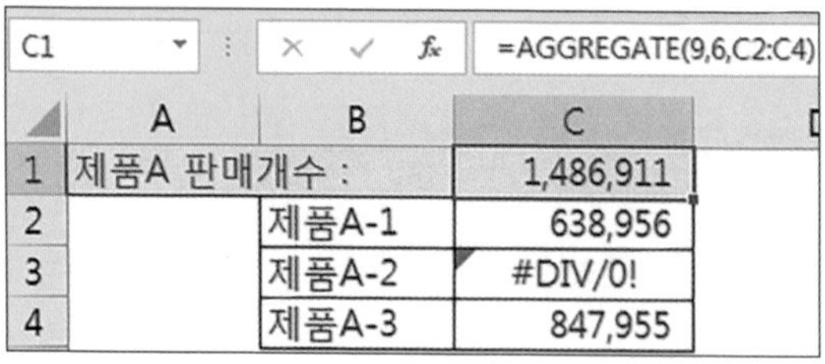

	A	B	C	D
1	제품A 판매개수 :		1,486,911	
2		제품A-1	638,956	
3		제품A-2	#DIV/0!	
4		제품A-3	847,955	

C1 =AGGREGATE(9,6,C2:C4)

그림 3-57 AGGREGATE 함수가 더하는 법

5. 오류 값과 숨겨진 행 무시하고 더하기

그림 3-58에는 오류 값이 존재하고, 19번행이 숨겨져 있지만 숨겨진 행과 오류 값을 모두 무시하고 더하도록 Options 7을 선택했기 때문에 모두 무시하고 더합니다.

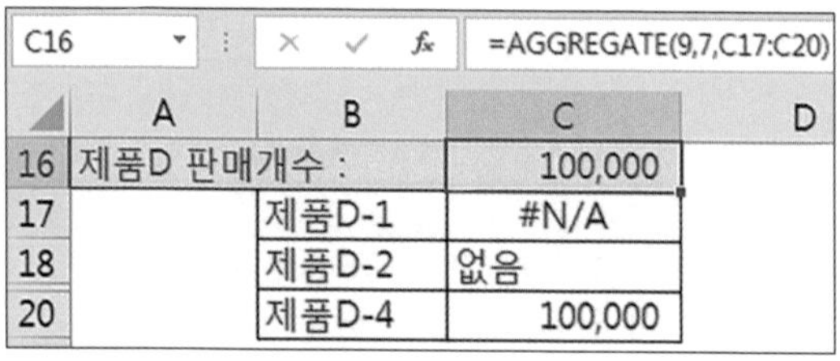

	A	B	C	D
16	제품D 판매개수 :		100,000	
17		제품D-1	#N/A	
18		제품D-2	없음	
20		제품D-4	100,000	

C16 =AGGREGATE(9,7,C17:C20)

그림 3-58 AGGREGATE 함수가 계산하는 법

12절 RANK 함수

1. 뜻풀이

RANK 함수는 말 그대로 순위를 매기는 함수입니다.

2. 종류

RANK.EQ는 같은 순위면 높은 순위로 매깁니다. EQ는 같다는 뜻의 영단어인 Equal의 앞 글자 2개를 따온 것입니다. RANK.AVG는 같은 순위면 평균 순위로 매깁니다. AVG는 '평균의'라는 뜻의 영단어인 Average의 앞 글자 3개를 따온 것입니다. RANK는 2007 버전 및 그 이전 버전에서 사용하던 함수로 RANK.EQ와 같습니다.

3. 구성

순위 매기기 함수의 구성은 '=RANK.EQ(number, ref, [order])'와 같으며, Number는 순위를 매길 숫자 또는 셀 값, ref는 순위를 매길 셀들의 범위입니다. ref를 설정할 때는 반드시 범위전체에 반드시 절댓값을 넣어주세요. order는 0이나 생략하면 내림차순, 그 외의 수를 입력하면 오름차순으로 순위를 매깁니다.

4. 기초 예제

그림 3-59에서 제품별 판매 개수의 순위를 구하고 순위대로 정렬하세요. 단 같은 순위가 있을 때에는 높은 등수로 작성하세요.

	A	B	C
1	제품	판매개수	순위
2	자몽티	100	
3	홍차	22	
4	레몬티	51	
5	마키아토	3	
6	아메리카노	51	
7	그린티	39	

그림 3-59 RANK 함수 기초 예제

C2에 들어갈 수식은 '=RANK.EQ(B2,$B$2:$B$7)'입니다.

같은 순위는 높은 등수를 넣으라고 했으므로 RANK.EQ 함수를 사용하고, 많이 팔린 제품이 높은 등수로 가야 하므로 order 값은 생략합니다. 그림 3-60을 참고하세요.

	A	B	C
1	제품	판매개수	순위
2	자몽티	100	=RANK.EQ(B2,$B$2:$B$7)
3	홍차	22	
4	레몬티	51	
5	마키아토	3	
6	아메리카노	51	
7	그린티	39	

그림 3-60 RANK 함수 적용

그림 3-61 RANK 함수 예제 결과

그림 3-62처럼 순위를 다시 오름차순으로 정렬하면 보기 좋은 표가 완성됩니다.

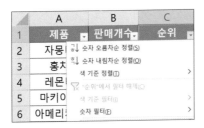

그림 3-62 RANK 함수 적용 후 정렬하기

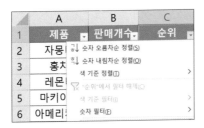

그림 3-63 RANK 함수 적용 후 정렬하기 결과

5. RANK 함수 왜 내가 하면 안될까?

ref에 절댓값을 넣지 않으면 참조 영역이 변해서 엉뚱한 값이 나오게 되니 반드시 F4를 눌러 절댓값을 적용하세요. 그림 3-64을 참고하세요.

```
=RANK.EQ(B2,$B$2:$B$7)
```

그림 3-64 RANK 함수 사용 시 자주하는 실수

13 INDIRECT 함수

1. 뜻풀이

INDIRECT는 '간접적인'이라는 뜻으로 엑셀에서는 셀 값 또는 텍스트의 주소로 가서 그 셀의 값을 불러오라는 함수입니다. 그림 3-65의 1행에는 2행 같은 열에 들어간 수식을 넣었으니 참고하세요.

	A	B	C	D	E	F	G
1	내용	=A2	=INDIRECT(A2)	=INDIRECT("A2")	=INDIRECT(G1)		A2
2	제품A	제품A	#REF!	제품A	제품A		

그림 3-65 INDIRECT 함수

그림 3-65에서 B2셀에 '=A2'라는 수식을 넣습니다. 이 뜻은 A2셀에 있는 값을 가져오라는 것으로 값은 제품A가 나옵니다.

그림 3-65에서 C2셀에는 '=INDIRECT(A2)'라는 수식을 넣었습니다. 그 뜻은 A2셀에 가고, 그 값을 주소로 갖는 셀로 가서 그 값을 가져오라는 것으로, 제품A라는 주소가 없기 때문에 #REF!(참조오류)가 나옵니다.

그림 3-65에서 D2셀에는 '=INDIRECT("A2")'라는 수식을 넣었습니다. 그 뜻은 A2라는 주소로 가서 그 값을 가져오라는 것으로 제품A라는 결괏값이 나옵니다. 텍스트로 인식할 수 있도록 쌍따옴표(" ") 안에 A2를 넣었습니다.

그림 3-65에서 E2셀에는 '=INDIRECT(G1)'라는 수식을 넣었습니다. 그 뜻은 G1셀에 있는 값(A2)을 주소로 갖는 셀로 가서 그 값을 가져오라는 것으로 제품A라는 결괏값이 나옵니다.

2. 활용

INDIRECT 함수를 사용하여 다른 시트에 있지만 같은 필드명을 가진 내용을 한 번에 불러올 수 있습니다.

3. 범위로 가져오기

그림 3-66에서 각각의 시트에 있는 내용을 하나의 수식으로 불러오세요. 먼저 시트 이름과 필드명을 일치시킨 후 작업하세요.

	A	B	C
1	제품명	2012년	2013년
2	제품A		
3	제품B		
4	제품C		
5	제품D		
6	제품E		

연도별판매개수　2012년　2013년　⊕

그림 3-66 INDIRECT 함수 범위로 가져오기 예제

	A	B	C
1	제품명	주문개수	
2	제품A	263	
3	제품C	155	
4	제품B	259	
5	제품E	77	
6	제품D	345	

그림 3-67 INDIRECT 함수 활용을 위한 참조 범위 '2012년' 시트

	A	B	C
1	제품명	주문개수	
2	제품E	3	
3	제품B	4	
4	제품A	6	
5	제품C	5	
6	제품D	12	

그림 3-68 INDIRECT 함수 활용을 위한 참조 범위 '2013년' 시트

VLOOKUP 함수를 사용하여 값을 불러오게 하면 되지만 B열 값은 2012년 시트에 가져오려는 값들이 있고, C열 값은 2013년 시트에 가져오려는 값들이 있습니다. 그런데 그 참조되는 값들은 시트 이름만 다르고 다른 부분은 모두 일치합니다. 그림 3-68의 B2, C2의 필드명과 가져오려는 값이 있는 시트명이 같으므로 INDIRECT 함수를 이용해 필드명을 주소 값의 일부로 사용하여 값을 가져오게 합니다.

먼저 등호를 입력하고 불러올 값들이 있는 범위를 선택해 주소를 확인합니다. 그림 3-69을 참고하세요. 시트명만 빼고 다른 주소는 모두 같음을 확인합니다.

	A	B	C
1	제품명	2012년	2013년
2	제품A	='2012년'!A1:B6	='2013년'!A1:B6

그림 3-69 INDIRECT 함수 적용을 위한 주소 확인

불러올 값이 있는 시트 이름과 필드명이 같으므로, 필드명에 있는 값(2012년, 2013년)을 주소의 일부로 사용합니다. 나머지 주소인 !A1:B6은 텍스트로 인식하게 하기 위해 쌍따옴표 안에 넣습니다. 그림 3-70를 참고하세요.

	A	B
1	제품명	2012년
2	제품A	=INDIRECT(B$1&"!A1:B6")

그림 3-70 INDIRECT 함수식 적용

B1셀은 값을 끌어 복사하기 할 것이므로 행은 고정시키고, 열은 변화시키기 위해 대표 수식에 B1이 아닌 B$1을 입력합니다. INDIRECT 함수를 사용할 때는 주소 값이 들어있는 셀은 그대로 두고 &를 입력한 뒤 나머지를 연결합니다. 나머지(!A1:B6)는 주소 값이 들어있는 셀이 아닌 텍스트이므로 쌍따옴표 안에 넣습니다.

참조되는 값이 완성되었으므로 VLOOKUP 함수를 사용해 값을 불러옵니다. 그림 3-71을 참고하세요.

	A	B
1	제품명	2012년
2	제품A	=VLOOKUP($A2,INDIRECT(B$1&"!A1:B6"),2,0)

그림 3-71　INDIRECT 함수에 VLOOKUP 함수 추가 적용

결과는 그림 3-72와 같습니다. 이렇게 INDIRECT 함수를 사용하면 다른 시트에 있는 내용도 대표 수식으로 모두 불러올 수 있습니다.

	A	B	C
1	제품명	2012년	2013년
2	제품A	77	6
3	제품B	259	4
4	제품C	155	5
5	제품D	345	12
6	제품E	263	=VLOOKUP($A6,INDIRECT(C$1&"!A1:B6"),2,0)

그림 3-72　INDIRECT 함수 활용 결과

항상 마지막 셀 값의 수식을 확인하면서 언제나 검토를 꼭 하시기 바랍니다. 실수를 방지할 수 있습니다.

4. 표 이름으로 가져오기

INDIRECT 함수를 표와 함께 사용하면 다른 시트의 값을 한번에 불러올 수 있습니다. 그림 3-73과 3-74처럼 불러올 값들이 있는 범위를 표로 지정하고, 이름을 필드명과 같게 만듭니다.

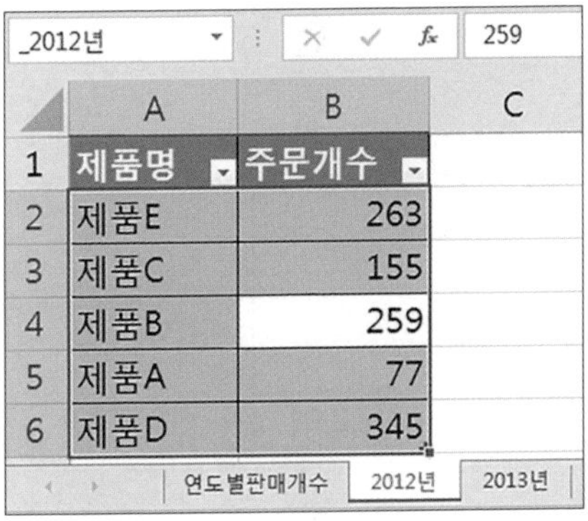

그림 3-73 INDIRECT 함수 활용을 위해 표 만들기   그림 3-74 표 이름 설정 시 유의사항

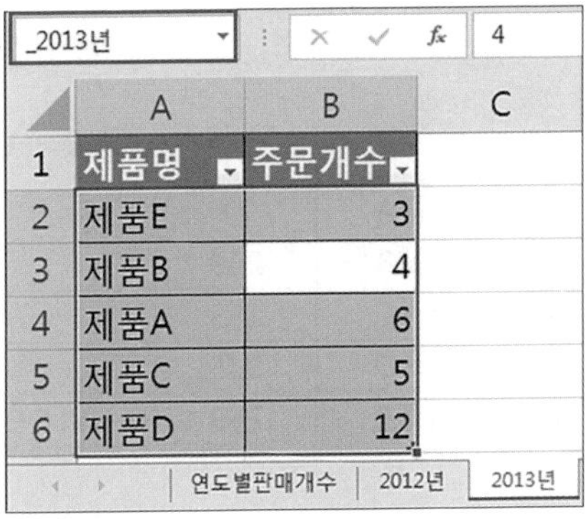

표 이름은 숫자로 시작할 수 없으므로 "_"를 앞에 붙였습니다. 또한 표 이름도 주소가될 수 있으므로 INDIRECT 함수를 사용해 필드명을 참조되는 값들이 있는 주소로가져오게 합니다. 그림 3-75를 참고하세요.

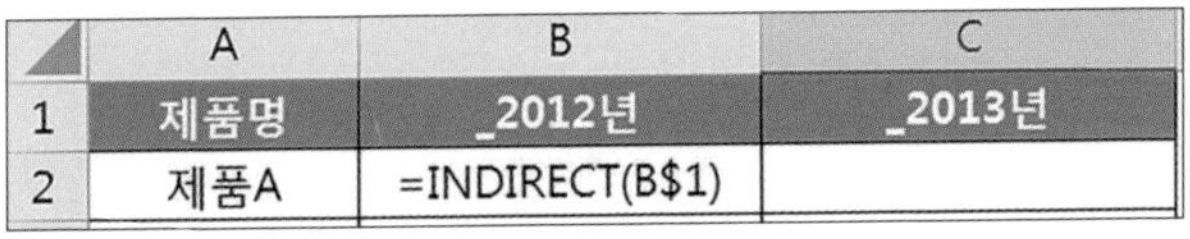

그림 3-75 INDIRECT 함수 적용

참조되는 값이 완성되었으므로 VLOOKUP 함수를 사용해 값을 불러옵니다. 그림3-76과 같이 입력해보세요.

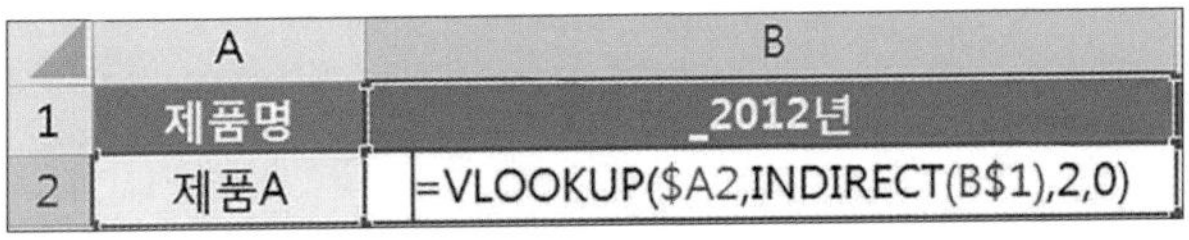

그림 3-76 INDIRECT 함수에 VLOOKUP 함수 추가 적용

결과는 그림 3-77과 같습니다. INDIRECT 함수를 사용해서 대표 수식 하나로 모든빈 셀을 채울 수 있습니다.

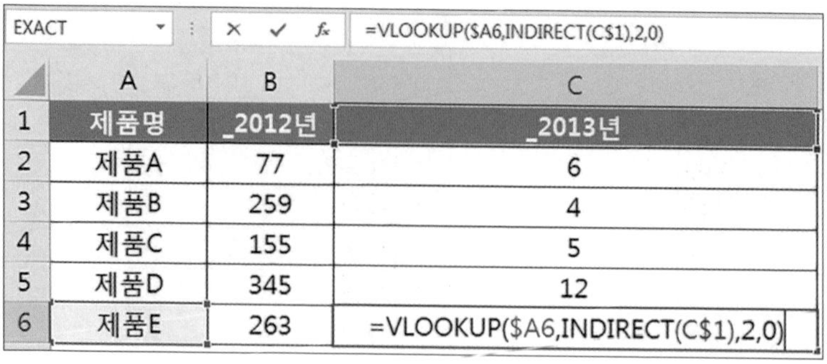

	A	B	C
			=VLOOKUP($A6,INDIRECT(C$1),2,0)
1	제품명	_2012년	_2013년
2	제품A	77	6
3	제품B	259	4
4	제품C	155	5
5	제품D	345	12
6	제품E	263	=VLOOKUP($A6,INDIRECT(C$1),2,0)

그림 3-77 INDIRECT 함수에 VLOOKUP 함수 추가 적용

C6셀 값의 수식을 확인하면서 검토합니다. 검토는 필수입니다.

14강 OR 함수와 AND 함수

1. 뜻풀이

OR 함수는 단어 뜻 그대로 인수가 하나라도 True(참)이면 True 값을 반환합니다. AND 함수 역시 단어 뜻 그대로 인수가 모두 True일 때만 True 값을 반환합니다.

2. OR 함수 예제

그림 3-78에서 한 번이라도 한 달에 50잔 이상 팔린 적이 있는 제품은 '예' 아니면 '아니오'라고 나오도록 수식을 만들어보겠습니다.

	A	B	C	D	E
1	제품	1월	2월	3월	한달에 50잔 이상 팔린 적이 있는가?
2	홍차	40	9	48	
3	매실차	37	3	55	
4	마키아토	13	66		
5	라테	42	43	69	

그림 3-78 OR 함수 예제

조건에 따라 답이 달라지므로 IF 함수를 이용합니다. 인수가 하나라도 True이면 True 값을 반환해야 하므로, IF 함수 내에 OR 함수를 넣어 수식을 구성합니다. E2셀에 들어갈 수식은 '=IF(OR(B2>=50,C2>=50,D2>=50),"예","아니오")'입니다.

OR 함수를 사용하면 '=IF(B2>=50,"예",IF(C2>=50,"예",IF(D2>=50,"예","아니오")))'처럼 IF 함수를 중첩해서 사용하는 것보다 수식의 길이가 짧고 이해하기도 쉽습니다. 결과는

그림 3-71과 같습니다. 마지막 셀 값인 E5셀 값의 수식을 확인하면서 검토합니다.

	A	B	C	D	E
1	제품	1월	2월	3월	한달에 50잔 이상 팔린 적이 있는가?
2	홍차	40	9	48	아니오
3	매실차	37	3	55	예
4	마키아토	13	66		예
5	라테	42	43	69	예

그림 3-79 OR 함수 예제 결과

3. AND 함수 예제

그림 3-80을 확인해봅시다. 세 달 모두 50잔 이상 팔린 적이 있습니까? 만약 있으면 '예' 없으면 '아니오'라고 값이 나오게 만듭니다.

	A	B	C	D	E
1	제품	1월	2월	3월	3달 모두 50잔 이상 팔렸는가?
2	홍차	40	9	48	
3	매실차	37	3	55	
4	마키아토	13	66		
5	라테	54	77	69	

그림 3-80 AND 함수 예제

조건에 따라 답이 달라지므로 IF 함수를 이용합니다. 인수가 모두 True일 때만 True 값을 반환해야 하므로 IF 함수 내에 AND 함수를 넣어 수식을 구성합니다.

E2셀에 들어갈 수식은 '=IF(AND($B2>=50,$C2>=50,$D2>=50),"예","아니오")'입니다.

결과는 그림 3-81과 같습니다. E5셀 값의 수식을 확인하면서 검토합니다.

| | E5 | ▾ | : | × | ✓ | fx | =IF(AND($B5>=50,$C5>=50,$D5>=50),"예","아니오") |

▲	A	B	C	D	E
1	제품	1월	2월	3월	3달 모두 50잔 이상 팔렸는가?
2	홍차	40	9	48	아니오
3	매실차	37	3	55	아니오
4	마키아토	13	66		아니오
5	라테	54	77	69	예

그림 3-81 AND 함수 예제 결과

15강 FIND 함수와 SEARCH 함수

1. 뜻풀이

FIND 함수는 단어 뜻 그대로 특정한 문자나 숫자를 찾는 함수입니다. 대소문자를 구별하는 함수이기 때문에 이 점을 유의하세요. SEARCH 함수는 FIND 함수와 마찬가지로 특정한 문자나 숫자를 찾는 함수이지만 FIND 함수처럼 대소문자를 구별하지 않습니다. 쉽게 외우기 위해 대(문자 구분은) 파(인드 함수)를 생각하세요.

2. FIND 함수 예제

그림 3-82에서 제품별 총 개수를 구해보세요.

	A	B	C	D
1	제품명	낱개	세트	총 개수
2	가	12개	4	
3	나	31개입	2	

그림 3-82 FIND 함수 예제

간단히 낱개 곱하기 세트를 해주면 총 개수를 구할 수 있다고 생각할 수 있으나 B열에 숫자가 아닌 문자가 들어있기 때문에 결괏값이 #VALUE 오류가 나옵니다. 그림 3-83을 참고하세요.

	A	B	C	D
1	제품명	낱개	세트	총 개수
2	가	12개	4	#VALUE!
3	나	31개입	2	=B3*C3

FIND 함수 오류

따라서 B열에 있는 값을 엑셀이 숫자로 인식하도록 바꿔줘야 합니다. 숫자 뒤에 공통적으로 오는 글자인 '개'라는 글자를 찾아 그 바로 앞의 내용만 남을 수 있도록 LEFT 함수를 사용하고 C열과 곱해주면 됩니다.

D2셀에 들어갈 수식은 '=LEFT(B2,FIND("개",B2)-1)*C2'입니다. 수식에서 -1이 들어간 이유는 =FIND("개",B2)의 결괏값은 "개"를 포함한 문자의 개수와 같으므로 1을 빼서 "개"라는 글자를 제외하고 숫자만 남기기 위함입니다.

결과는 그림 3-84과 같습니다. 낱개 열에 숫자만 남아서 계산되었기 때문에 올바른 총 개수가 나옵니다.

	A	B	C	D
1	제품명	낱개	세트	총 개수
2	가	12개	4	48
3	나	31개입	2	=LEFT(B3,FIND("개",B3)-1)*C3

FIND 함수 예제 결과

3. SEARCH 함수 예제

그림 3-85에서 제품별 총 개수를 구해보세요.

	A	B	C	D
1	제품명	낱개	세트	총 개수
2	가	12ea	4	
3	나	31EA	2	

그림 3-85 SEARCH 함수 예제

FIND 함수를 알고 있으므로 FIND 함수를 이용해 함수식을 만들어 보았으나 FIND 함수는 대소문자를 구별해서 인식하므로 D3셀에는 #VALUE 오류가 나옵니다. 그림 3-86을 참고하세요.

D3	▼	:	× ✓	f_x	=LEFT(B3,FIND("ea",B3)-1)*C3

	A	B	C	D
1	제품명	낱개	세트	총 개수
2	가	12ea	4	48
3	나	31EA	2	#VALUE!

그림 3-86 SEARCH 함수 오류

이렇게 대문자와 소문자가 섞여 있다면 FIND 함수 대신, 대소문자를 구별하지 않고 찾는 SEARCH 함수를 이용하면 됩니다.

D2셀에 들어갈 수식은 '=LEFT(B2,SEARCH("ea",B2)-1)*C2'입니다. 그림 3-87에서 결과를 확인하세요.

	A	B	C	D
1	제품명	낱개	세트	총 개수
2	가	12ea	4	48
3	나	31EA	2	=LEFT(B3,SEARCH("ea",B3)-1)*C3

그림 3-87 SEARCH 함수 예제 결과

16 PROPER 함수

1. 뜻풀이

PROPER은 '제대로 된'이라는 뜻을 가진 영어 단어입니다. 영문을 쓸 때는 제일 앞 알파벳을 대문자로 쓰는 것이 맞다는 의미로 이해하시면 더욱 좋을 것입니다.

PROPER 함수는 단어의 첫째 문자와 영문자가 아닌 문자 바로 다음에 오는 영문자를 대문자로 변환시키고 나머지 문자들은 소문자로 변환시킵니다.

예를 들면 republic of korea는 Republic Of Korea로, 32street는 32Street로 변환시킵니다.

2. 예제

그림 3-88에서 영어로 된 회원 이름 목록을 첫 글자는 대문자로 쓰고, 이름이나 성에 띄어쓰기 금지를 하는 것을 규칙으로 해서 정리하세요.

	A	B	C	D	E
1	이름	성		이름	성
2	Ha youn	Jung		Hayoun	Jung
3	Jung Mi	LEE		Jungmi	Lee
4	Inha	AHn		Inha	Ahn
5	miNa	leE		Mina	Lee

그림 3-88 PROPER 함수 예제

우선 SUBSTITUTE 함수(찾아 바꾸기)를 사용해 이름에 있는 띄어쓰기를 없앱니다. 먼저 띄어쓰기를 없애야 PROPER함수를 한번에 적용시킬 수 있습니다. PROPER 함수를 사용해 이름과 성의 제일 앞 알파벳만 대문자로 변경합니다.

수식과 결과를 확인합니다. 그림 3-89처럼 결과가 나오는 것을 확인할 수 있습니다.

이름	성
=PROPER(SUBSTITUTE(A2," ",""))	Jung
Jungmi	Lee
Inha	Ahn
Mina	Lee

그림 3-89 PROPER 함수 예제 결과

EXACT 함수

1. 뜻풀이

EXACT의 사전상 단어 의미는 '정확한'으로 엑셀에서의 EXACT 함수는 대소문자까지 구분해서 비교 대상이 서로 정확히 같은 값인지 알려줍니다. 서식은 무시합니다.

2. 예제

그림 3-90에 있는 표에서 2행과 5행의 값이 정확히 일치하는지 확인하세요. 대소문자까지 일치해야 합니다.

	A	B	C	D	E
1	평가대상자	항목1	항목2	항목6	항목7
2	BB	CC	418		A B
3					
4	평가대상자	항목1	항목2	항목6	항목7
5	BB	cc	418.00		AB

그림 3-90 EXACT 함수 예제

단순 수식으로 비교를 하면 그림 3-91처럼 결과가 나옵니다. 대소문자를 구분하지 않으므로 항목7만 FALSE 값을 반환합니다.

평가대상자	항목1	항목2	항목6	항목7
=A2=A5	TRUE	TRUE	TRUE	FALSE

그림 3-91 EXACT 함수와 단순 수식 비교

EXACT 함수로 비교를 하면 그림 3-92처럼 결과가 나옵니다. 대소문자를 구분하므로 항목 1은 FALSE 값을 반환합니다.

평가대상자	항목1	항목2	항목6	항목7
=EXACT(A2,A5)	FALSE	TRUE	FALSE	FALSE

그림 3-92 EXACT 함수의 결괏값 확인

항목6이 False가 반환된 이유는 다음과 같습니다. 그림 3-93와 그림 3-94에서 볼 수 있듯이 D2셀 값에 실제로 0이라는 값이 들어있고 D5는 빈칸입니다. 그러나 셀 값이 0일 경우 빈칸으로 표시되도록 옵션 설정을 해놨기 때문에 우리 눈과 수식으로는 값이 같다고 나오지만 실제 D2 값과 D5 값은 다르기 때문에 FALSE 값을 반환하는 것입니다.

그림 3-93 EXACT 함수 적용 시 유의사항 1

그림 3-94 EXACT 함수 적용 시 유의사항 2

18 OFFSET 함수

1. 뜻풀이

엑셀에서는 OFFSET 함수를 주어진 참조 영역으로부터 지정한 행과 열만큼 떨어진 참조 영역의 위치를 돌려주는 함수라고 설명합니다. 좀 더 쉽게 풀이하면 영단어 OFF(멀리)와 SET(놓다)의 합성어로 특정 셀에서 옆으로, 그리고 위아래로 주어진 만큼 떨어진 위치에 있는 값을 가져오게 하는 함수입니다.

2. 함수 구성 이해하기

OFFSET 함수는 '=OFFSET(reference,rows,cols,[height],[width])'로 구성되어 있습니다. 첫 번째 인수인 reference는 시작 위치를 말하며 두 번째 인수인 rows는 아래(위)로 얼마나 이동할지를 나타내고, 세 번째 인수인 cols는 왼쪽(오른쪽)으로 얼마나 이동할지를 나타냅니다. 나머지 인수는 범위를 지정하는 인수로써 생략 가능합니다. height는 아래(위)로 얼마만큼의 범위를 포함할지를 나타내고 width는 왼쪽(오른쪽)으로 얼마만큼 포함할지를 나타냅니다. height와 width는 특정 영역의 합을 구할 때 주로 쓰입니다.

3. 예제

그림 3-95를 보고 물음에 답하세요. 표 이름은 '월별판매량'입니다.

	A	B
1	월	판매량
2	4월	100
3	5월	299
4	6월	300
5	7월	100
6	8월	211
7	9월	109
8	10월	111

그림 3-95 OFFSET 함수 예제

OFFSET 함수를 사용하여 표에서 가장 먼저 나오는 월을 구해봅시다.

수식은 =OFFSET(월별판매량[[#머리글],[월]],1,0)입니다. 표로 지정된 범위 내의 셀을 선택했기 때문에 A1셀을 선택하면 월별판매량[[#머리글],[월]] 이라고 수식에 표현이 됩니다. A1셀을 기준으로 아래로 1칸, 오른쪽으로 0칸 이동한 셀의 값을 가져오라는 수식입니다. 표 범위 설정에 대한 설명은 '7장 엑셀 표에 대해 이해하기'에서 자세히 확인할 수 있습니다.

결과는 그림 3-96의 노란색 바탕의 셀과 같습니다.

=OFFSET(월별판매량24[[#머리글],[월]],1,0)	4월

그림 3-96 OFFSET 함수 수식 1

이번에는 OFFSET 함수와 COUNTA 함수를 사용하여 마지막 월을 구해봅시다.

표 내부에서 가장 아래에 나오는 월을 구하는 함수이기 때문에 A1셀을 기준으로 제목 행을 제외한 '월'이 나타난 열에 있는 데이터 개수만큼 아래로 이동한 셀을 값을 가져오는 수식을 구성하면, =OFFSET(월별판매량[[#머리글],[월]],COUNTA(월별판매량[월]),0)입니다.

범위를 표로 전환하면 모든 열을 선택하지 않아도 COUNTA 함수 등을 사용하여 표의 마지막 값을 구할 수 있는 장점이 있습니다. 결과는 그림 3-97의 노란색 바탕의 셀과 같습니다.

| =OFFSET(월별판매량24[[#머리글],[월]],COUNTA(월별판매량24[월]),0) | 10월 |

그림 3-97 OFFSET 함수 수식 2

이번에는 그림 3-95에 있었던 4월부터 8월까지의 판매량의 합을 구해보겠습니다.

B1셀을 기준으로 두 번째 열(판매량 열)에서 한 칸 아래로 내려간 1번째 행부터 5번째까지의 범위의 값을 모두 더하는 수식인 '=SUM(OFFSET(월별판매량[[#머리글],[판매량]],1,0,5))'을 넣습니다.

결과는 그림 3-98의 노란색 바탕의 셀과 같습니다.

| =SUM(OFFSET(월별판매량24[[#머리글],[판매량]],1,0,5)) | 1010 |

그림 3-98 OFFSET 함수 수식 3

19 IFS 함수

1. 뜻풀이

IFS 함수는 한 개 이상의 조건들이 충족되는지 확인하고 첫 번째 True 조건에 해당하는 값을 반환합니다. 다시 말하면 순서대로 비교해서 일치하는 값이 나오면 해당 값을 반환한다고 생각하면 됩니다. 주의할 점은 이 함수는 **Excel 2019 이상의 버전 또는 Office 365**에만 있는 함수입니다. 따라서 해당 버전이 아닌 사용자 분들은 이 점을 유의해서 봐주시길 바랍니다.

2. 함수 구성 이해하기

IFS 함수는 '=IFS(logical_test1, value_if_true1, [logical_test2, value_if_true2]', '[logical_test3, value_if_true3]⋯)'로 구성됩니다. 'logical_test1'에는 첫 번째 조건을 넣고, 'value_if_true1'에는 'logical_test1'이 True일 경우 반환할 값을 넣고, logical_test2에는 첫 번째 조건이 False가 나왔을 때 실행할 두 번째 조건, 'value_if_true2'에는 두 번째 조건이 True일 경우 반환할 값을 넣습니다.

3. 예제

그림 3-99의 표를 그림 3-100의 빈칸에 채워보겠습니다. VLOOKUP과 IF, IFS 함수를 이용해 외국에서 받아온 점수를 한글로 고쳐봅니다. 각각의 함수들이 어떤 장점이 있는지 비교해봅니다.

	A	B
1	Grade	등급
2	A	수
3	B	우
4	C	미
5	D	양
6	F	가

그림 3-99 점수표

8	과목	Grade	등급(VLOOKUP)	등급(IF)	등급(IFS)
9	영어	C			
10	수학	A			
11	과학	F			
12	미술	A			

그림 3-100 IFS 함수 활용 예제

점수표를 보고 VLOOKUP 함수로 값을 구해보겠습니다. 그림 3-101에서 볼 수 있듯이 C9셀에 들어갈 VLOOKUP 함수를 사용한 대표 수식은 '=VLOOKUP (B9,$A$2:$B$6,2,0)'입니다. 간단하고 편하지만 점수표가 있어야만 값을 구할 수 있다는 단점이 있습니다.

	A	B	C
1	Grade	등급	
2	A	수	
3	B	우	
4	C	미	
5	D	양	
6	F	가	
7			
8	과목	Grade	등급(VLOOKUP)
9	영어	C	=VLOOKUP(B9,$A$2:$B$6,2,0)
10	수학	A	수
11	과학	F	가
12	미술	A	수

그림 3-101 IFS 함수 대신 VLOOKUP 함수 적용

IF 함수를 이용해서 값을 구해보겠습니다. 그림 3-102에서 볼 수 있듯이, C9셀에 들어갈 대표 수식은 '=IF(B9="A","수",IF(B9="B","우",IF(B9="C","미",IF(B9="D","양","가"))))' 입니다.

8	과목	Grade	등급(IF)
9	영어	C	=IF(B9="A","수",IF(B9="B","우",IF(B9="C","미",IF(B9="D","양","가"))))
10	수학	A	수
11	과학	F	가
12	미술	A	수

그림 3-102 IFS 함수 대신 IF 함수 적용

IFS 함수를 이용해서 값을 구해보겠습니다. 그림 3-95처럼 C9셀에 들어갈 대표 수식은 '=IFS(B9="A","수",B9="B","우",B9="C","미",B9="D","양",1,"가")'입니다. 마지막 조건은 전 조건들이 모두 거짓일 경우 무조건 들어갈 조건이므로 숫자 1을 넣고 마지막 결괏값은 "가"를 넣습니다.

20	과목	Grade	등급(IFS)
21	영어	C	=IFS(B21="A","수",B21="B","우",B21="C","미",B21="D","양",1,"가")
22	수학	A	수
23	과학	F	가
24	미술	A	수

그림 3-103 IFS 함수 적용 수식

IF 함수와 IFS 함수의 비교해보면, IF 함수를 사용했을 때 입력한 텍스트 수는 67개, IFS 함수를 사용했을 때 입력한 Text는 58개로 조금 차이가 있습니다. 또한 IFS 함수의 구성이 사용자에게 알아보기 좋도록 만들어진 것을 볼 수 있습니다.

4장

당장 실무에 필요한
피벗 테이블 익히기

1 뜻풀이

피벗 테이블을 직역하면 축을 중심으로 회전하는(Pivot) 표(Table)라고 할 수 있습니다. 즉 분석을 해주는 엑셀의 기능으로 같은 항목의 합이나 백분율 등을 쉽게 구할 수 있게 해준다고 생각하면 됩니다.

2 기능 살펴보기

피벗 테이블 삽입을 위해서는 그림 4-1처럼 메뉴에서 삽입을 선택 후 피벗 테이블을 클릭하면 됩니다.

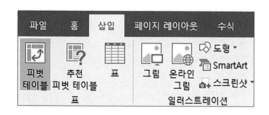

그림 4-1 피벗 테이블 위치

표 또는 범위 선택 방법은 간단합니다. 원하는 데이터 범위 내의 셀을 선택한 상태에서 피벗 테이블 버튼을 누르면 자동으로 범위가 설정됩니다. 설정되는 범위는 선택한 셀에 인접한 데이터가 있는 연속적인 셀입니다. 여기에서 인접한 셀이란 왼쪽, 오른쪽, 위쪽, 아래쪽, 대각선 셀을 말합니다.

피벗 테이블 보고서를 넣을 위치도 선택이 가능합니다. 원본 데이터가 있는 시트 내에 피벗 테이블도 넣고 원본을 보면서 데이터를 분석할 수 있습니다. 그림 4-2와 4-3을 참고하세요.

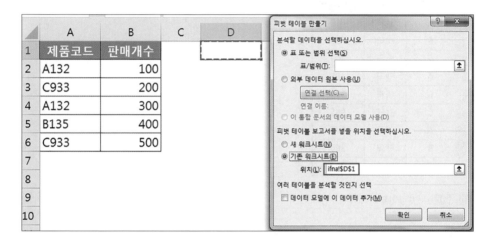

그림 4-2 피벗 테이블 위치 설정

그림 4-3 기존 워크시트에 피벗 테이블 작성하기

그림 4-4의 표를 통해 제품별, 나라별 판매 개수를 구해보겠습니다.

	A	B	C
1	제품	나라	판매개수
2	A	캐나다	619
3	B	미국	700
4	C	미국	409
5	A	태국	185
6	B	미국	320
7	C	캐나다	888
8	A	미국	677
9	B	태국	160
10	C	미국	900

그림 4-4 피벗 테이블 기초 예제

나라별로 판매 개수의 합을 구하기 위해서는 피벗 테이블을 만든 후 피벗 테이블 필드에서 행에 '나라', 값에 '판매 개수'를 넣어야 합니다. 그림 4-5를 참고하세요.

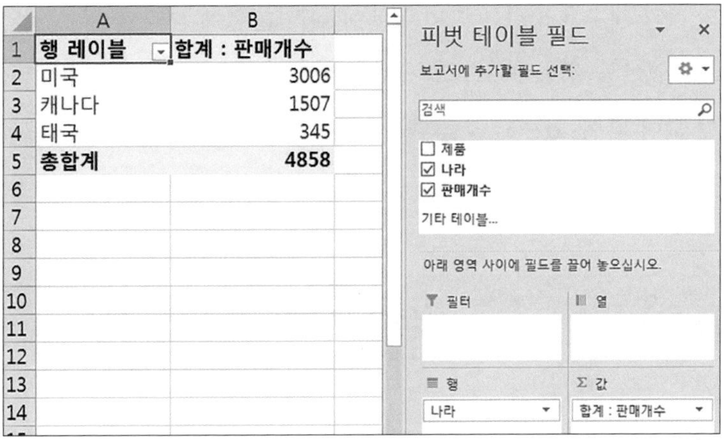

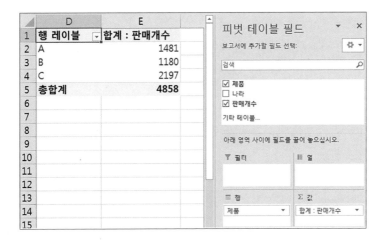

그림 4-5 나라별 판매 개수 합 구하기

여기에서 주의할 점은 '값'에는 숫자가 있는 열을 넣어야 합이 나온다는 것입니다. 만약 숫자가 아닌 문자가 있는 열을 넣으면 그 항목의 개수가 나옵니다. 제품별 판매 개수의 합을 구하기 위해서는 행에 '제품'을, 값에 '판매 개수'를 넣습니다. 그림 4-6을 참고하세요.

그림 4-6 제품별 판매 개수 합 구하기

표에 포함된 각각의 나라 개수를 구하는 방법은 행에 '나라'를 값에 '나라'를 넣는 것입니다. 값 필드에 넣은 열이 숫자가 아니므로 나라의 개수가 모두 합쳐져서 나옵니다. 하나의 열에 각각의 값이 몇 개 있는지 찾을 때는 편하게 쓸 수 있습니다. 그림 4-7을 참고하세요.

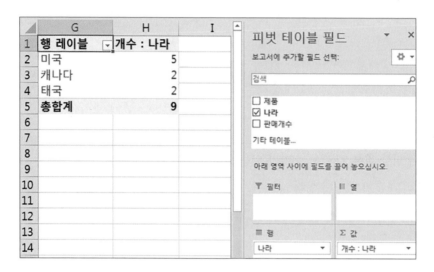

그림 4-7 개수 구하기

고급 기능 살펴보기 : 그룹화

그림 4-8의 표를 피벗 테이블을 이용해 아시아권과 아메리카권의 판매 개수의 합이 나오도록 만들어보겠습니다. 아시아가 제일 위의 행에 나오게 만듭니다.

	A	B
1	나라	판매개수
2	캐나다	10
3	일본	10
4	미국	10
5	태국	10
6	일본	10
7	캐나다	10
8	미국	10
9	태국	10
10	미국	10
11	일본	10

그림 4-8 피벗 테이블 고급 기능 예제

먼저 그림 4-9와 같이 피벗 테이블을 만듭니다.

행 레이블 ▾	합계 : 판매개수
미국	30
일본	30
캐나다	20
태국	20
총합계	100

그림 4-9 피벗 테이블 만들기

그룹화를 위해 아시아권 나라인 일본과 태국을 선택 후 오른쪽 마우스 버튼을 클릭하세요. 그룹을 눌러 그룹을 만든 후 그룹명을 아시아로 고치세요. 그림 4-10, 4-11을 참고하세요.

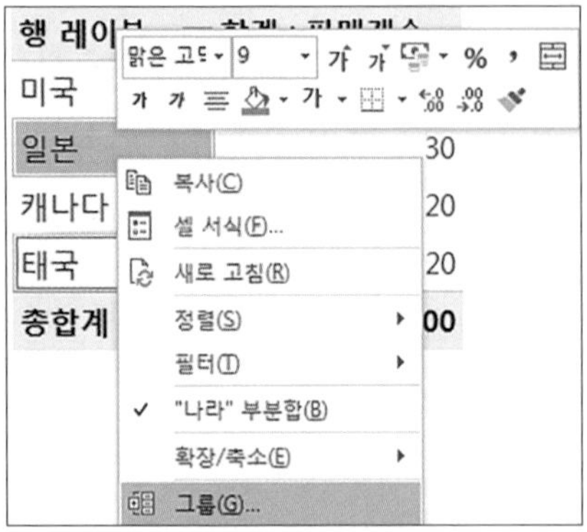

그림 4-10 피벗 테이블 그룹화

그림 4-11 피벗 테이블 그룹화 확인

여기에서 그룹명은 원하는 셀 선택 후 바로 입력하면 수정됩니다. 미국, 캐나다를 선택 후 오른쪽 마우스 버튼을 눌러 그룹화하세요. 그룹명은 아메리카로 수정합니다. 그림 4-12와 4-13을 참고하세요.

그림 4-12 피벗 테이블 그룹화

그림 4-13 피벗 테이블 그룹명 수정

그룹화 한 내용만 보이게 하기 위해 '아메리카' 또는 '아시아' 선택 후 오른쪽 마우스 버튼을 눌러 〈확장 / 축소〉에서 〈전체 필드 축소〉를 누릅니다. 그림 4-14를 참고하세요.

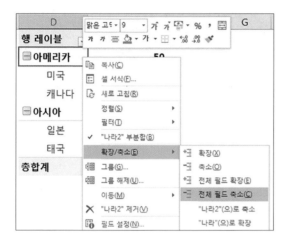

그림 4-14 피벗 테이블 전체 필드 축소

아시아를 제일 위로 올리기 위해 아시아 선택 후 오른쪽 마우스 버튼을 누르고 이동에서 처음으로 〈아시아〉 이동을 클릭합니다.

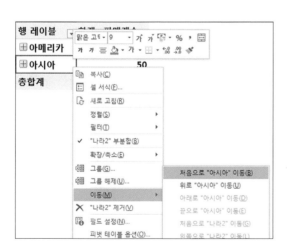

그림 4-15 행 위치 이동

+/- 단추 표시를 없애기 위해서는 피벗 테이블 도구 메뉴에서 분석 선택 후 '+/- 단추'를 해제해주면 됩니다. 그림 4-16을 참고하세요.

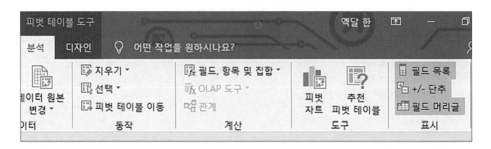

그림 4-16 단추 표시 없애기

정리한 결과는 그림 4-17과 같습니다.

행 레이블 ▼	합계 : 판매개수
아시아	50
아메리카	50
총합계	100

그림 4-17 단추 표시 없애기 결과

원본 데이터를 변경한 후 피벗 테이블에 적용하려면 그림 4-18처럼 해당 피벗 테이블 내의 셀을 선택한 후 마우스 오른쪽 버튼을 눌러 반드시 새로 고침 버튼을 누르세요.

그림 4-18 새로 고침

5 고급 예제 ①

그림 4-19의 데이터를 년도별, 분기별로 분석해보세요.

	A	B
1	날짜	판매개수
2	2018-06-29	22
3	2018-02-26	50
4	2017-10-13	28
5	2017-08-10	85
6	2018-05-27	46
7	2017-07-20	42
8	2017-12-29	37
9	2017-08-03	68
10	2017-11-18	56

그림 4-19 피벗 테이블 고급 예제

분기별 분석을 위해 피벗 테이블을 만든 후 피벗 테이블 필드에서 행에 날짜를 가져
갑니다. 메뉴에서 연과 분기별을 선택하고, 값에는 판매 개수를 넣으세요. 그림 4-20
을 참고하세요.

날짜를 행 필드로 가져가기

원본 데이터의 날짜 열에 있는 데이터가 날짜로 서식이 지정되어 있고, 날짜 형식에서 벗어난 데이터가 없어야만 자동으로 연, 월, 분기 등이 추가됩니다. 만약 자동으로 분류되지 않는다면 잘못 입력된 데이터를 찾아서 날짜 형식으로 고쳐준 후 새로 고침 버튼을 누르세요. 텍스트로 저장된 날짜를 날짜 서식으로 바꾸는 방법은 제6장의(15) 텍스트를 계산 가능한 서식으로 한번에 만들기를 참고하면 됩니다.

6 표 고급 예제 ②

그림 4-21의 표에서 분기별 항목의 전체 대비 판매 비율과, 연도별 분기 판매 비율을 구하세요.

	A	B
1	**날짜**	**판매개수**
2	2018-06-29	654
3	2018-02-26	673
4	2017-10-13	28
5	2017-08-10	80
6	2018-05-27	46
7	2017-07-20	42
8	2017-12-29	37

그림 4-21 피벗 테이블 고급 예제

먼저 그림 4-22처럼 값 필드에 판매개수 열을 3개 넣습니다.

행 레이블	합계 : 판매개수	합계 : 판매개수2	합계 : 판매개수3
2017년	2156	2156	2156
1사분기	1065	1065	1065
2사분기	367	367	367
3사분기	406	406	406
4사분기	318	318	318
2018년	1373	1373	1373
1사분기	673	673	673
2사분기	700	700	700
총합계	3529	3529	3529

그림 4-22 값 필드 넣기

그림 4-23과 4-24처럼 값 필드의 두 번째 판매 개수의 값 표시 형식을 총합계 비율로
바꾸세요.

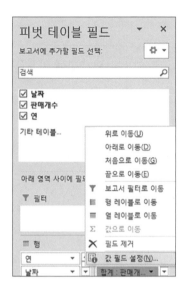

그림 4-23 값 표시 형식 수정

그림 4-24 총합계 비율 설정

그림 4-25처럼 값 필드의 세 번째 판매 개수의 값 표시 형식을 상위 합계 비율로 바꾸세요. 기준 필드는 '연'으로 해주세요.

그림 4-25 상위 합계 비율 설정

결과는 그림 4-26과 같습니다. 판매 개수 2는 총 합계 비율로 설정되었으며 판매 개수 3은 연도별 합계 비율로 설정되었습니다.

행 레이블	합계 : 판매개수	합계 : 판매개수2	합계 : 판매개수3
⊟2017년	2156	61.09%	100.00%
1사분기	1065	30.18%	49.40%
2사분기	367	10.40%	17.02%
3사분기	406	11.50%	18.83%
4사분기	318	9.01%	14.75%
⊟2018년	1373	38.91%	100.00%
1사분기	673	19.07%	49.02%
2사분기	700	19.84%	50.98%
총합계	3529	100.00%	

그림 4-26 피벗 테이블 고급 예제 결과

7 ☰ 피벗 테이블 오류 해결하기

> Microsoft Excel
>
> ⚠ 피벗 테이블 필드 이름이 잘못되었습니다. 피벗 테이블 보고서를 작성하려면 열 이름과 목록으로 된 데이터를 사용해야 합니다. 피벗 테이블 필드 이름을 변경하려면 새 필드 이름을 입력하십시오.
>
> [확인]

그림 4-27 피벗 테이블 오류

그림 4-27과 같은 오류 메시지와 함께 피벗 테이블이 만들어지지 않을 때가 있습니다. 해당 오류의 이유는 필드명에 빈칸이 있기 때문입니다. 이를 해결하기 위해서는 그림 4-28처럼 비어 있는 필드명에 필드명을 넣어줍니다. 모든 필드에 필드명이 입력되어야만 피벗 테이블 보고서가 만들어집니다. 반드시 기억하세요.

제품		판매개수
A	1월	168
B	2월	241
C	4월	773
A	6월	137

⇨

제품	월	판매개수
A	1월	168
B	2월	241
C	4월	773
A	6월	137

그림 4-28 필드명 확인

모든 열이 나오도록 피벗 테이블 만들기

그림 4-29의 왼쪽 표를 제품명과 지점에 따른 실적이 제품명에 따라 한꺼번에 합계로 나타나도록 피벗 테이블로 만들어보겠습니다. 그림 4-29의 오른쪽 표처럼 빈칸이 없는 형식으로 만듭니다.

	A	B	C	G	H	I	J
1	제품명	지점	실적		제품명	지점	합계 : 실적
2	A	가	46개		A	가	109
3	B	나	49개		A	나	76
4	A	가	63개		B	나	49
5	B	다	52개		B	다	86
6	A	나	76개				
7	B	다	34개				

그림 4-29 피벗 테이블 디자인 설정 예제

모든 열이 나오는 피벗 테이블을 만들기 위해서는 그림 4-30처럼 먼저 피벗 테이블을 만듭니다.

행 레이블	합계 : 실적
A	
가	109
나	76
B	
나	49
다	86
총합계	320

그림 4-30 피벗 테이블 확인

그림 4-31과 그림 4-32를 참고하여 엑셀 메뉴 중 〈디자인〉을 클릭한 뒤 보고서 레이아웃을 테이블 형식으로 표시하세요.

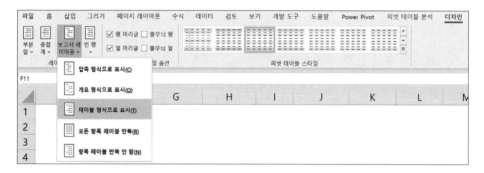

그림 4-31 피벗 테이블 보고서 레이아웃

제품명	지점	합계 : 실적
⊟ A	가	109
	나	76
⊟ B	나	49
	다	86
총합계		320

그림 4-32 테이블 형식으로 표시

그림 4-33처럼 디자인에서 행 및 열의 총합계를 해제합니다.

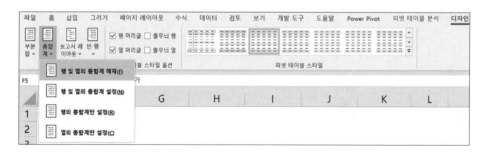

그림 4-33 총합계 해제

제품명	지점	합계 : 실적
A	가	109
	나	76
B	나	49
	다	86

그림 4-34 총합계 해제 결과

디자인의 보고서 레이아웃에서 모든 항목 레이블 반복을 선택하세요.

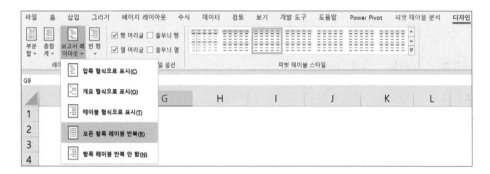

그림 4-35 모든 항목 레이블 반복

제품명	지점	합계 : 실적
A	가	109
A	나	76
B	나	49
B	다	86

그림 4-36 모든 항목 레이블 반복 결과

그림 4-37처럼 피벗 테이블 분석에서 단추 표시를 해제해 피벗 테이블을 정리하세요.

그림 4-37 단추 표시 해제

결과는 그림 4-38과 같습니다. 합계가 사라지고 제품명과 지점이 모두 반복되어 모든 셀에 나타나는 것을 확인할 수 있습니다.

제품명	지점	합계 : 실적
A	가	109
A	나	76
B	나	49
B	다	86

그림 4-38 테이블 형식으로 피벗 테이블 만들기 결과

피벗 테이블 왜 이런 오류가 날까?

피벗 테이블 내의 값을 가져와서 수식에 넣을 때 오류가 나지 않도록 만들어봅시다.
그림 4-39에서 왼쪽 표의 제품별 판매 개수 합을 피벗 테이블로 구한 뒤, 오른쪽 표에
있는 가격을 곱해 총 판매액을 구하세요.

	A	B	C	D	E
1	제품	판매개수		제품	가격
2	홍차	86		마키아토	5000
3	매실차	45		매실차	4000
4	마키아토	62		홍차	2000
5	마키아토	38			
6	홍차	114			
7	매실차	55			

그림 4-39 피벗 테이블 내부 값 가져오기 예제

먼저 판매 개수 표를 피벗 테이블로 바꿔 제품별 판매 개수 합을 구합니다.

	A	B	C	F	G	H
1	제품	판매개수			행 레이블	합계 : 판매개수
2	홍차	86			마키아토	100
3	매실차	45			매실차	100
4	마키아토	62			홍차	200
5	마키아토	38			총합계	400
6	홍차	114				
7	매실차	55				

그림 4-40 피벗 테이블 만들기

그림 4-41처럼 대응되는 가격표와 피벗 테이블의 판매 개수 합계를 곱하는 대표 수식을 만들고 끌어 복사를 하면 그림 4-42처럼 계산 값이 틀린 것을 확인할 수 있습니다. 그 이유는 피벗 테이블 내의 값은 다른 방식으로 계산되기 때문입니다.

	D	E	F	G	H	I	J
	제품	가격		행 레이블 ▾	합계 : 판매개수		총판매액
	마키아토	5000		마키아토	100		=E2*GETPIVOTDATA("판매개수",$H$2,"제품","마키아토")
	매실차	4000		매실차	100		
	홍차	2000		홍차	200		
				총합계	400		

그림 4-41 수식 만들기

=E4*GETPIVOTDATA("판매개수",$H$2,"제품","마키아토")

	D	E	F	G	H	I	J	K
	제품	가격		행 레이블 ▾	합계 : 판매개수		총판매액	
	마키아토	5000		마키아토	100		500,000	
	매실차	4000		매실차	100		400,000	
	홍차	2000		홍차	200		200,000	가격 틀림
				총합계	400			

그림 4-42 오류 확인

이 오류의 해결 방법은 피벗 테이블 분석 메뉴의 옵션에서 GetpivotData 생성에 체크 해제하는 것입니다.

그림 4-43 Getpivotdata 생성 체크 해제

GetpivotData 해제 후 다시 수식을 넣어보면, 셀 값을 가져와서 계산된 것을 확인할 수 있습니다. GetpivotData를 해제하면 일반 셀처럼 피벗 테이블 내의 셀을 가져올 수 있습니다. 그림 4-44와 그림 4-45처럼 나와야 합니다.

	D	E	F	G	H	I	J
	제품	가격		행 레이블	합계 : 판매개수		총판매액
	마키아토	5000		마키아토	100		=E2*H2
	매실차	4000		매실차	100		
	홍차	2000		홍차	200		
				총합계	400		

그림 4-44 수식 넣기

=E4*H4

	D	E	F	G	H	I	J
	제품	가격		행 레이블	합계 : 판매개수		총판매액
	마키아토	5000		마키아토	100		500,000
	매실차	4000		매실차	100		400,000
	홍차	2000		홍차	200		400,000
				총합계	400		

그림 4-45 피벗 테이블 내부 값 가져오기 예제 결과

5장

당장 실무에 필요한
차트(그래프) 익히기

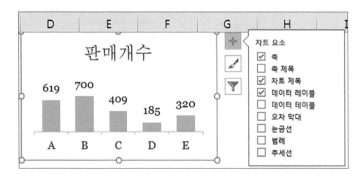

그림 5-1 기본 차트

차트의 축은 가로축과 세로축이 있습니다. 레이블을 넣을 경우에는 어차피 레이블에서 값을 보여주므로 세로축은 제거하는 것이 보기 좋습니다. 그림 5-2와 그림 5-3을 비교해보면 축을 제거한 차트가 더 깔끔해 보이는 것을 확인할 수 있습니다. 해당 부분은 실무에서 사용자의 편의에 따라 다르게 적용할 수 있는 부분입니다. 여기에서는 보기에 좋고 깔끔한 데이터를 확인하기 편한 쪽으로 내용을 구성했습니다.

그림 5-2 축 제거

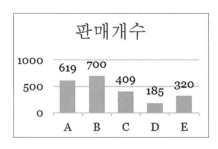

그림 5-3 축 삽입

축 제목은 차트 제목과 가로축을 보면 어느 정도 유추할 수 있기 때문에 특별한 이유가 없을 때는 제거하는 것이 좋습니다. 그림 5-4와 그림 5-5를 비교해보세요.

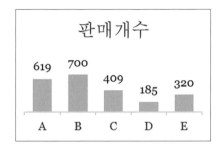

그림 5-4 축 제목 해제   그림 5-5 축 제목 삽입

차트 제목은 필요에 따라 설정하거나 제거합니다. 그림 5-6은 차트 제목을 제거한 차트이며 그림 5-7은 차트 제목을 넣은 차트입니다.

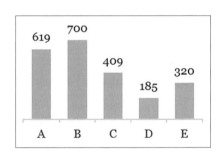

그림 5-6 차트 제목 제거   그림 5-7 차트 제목 삽입

데이터 레이블은 데이터 각각의 값을 나타내는 숫자로 차트 위에 넣는 게 보기 좋을 때가 많습니다. 데이터 레이블을 넣으면 세로축을 제거할 수 있기 때문에 차트가 더 깔끔해 보이는 효과를 볼 수 있습니다. 그림 5-8은 데이터 레이블이 없는 차트이고, 그림 5-9는 데이터 레이블을 넣은 차트입니다.

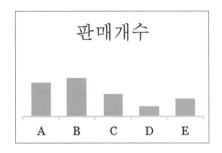

그림 5-8 데이터 레이블 제거

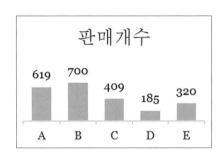

그림 5-9 데이터 레이블 삽입

데이터 테이블은 차트 안에 모든 데이터 값을 넣고 싶을 때 사용합니다. 경우에 따라 필요한 경우가 있습니다.

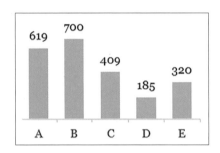

그림 5-10 데이터 테이블 제거

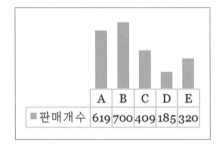

그림 5-11 데이터 테이블 삽입

범례는 차트가 나타내고자 하는 값이 많은 경우 각각의 항목이 무엇인지 알려주는 기능을 합니다. 그림 5-12의 경우에는 항목이 1개라 범례를 넣을 필요가 없지만 항목이 많다면 범례를 넣어야 차트를 쉽게 이해할 수 있게 만들어줍니다.

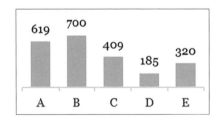

그림 5-12 범례 제거

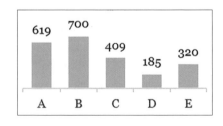

그림 5-13 범례 삽입

추세선은 말 그대로 추세를 표현해주는 추가적인 선입니다. 추세를 보고자 하는 차트라면 추가로 삽입해주는 것도 좋습니다.

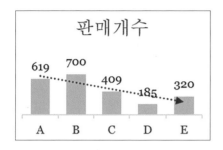

그림 5-14 추세선 삽입

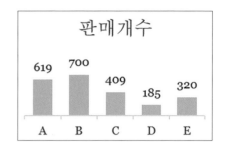

그림 5-15 추세선 제거

2절 차트 종류

세로막대형 차트는 특정한 순서 없이 배열되어 있는 제품별 판매 개수 등의 데이터 값을 표현할 때 많이 씁니다.

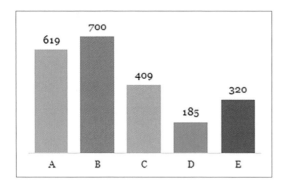

그림 5-16 세로막대형 차트

꺾은선형 차트는 시간에 따른 연속 데이터가 표시되므로 월, 분기, 회계 연도 등과 같은 일정 간격에 따라 데이터의 추세를 표시하는 데 유용합니다.

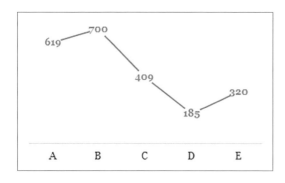

그림 5-17 꺾은선형 차트

원형 차트는 데이터 계열이 하나만 있는 경우, 데이터에 음수 값이 없는 경우, 데이터의 값 중 0 값이 거의 없는 경우, 항목의 수가 7개 이하이며 이 항목이 모두 전체 원형의 일부분을 나타내는 경우에 쓰입니다.

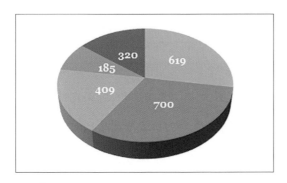

그림 5-18 원형 차트

방사형 차트는 여러 데이터 계열의 집계 값을 비교할 경우에 쓰입니다.

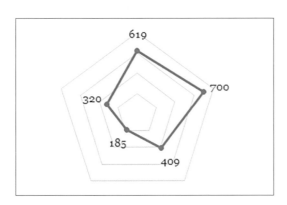

그림 5-19 방사형 차트

범례에 대해 정확한 이해가 있어야 차트를 내가 원하는 대로 만들 수 있습니다. 범례의 사전상의 뜻은 책의 첫머리에 그 책의 내용이나 쓰는 방법 따위에 관한 참고 사항을 설명한 글입니다. 하지만 엑셀에서는 차트가 여러 개일 때 각각의 차트의 제목이라고 생각해야 합니다. 그림 5-20에서는 항목이 한 개이므로 범례가 없어도 되지만 항목이 여러 개라면 범례는 꼭 필요합니다.

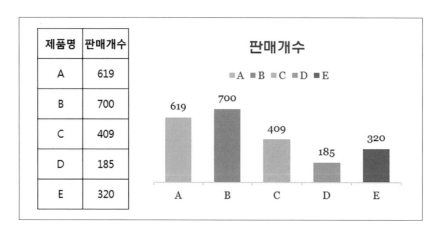

그림 5-20 범례

그림 5-21에서 제일 보기 좋은 차트는 무엇인지 생각해보겠습니다. 군더더기가 없고 사용자가 이해하기 가장 쉬운 차트를 찾으면 3번이라고 생각할 수 있습니다.

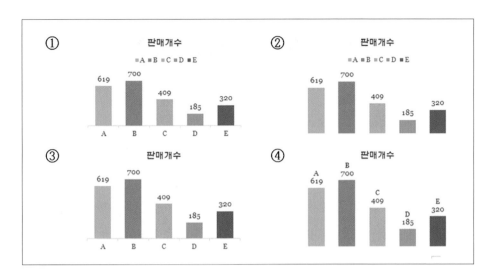

그림 5-21 보기 좋은 차트 찾기

4 ⋮⋮ 보기 좋은 막대차트를 만드는 추가 팁

요소마다 다른 색을 적용하면 막대차트의 막대마다 색깔을 다르게 지정할 수 있습니다. 그 방법은 〈막대클릭(모든 막대가 선택됨) → Ctrl+1(또는 메뉴 → 차트도구 → 서식 → 선택영역 서식) → 데이터 계열 서식 → 채우기 옵션 → 채우기 → 요소마다 다른 색 사용 삽입〉을 차례로 누르면 됩니다. 그림 5-22, 그림 5-23을 참고하세요.

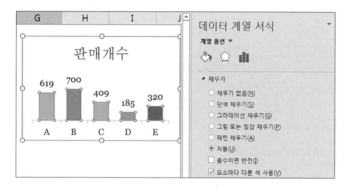

그림 5-22 요소마다 다른 색 사용 삽입

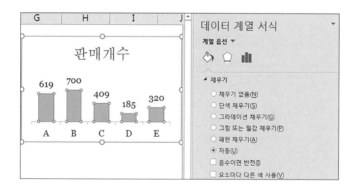

그림 5-23 요소마다 다른 색 사용 제거

5 ⊞ 피벗 테이블 차트 만들기

'피벗 테이블 차트'란 피벗 테이블과 연동되는 차트로 피벗 테이블 내용이 달라지면 차트도 자동으로 달라집니다.

피벗 테이블 차트 만드는 법은 다음과 같습니다. 〈피벗 테이블 선택 → 메뉴 → 피벗 테이블 도구 → 분석 → 피벗 차트〉를 차례로 누릅니다. 그림 5-24를 참고하세요.

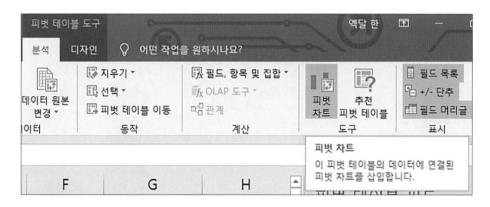

그림 5-24 피벗 차트

그림 5-25는 데이터를 피벗 테이블로 만들고 또 피벗 차트로 만든 것입니다. 이를 통해 보기 좋은 피벗 차트를 만드는 방법을 알아보겠습니다.

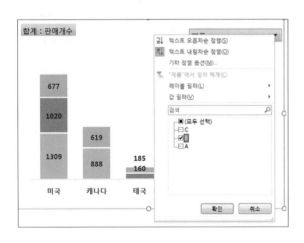

⬜	A	B	C	D	E	F	G	H	I	J	K	L	M	N
1	제품	나라	판매개수		합계 : 판매개수	열 레이블					합계 : 판매개수			
2	A	캐나다	619		행 레이블	C	B	A	총합계			제품		
3	B	미국	700		미국	1309	1020	677	3006			▪A ▪B ▪C		
4	C	미국	409		캐나다	888		619	1507		677			
5	A	태국	185		태국		160	185	345		1020			
6	B	미국	320		총합계	2197	1180	1481	4858			619		
7	C	캐나다	888								1309	888	185 160	
8	A	미국	677											
9	B	태국	160								미국	캐나다	태국	
10	C	미국	900											

피벗테이블 / 피벗차트

그림 5-25 피벗 차트 예제

피벗 차트에서도 필터 및 정렬 기능을 사용할 수 있습니다. 그림 5-26은 텍스트를 정렬한 차트이고, 그림 5-27은 제품 B에 대한 데이터만 필터링한 차트입니다.

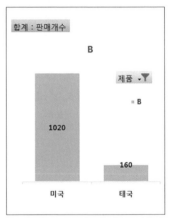

그림 5-26 피벗 차트 내 정렬

그림 5-27 피벗 차트 내 필터

보기 좋은 피벗 차트를 만드는 팁은 가장 큰 숫자(가장 긴 막대)를 왼쪽에 오도록 만드는 것입니다. 그 방법은 〈모든 막대 차트 선택 → 오른쪽 마우스 버튼 → 정렬 → 숫자 내림차순 정렬〉입니다.

그림 5-28 보기 좋은 피벗 차트 만들기

그림 5-28처럼 숫자 내림차순 정렬 후 보기 좋게 정렬 피벗 차트를 볼 수 있습니다.

이번에는 그림 5-29의 표를 순위와 특징이 나타나는 차트로 바꿔보겠습니다.

	A	B	C	D
1	분기	판매개수	비율	순위
2	4분기	40	1.0%	4위
3	2분기	70	1.7%	3위
4	1분기	1700	42.4%	2위
5	3분기	2200	54.9%	1위

그림 5-29 차트 레이블 수정 예제

분기별 순위와 비율을 시각화시켜야 하므로 원차트로 그립니다. 〈메뉴 → 삽입 → 차트 → 모든 차트 → 원형〉을 차례로 실행시키세요. 그림 5-30을 참고하세요. 여기서 원 차트는 자동으로 비율을 계산해주므로 차트 범위는 비율을 빼고 $A$1:$B5로 설정합니다.

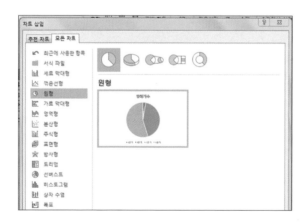

그림 5-30 원형 차트 선택

차트 오른쪽의 '+' 버튼을 클릭하여 데이터 레이블을 삽입하세요.

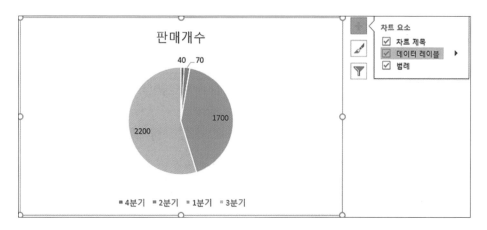

그림 5-31 데이터 레이블 삽입

그림 5-32처럼 삽입된 데이터 레이블을 한번 클릭 후 'Ctrl + 1'을 눌러서 데이터 레이블 서식 창을 엽니다.

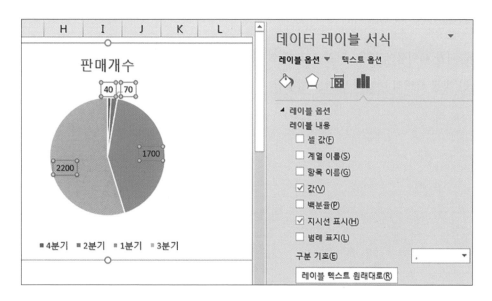

그림 5-32 데이터 레이블 서식

데이터 레이블 서식 창에서 범례를 삭제 후 항목 이름을 체크(1분기, 2분기)하고 값 삭제 후 백분율에 체크하고 지시선을 표시하여 레이블과 차트 영역을 매칭시킵니다. 그림 5-33을 참고하세요.

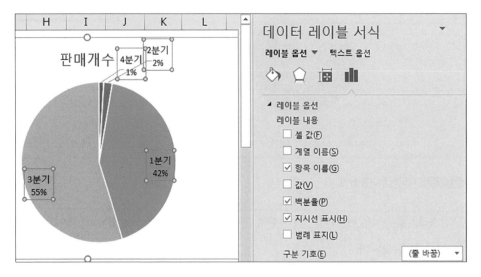

그림 5-33 데이터 레이블 서식 지정

순위를 레이블에 넣을 수 있습니다. 셀 값 선택 후 데이터 레이블에 넣을 순위가 설정된 엑셀 시트의 데이터 범위를 설정합니다.

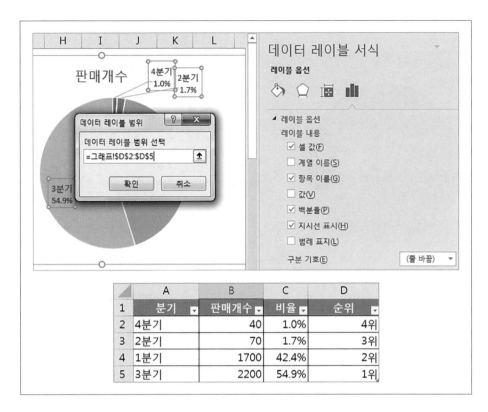

그림 5-34 데이터 레이블 범위 선택

레이블에 셀 값을 넣을 수 있는 버전은 엑셀 2013 이상에서 가능합니다. 2013 미만의 버전을 사용하시는 분들은 유의하세요.

백분율 소수점 이하 자릿수를 정할 수 있습니다. 소수점 이하 1자리 수까지 표시하는 설정 방법은 〈표시형식 → 백분율 체크 및 소수 자릿수〉 설정입니다.

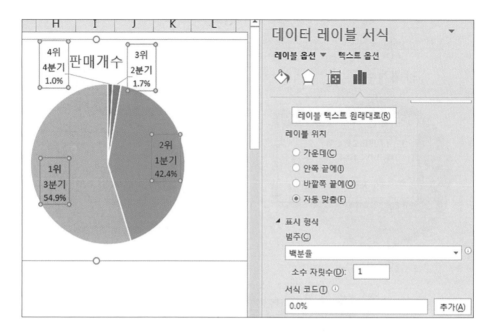

그림 5-35 백분율 소수 자릿수 설정하기

데이터 구분 기호를 쉼표로 데이터 레이블 크기를 가로로 길게 조정해서 한 줄로 나타내게 합니다. 여기에서 각각의 데이터 레이블 박스 크기 조정 역시도 엑셀 2013 이상 버전부터 가능합니다.

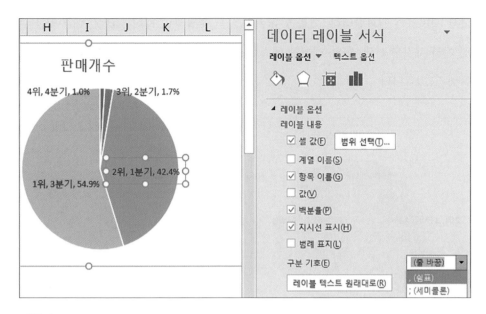

그림 5-36 데이터 레이블에 구분 기호 넣기

값이 큰 데이터가 가장 오른쪽에 오게 만들 수 있습니다. 〈원 그림 선택 → 데이터 계열 서식 열기(Ctrl + 1) → 계열 옵션 → 첫째 조각의 각도 조정〉을 차례로 실행하세요. 그림 5-37을 참고하세요.

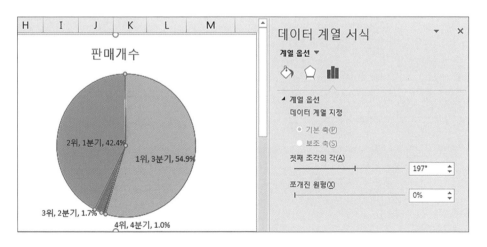

그림 5-37 첫째 조각의 각도 조정하기

차트 정리하기 결과입니다. 그림 5-38처럼 차트 종류부터 레이블 내용, 백분율 소수점 이하 자릿수 선택, 순위, 레이블 텍스트 크기와 위치, 구분 기호 등을 보기 좋게 나타낼 수 있습니다.

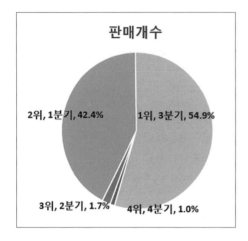

판매개수

2위, 1분기, 42.4%

1위, 3분기, 54.9%

3위, 2분기, 1.7%

4위, 4분기, 1.0%

그림 5-38 차트 정리하기 결과

7 🏷 실적 달성 차트 만들기

그림 5-39처럼 목표 대비 실적을 한눈에 보이도록 차트를 만드세요.

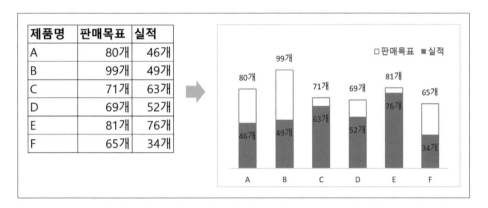

제품명	판매목표	실적
A	80개	46개
B	99개	49개
C	71개	63개
D	69개	52개
E	81개	76개
F	65개	34개

그림 5-39) 실적 달성 차트 만들기 예제

차트는 세로 막대형으로 합니다. 어떤 제품이 목표 대비 실적이 좋은지 알아보기 위한 차트이므로 막대 그래프가 적당합니다. 그림 5-40을 참고하세요.

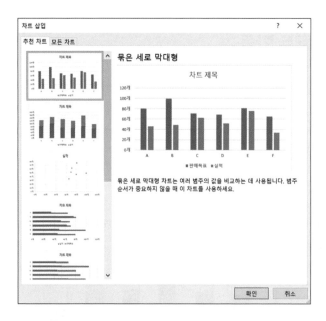

묶은 세로 막대형 선택

목표와 실적 막대가 서로 겹치도록 만드세요. 그림 5-41과 같이 〈계열 선택 → 데이터 계열 서식 → 계열 겹치기 : 100%〉를 실행하면 됩니다.

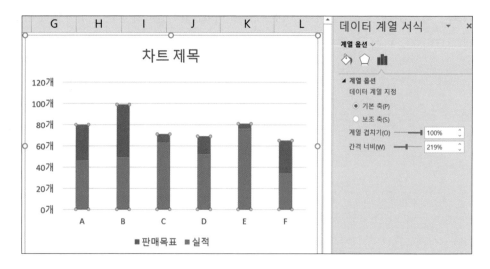

계열 겹치기

그림 5-42처럼 판매 목표 계열 채우기는 없음으로 테두리 색은 주황색으로 설정하세요.

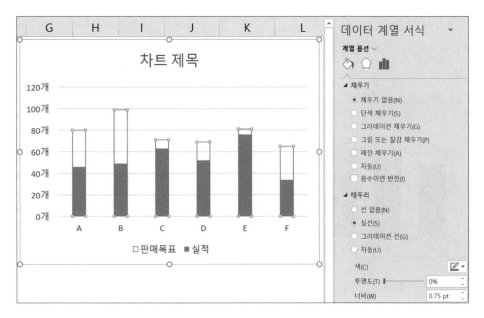

그림 5-42 계열 채우기 및 테두리 색 설정

그림 5-43처럼 데이터 레이블 추가 및 위치를 안쪽 끝으로 설정하세요.

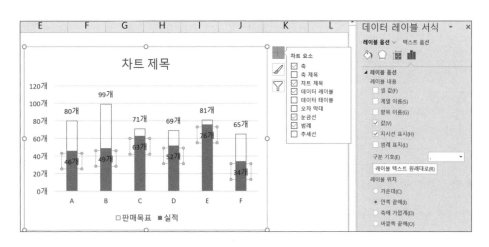

그림 5-43 데이터 레이블 추가 및 레이블 위치 설정

차트를 정리하기 위해 그림 5-44처럼 제목 삭제, 주 눈금선 삭제, 세로축 삭제, 간격 너비 설정, 범례 위치 변경, 레이블 글자색 변경 등을 실행합니다.

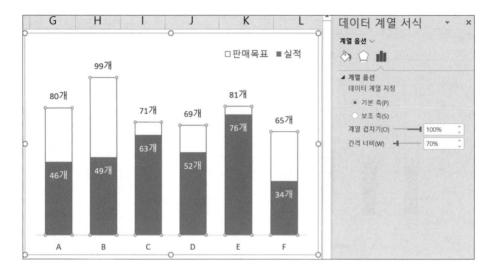

그림 5-44 간격 너비 조정

8 콤보 차트 만들기

그림 5-45의 판매량과 이윤을 보기 좋은 차트로 만들어보겠습니다. 수식으로만 정렬되어 있어서 이윤의 차이가 얼마나 큰지 확 와닿지 않는 표입니다. 차트를 이용하면 그 차이가 얼마나 있는지 더욱 편리하게 볼 수 있습니다.

제품명	판매량	이윤
A	180개	12%
B	199개	16%
C	244개	8%
D	392개	10%
E	241개	20%

그림 5-45 콤보 차트 예제

종속적이지 않은 두 개의 데이터의 시각화를 위해 혼합(콤보) 차트를 선택합니다. 판매량은 묶은 세로 막대형, 이윤은 꺾은선을 선택해서 각각의 데이터를 나타내겠습니다. 하지만 그림 5-47처럼 판매량과 이윤의 차이가 커 이윤이 제대로 나타나지 않습니다.

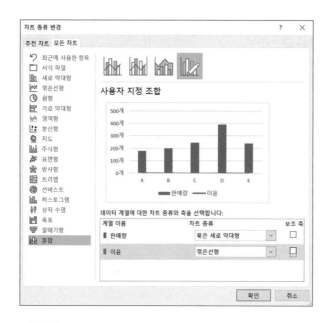

콤보 차트 선택

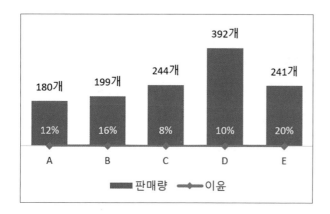

이윤 값이 제대로 나타나지 않는 콤보 차트

이윤 값을 나타내기 위해서 보조축에 체크합니다. 보조축은 주축과 다른 최댓값, 최 솟값을 설정할 수 있기 때문에 차이가 큰 두 개의 데이터를 하나의 차트로 표현할 때 유용합니다.

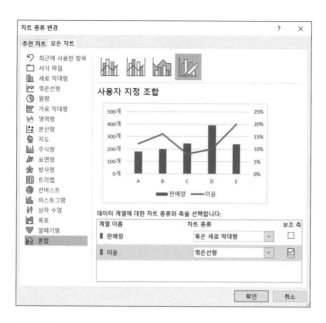

그림 5-48 보조축 체크

차트 정리를 위해 그림 5-49처럼 주 눈금선 삭제, 레이블 추가 및 위치 이동, 레이블 글자색 조정, 막대 간격 너비 조정, 세로축 글자색은 흰색으로 조정합니다.

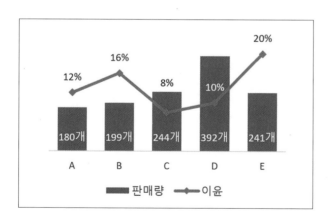

그림 5-49 콤보 차트 만들기 결과

세로축을 삭제하지 않고 글자색을 흰색으로 조정한 이유는 혼합(콤보) 차트의 세로축
을 삭제하면 그림 5-50처럼 보조축 설정이 같이 삭제되기 때문입니다.

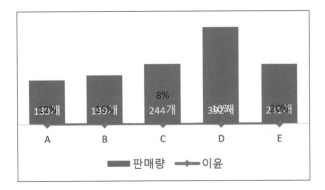

그림 5-50 보조축을 삭제한 콤보 차트

6장

업무 효율화를 위한
엑셀 팁

자주 쓰는 기능 바로가기(빠른 실행 도구) 만들기

1. 빠른 실행 도구란?

빠른 실행 도구는 항상 창의 가장 윗줄에 표시되어 언제든지 바로 실행할 수 있는 도구를 말합니다. 이것은 처음부터 정해져 있지 않습니다. 사용자가 자신의 편의에 따라 원하는 기능을 추가, 제거해서 설정할 수 있습니다.

빠른 실행 도구는 그림 6-1의 빨간색 박스 범위 부분, 즉 프로그램 화면 상단 바에 있습니다. 그림 6-1은 사용 빈도가 많은 기능들을 임의로 설정해 놓은 것이기 때문에 여러분의 화면과는 많이 다를 것입니다.

그림 6-1 빠른 실행 도구

2. 왜 필요할까?

한 번만 설정해 놓으면 매번 서너 번씩은 클릭하던 것을 단 한 번의 클릭으로 줄일 수 있습니다. 자주 쓰는 기능이라면 단축되는 몇 초들이 모여서 몇 분이 되고 몇 시간이 될 것입니다. 업무 시간을 단축하기에 아주 유용한 기능입니다.

그 예시로 모든 테두리 기능을 적용한다고 가정해보겠습니다. 모든 테두리를 설정하려면 〈홈 → 테두리 → 모든 테두리〉 이렇게 3번의 클릭이 필요합니다. 하지만 빠른 실행 도구 모음을 사용하면 모든 테두리 아이콘을 1번만 클릭하면 됩니다.

3. 어떻게 설정할까?

먼저 원하는 기능 위에서 마우스 오른쪽 버튼을 클릭합니다. 그리고 그림 6-2처럼 〈빠른 실행 도구 모음에 추가〉를 누릅니다. 매우 간단하게 화면 상단 바에 추가된 것을 확인할 수 있습니다.

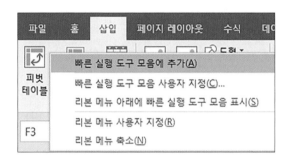

그림 6-2 빠른 실행 도구 추가 방법

4. 어떤 기능을 넣으면 좋을까?

사용자 편의에 따라 각자 원하는 기능을 추가할 수 있습니다. 여기에서 필자가 가장 추천하고 싶은 것은 바로 〈서식 복사〉 기능입니다. 〈서식 복사〉는 글꼴, 글자색, 바탕색, 테두리 등의 서식을 복사해서 다른 셀에 해당 서식을 바로 적용시키는 기능입니다. 표를 수정하다가 내용이 삭제되면서 서식까지 함께 삭제하는 경우가 간혹 있습니다. 이때 셀의 서식을 전부 다시 설정하는 것이 불편할 텐데, 서식 복사 기능은 다시 입력할 오류 없이 간단하게 원래 있던 셀을 다른 셀에 동일하게 적용시켜주는 역할을 합니다.

그림 6-3 빠른 실행 도구 모음에 서식 복사 추가

서식 복사 방법은 다음과 같습니다. 〈원하는 서식이 있는 셀(또는 범위)를 선택 → [서식 복사] 클릭(마우스 커서가 "붓"모양으로 변함) → 해당 서식을 적용할 셀(또는 범위) 선택〉을 차례로 실행합니다.

서식을 여러 군데 복사하고 싶은 경우, [서식 복사]를 두 번 클릭하면 됩니다. 한번 복사 후에도 "붓"모양이 사라지지 않고 계속 나옵니다. 복사를 그만하려면 ESC키 버튼을 누르면 됩니다.

여러 개의 시트를 한 화면에 보면서 편집하기

1. 언제 필요한가?

같은 파일 안에 데이터가 여러 시트에 분산되어 있는 경우에 다른 시트를 보면서 내가 사용 중인 시트를 편집할 때 필요합니다. 그림 6-4의 제품 시트 중 '네덜란드' 시트에 추가된 값을 업데이트 해보겠습니다.

	A	B	C
1	연번	제품명	네덜란드
2	1	제품A	111-네
3	2	제품B	445-네
4	3	제품C	528-네
5	4	제품D	371-네
6	5	제품E	652-네
7	6	제품F	741-네
8	7	제품G	375-네
9	8	제품H	823-네
10	9	제품I	514-네
11	10	제품J	155-네
12	11	제품K	121-네
13	12		

제품 | 네덜란드

	A	B	C
1	제품명	네덜란드	
2	제품A	111-네	
3	제품B	445-네	
4	제품C	528-네	
5	제품D	371-네	
6	제품E	652-네	
7	제품F	741-네	
8	제품G	375-네	
9	제품H	823-네	
10	제품I	514-네	
11	제품J	155-네	
12	제품K	121-네	
13	제품L	114-네	<- 추가할 값

제품 | 네덜란드 | 호주

그림 6-4 제품 시트   그림 6-5 네덜란드 시트

그림 6-4와 6-5처럼 업데이트 해야 할 내용이 다른 시트에 있을 때 여러 개의 시트를 하나의 모니터에 띄워 놓고 동시에 보면서 편집할 수 있습니다.

2. 방법

그림 6-6처럼 보기 메뉴에서 새 창을 클릭하면 끝입니다. 설명대로 동시에 여러 곳에서 작업할 수 있도록 문서가 다른 창에서 열립니다.

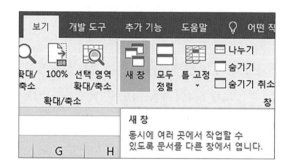

그림 6-6 새 창

3. 새 창 실행 화면 예

그림 6-7처럼 한 화면에 두 개의 창이 열린 것을 확인할 수 있습니다. 어느 창에 있는 데이터이든 수정을 하면 다른 창에도 반영됩니다.

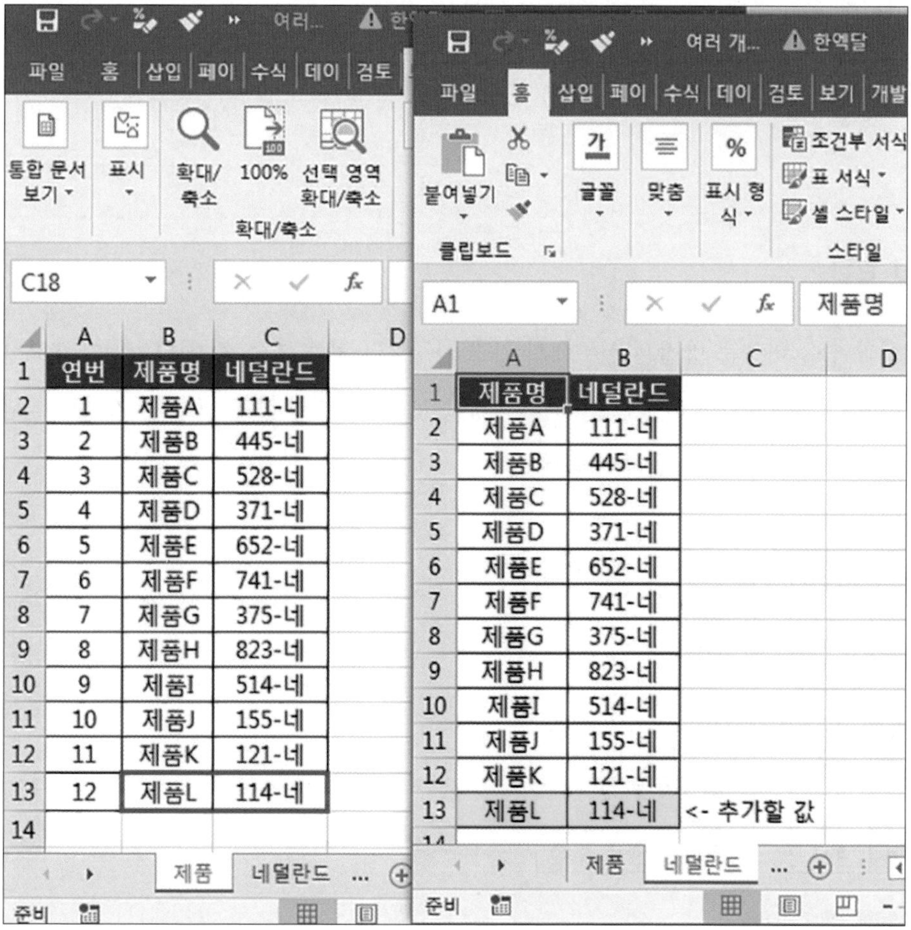

그림 6-7 새 창 실행 화면

3 行列 바꾸기

1. 방법

행과 열을 바꾸는 방법은 실무에서 가장 자주 사용하는 기능 중 하나입니다. 〈복사(Ctrl+C) → 붙이기(Ctrl+V) → 붙여넣기 옵션(Ctrl) → 행렬 바꾸기(T)〉를 차례로 실행하면 됩니다. 그림 6-8을 참고하세요.

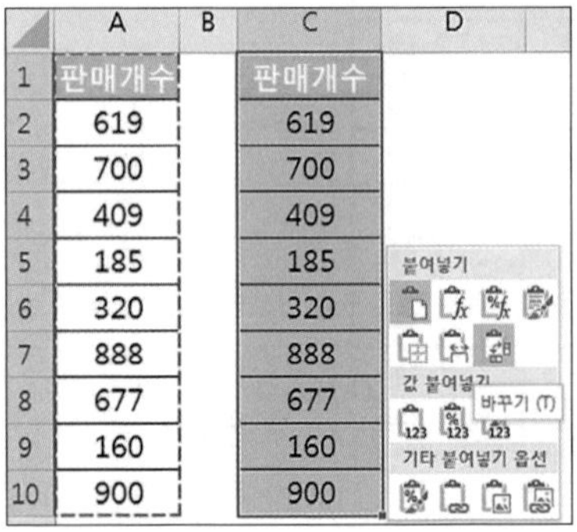

그림 6-8 행렬 바꾸기

2. 결과

행렬 바꾸기 결과는 그림 6-9와 같습니다. 세로로 나열되었던 데이터가 가로로 바뀌어 나열된 것을 확인할 수 있습니다.

C	D	E	F	G	H	I	J	K	L
판매개수	619	700	409	185	320	888	677	160	900

그림 6-9 행렬 바꾸기 결과

4 알고 쓰면 정말 좋은 단축키 또는 실행키

이번에 설명할 내용들은 말 그대로 단축키 및 실행키에 대해 간단하게 작성한 설명입니다. 각자 적용하는 범위가 다르기 때문에 일부 설명은 예제 없이 글줄로만 과정을 작성했습니다.

1. 값으로 붙여넣기

엑셀을 사용하다 보면 값으로 붙여 넣어야 하는 일이 많이 있습니다. 이때마다 붙여넣기 옵션에 가서 마우스를 사용해 값으로 붙여넣기를 클릭하는 방법을 선택하지 말고 키보드를 이용해봅시다.

방법은 〈Ctrl+V(복사) → Ctrl+V(붙이기) → Ctrl(붙여넣기 옵션 선택) → V(값으로 붙여넣기 선택)〉을 차례로 실행하면 됩니다. 단, Ctrl+V는 Ctrl키와 V를 동시에 누르라는 표시이고 값으로 붙여넣기는 Ctrl키 누르고, 손가락을 떼고 V만 한 번 더 누르는 것이니 유의합니다. 그림 6-10을 참고하세요.

값으로 붙여 넣으면 모든 수식과 서식이 제거되고 값만 남습니다.

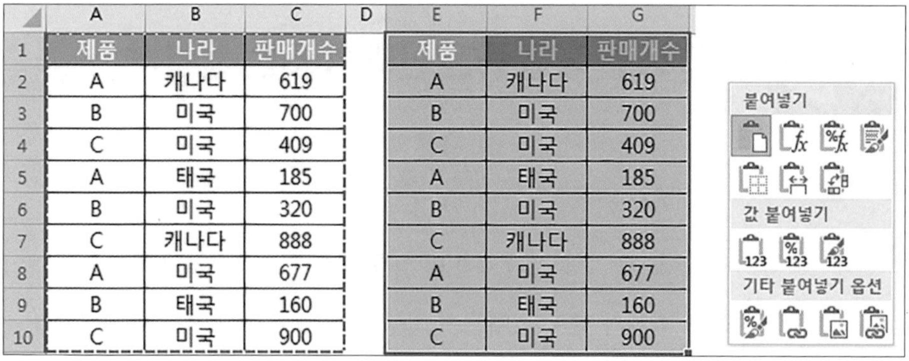

그림 6-10 붙여넣기 옵션

값으로 붙여넣기 결과는 그림 6-11과 같습니다. 서식이 모두 없어지고 값만 복사된 것을 확인할 수 있습니다.

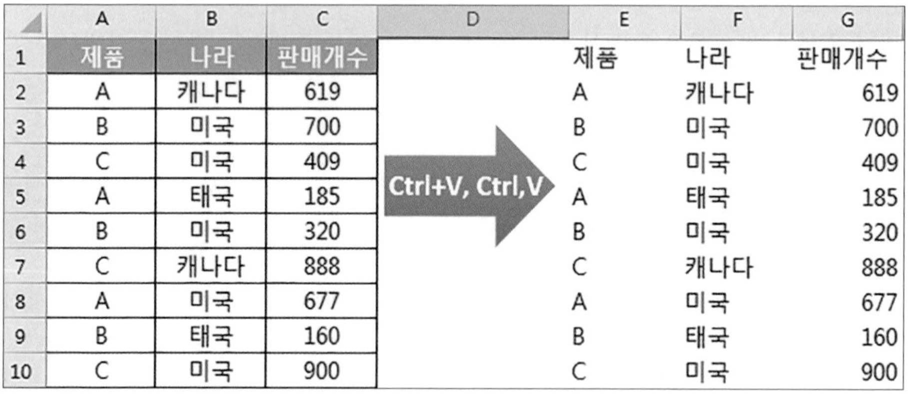

그림 6-11 값 붙여넣기 결과

2. 필터 적용 / 필터 해제

데이터에 필터를 적용시켜 원하는 데이터만 남기는 작업은 굉장히 빈번한 작업입니다. 단축키를 알아둔다면 많은 시간이 절약될 것입니다. 단축키는 'Ctrl+Shift+L'입니다.

데이터 범위가 정돈되지 않아 원하는 곳에 필터가 걸리지 않을 때는 필터를 적용하고 싶은 데이터 범위의 모든 셀 병합을 해제하고 원하는 범위를 선택한 후 적용하면 됩니다.

해제도 마찬가지로 'Ctrl+Shift+L'을 누르면 됩니다. 필터를 적용했다가 다시 모든 데이터를 보고 싶을 때 간편하게 'Ctrl+Shift+L'만 누르면 모든 데이터가 다시 나타납니다. 결과는 그림 6-12와 같습니다.

	A	B	C	D	E	F	G
1	제품	나라	판매개수		제품 ▼	나라 ▼	판매개 ▼
2	A	캐나다	619		A	캐나다	619
3	B	미국	700		B	미국	700
4	C	미국	409	Ctrl+Shit+L	C	미국	409
5	A	태국	185		A	태국	185
6	B	미국	320		B	미국	320
7	C	캐나다	888		C	캐나다	888
8	A	미국	677		A	미국	677
9	B	태국	160		B	태국	160
10	C	미국	900		C	미국	900

그림 6-12 단축키를 이용한 필터 적용 및 해제

3. 필터 적용 후 원하는 필터값 선택

필터를 적용시키고 원하는 필터값을 선택하는 단축키는 'Alt + ↓'입니다. 'Alt + ↓'를 누른 후 화살표로 원하는 값을 체크 또는 체크 해제를 하면 원하는 값만 선택됩니다. 체크와 체크 해제도 마우스 대신 스페이스바 키를 이용하면 편합니다. 결과는 그림 6-13과 같습니다.

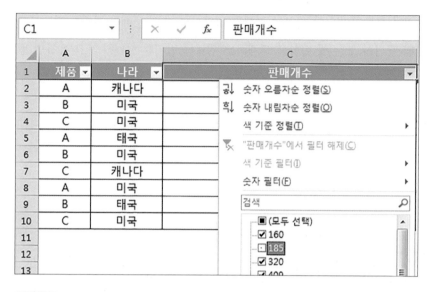

그림 6-13 필터 적용 후 필터값 선택하기

4. 오늘 날짜 또는 시간 넣기

날짜를 넣는 단축키는 'Ctrl+ ;'이고, 시간을 넣는 단축키는 'Ctrl+Shift+ :'입니다. 쉽게
기억하려면 시간은 12:01분 등으로 표기하니 단축키에 ' : '이 들어간다고 생각하고
날짜는 시간의 상위 개념이니 비슷한 단축키를 사용한다고 생각해야 합니다.

5. 다른 시트로 이동

엑셀 작업을 하다 보면 다른 시트로 이동해야 하는 일이 많습니다. 다른 시트로 이동
하는 단축키는 'Ctrl + PageDown/PageUP'입니다. 엑셀 시트는 하나의 페이지와 같
으니 페이지 관련 단축키를 사용한다고 이해하면 편합니다.

6. 데이터 범위의 끝으로 이동

데이터 범위의 끝으로 이동시키는 단축키는 'Ctrl + →/←/↑/↓'입니다. 데이터 범위의 끝이란 인접한 셀에 데이터가 없는 셀을 말합니다.

7. 여러 셀 선택

MS 윈도우 사용시 사용하는 키와 같습니다. Ctrl을 누른 상태에서 원하는 셀을 계속해서 클릭하면 됩니다.

8. 현재 선택한 셀부터 추가로 선택하는 셀 내에 있는 범위 모두 선택/해제

먼저 선택하고자 하는 첫 번째 셀을 선택한 후 'Shift' 키를 누른 상태에서 마지막으로 선택되기를 원하는 셀을 선택하면 그 사이에 있는 데이터가 모두 선택됩니다.

9. 현재 선택한 셀부터 데이터 범위의 끝까지 모두 선택

'Ctrl+Shift + →/←/↑/↓'를 사용하면 처음에 선택한 셀 또는 범위부터 연속된 데이터가 있는 범위까지 모두 선택됩니다. 마우스를 사용하여 영역을 선택하는 것보다 훨씬 쉽고 정확하기 때문에 꼭 알아두기 바랍니다.

10. 바로 전 수행 작업 재실행

같은 작업을 다시 실행할 경우 F4 키를 누르면 됩니다. 어떤 기능은 마우스로 메뉴에 가서 두세 번을 클릭해야 하기 때문에 재실행 버튼인 F4 키를 알아두면 좋습니다.

11. 표로 전환

범위를 표로 전환하는 단축키는 'Ctrl+T'입니다. 데이터가 있는 인접한 셀까지 자동으로 범위를 설정해주고 표로 만들어줍니다.

12. 셀 표시 형식 바꾸기

표시 형식 단축키는 수가 정말 많습니다. 이 많은 단축키를 외우는 것도 어려운 일입니다. 따라서 사용자가 자기 기준에서 많이 쓰는 것을 외워두면 좋을 것 같습니다. 가장 유용하고 자주 쓰이는 내용들을 중심으로 소개합니다.

- 백분율 표시 형식 단축키는 'Ctrl+Shift+%'으로, 백분율이니 당연히 단축키가 '%'입니다.

- 날짜 표시 형식으로 바꾸는 단축키는 'Ctrl+Shift+#'입니다.

- 통화 표시 형식으로 나타내는 단축키는 'Ctrl+Shift+!'입니다.

- 지수 표시 형식으로 나타내는 'Ctrl+Shift+^' 지수는 거듭제곱의 형태이므로 당연히 단축키가 거듭제곱을 뜻하는 컴퓨터 기호인 ^입니다.

여기에서 지수란 큰 숫자를 쉽게 알아보기 위한 표시 형식입니다. 제일 왼쪽 한 자리를 정수로, 그 다음 2자리를 소수점 아래 2자리 숫자로 하고 원래의 값을 만들기 위한 나머지 계산을 10의 거듭제곱을 사용합니다.
1억(100,000,000)은 1 뒤에 나오는 숫자 모두 0이고 총 8개이므로 1.00E+08이라고 표시됩니다.
8억 2천5백만(825,000,000)은 8 뒤에 나오는 숫자 2개는 25이고 8 뒤에 나오는 숫자가 총 8개이므로 8.25E+08로 표시됩니다.

33억 8천7백5십9만(3,387,590,000)은 제일 앞 숫자인 3과 두 번째와 세 번째 숫자 38 이며 제일 앞 숫자인 3뒤에 숫자가 9개이므로 3.39E+09로 표시됩니다. 네 번째 숫자 에서 반올림 됩니다.

지수를 사용하면 큰 단위의 숫자를 쉽게 알 수 있습니다. 우리나라의 통화는 0이 4개 일때마다 단위가 변하므로 + 뒤의 숫자가 04면 만, 08이면 억, 12이면 조라는 것을 기억하면 좋습니다.

13. 행 / 열 관련 단축키

기능	행	열
선택	Shift + spacebar	Ctrl + Spacebar
숨기기	Ctrl + 9	Ctrl + 0
숨기기 취소	Ctrl + Shift + 9	Ctrl + Shift + 0 (버전에 따라 안 될 수도 있음)
추가	Ctrl + +	
삭제	Ctrl + -	

- 행 선택 단축키는 'Shift+Spacebar'입니다. 행 전체를 선택하게 되면 선택된 영역 은 옆으로 긴 형태이므로 키보드에서 두 번째로 긴 Shift 키와 제일 긴 Spacebar를 동시에 누르면 선택된다고 외우면 됩니다.

- 열 선택 단축키는 'Ctrl+Spacebar'입니다. 대표적인 기능키인 Ctrl과 제일 긴 Spacebar를 누르면 세로로 긴 형태의 열 전체가 선택된다고 외우면 됩니다.

- 행 숨기기 단축키는 'Ctrl+9'입니다.

- 열 숨기기 단축키는 'Ctrl+0'입니다. 보통 열보다는 행이 우선이기에 열은 9뒤의 숫자인 0을 사용합니다.

- 행 숨기기 해제 단축키는 'Ctrl+Shift+9'입니다. 숨겨진 행이 있는 셀을 선택하거나, 숨겨진 행의 위아래 행을 선택 후 누르면 됩니다.

- 열 숨기기 해제 : 'Ctrl+Shift+0'입니다 엑셀 버전에 따라 작동이 되기도 하고, 안되기도 합니다. 아마 'Ctrl+Shift+0'은 윈도우의 키 시퀀스 단축키와 겹쳐져서 엑셀 단축키에서 제외시킨 것이 아닐까 생각됩니다.

- 윈도우 키 시퀀스 단축키를 해제하면 열 숨기기 해제 단축키를 사용할 수 있습니다. 그 방법은(Window 10 기준) 다음과 같습니다.
  〈윈도우 설정(또는 제어판) → 지역 및 언어 → 고급 키보드 설정 → 입력 도구 모음 옵션 → 고급 키 설정 → 키 시퀀스 변경 → 자판 배열 전환 → 할당하지 않음〉을 차례로 실행합니다. 그림 6-14부터 그림 6-17의 과정을 참고하세요.

그림 6-14 고급 키보드 설정

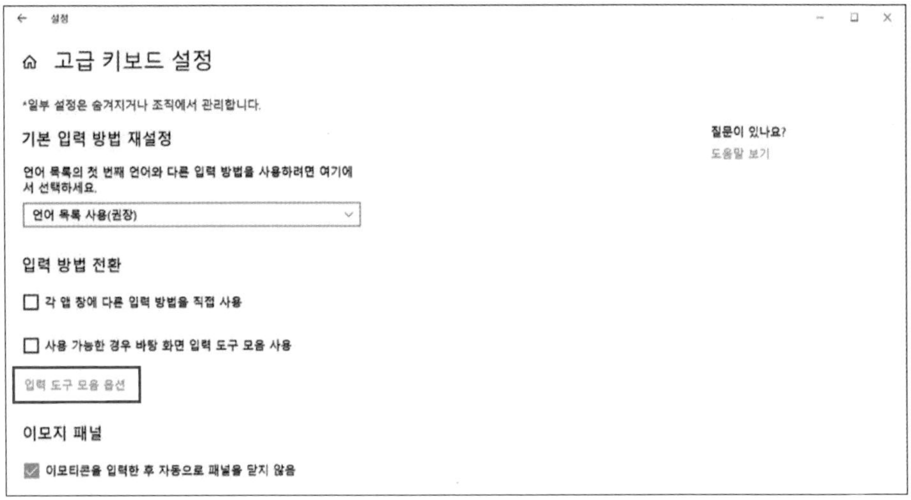

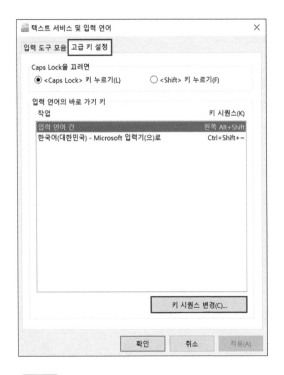

그림 6-15 입력 도구 모음 옵션

그림 6-16 고급 키 설정

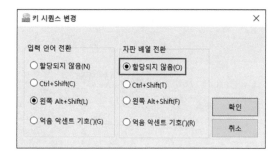

그림 6-17 키 시퀀스 변경

- 행 추가 단축키는 'Ctrl++'입니다. 무언가를 추가할 때의 기호인 '+'를 사용합니다.

- 열 추가 단축키는 'Ctrl+-'입니다. 무언가를 뺄 때의 기호인 '-'를 사용합니다.

5 나를 힘들게 하는 엑셀의 자동 바뀜 기능 해제 방법

1. 한 / 영 자동 고침 해제

자동 바뀜 기능 중에 한/영 키를 자동으로 바꿔주는 기능을 해제할 수 있습니다. 모든 파일의 내용이 모두 영문자이거나 한글일 때 이 기능을 해제해 놓으면 업무 효율을 높일 수 있습니다. 〈파일 → 옵션 → 언어 교정 → 자동 고침 옵션 → 한/영 자동 고침 (체크 해제) 〉을 차례로 실행합니다

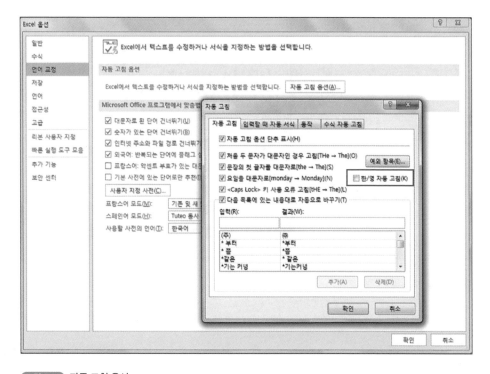

그림 6-18 자동 고침 옵션

2. 특정 글자 자동 바뀜 해제

특정 글자가 자동으로 바뀌는 것을 해제할 수 있습니다. 예로 (주) → ㈜로 바뀌는 것을 막을 수 있습니다. 〈파일 → 옵션 → 언어 교정 → 자동 고침 옵션 → 다음 목록에 있는 내용을 자동으로 바꾸기(체크 해제 또는 아래 리스트에서 원하지 않는 내용을 삭제)〉를 차례로 실행합니다. 그림 6-19를 참고하세요. 가장 마지막에 있는 '다음 목록에 있는 내용대로 자동으로 바꾸기'의 체크 박스를 해제하면 됩니다.

그림 6-19 자동 고침 해제

3. 자동 고침 옵션을 수정하지 않고도 특정 글자 자동 바뀜을 해결할 수 있는 방법

'Ctrl'이라고 입력하면 'Ct기'라고 바뀌는 경우 해결 방법은 'Ctrl'을 입력한 뒤 커서를 마지막 글자 뒤에 두지 말고 앞으로 한 칸 옮긴 다음 엔터를 치면 됩니다. (주)가 ㈜로 바뀐다면, ㈜로 바뀐 후 'Ctrl+Z(실행취소)' 키를 한 번 누릅니다. 반대로 자동으로 바꾸고 싶은 내용을 자동 고침 옵션에서 추가해서 써도 좋습니다.

6조 연번 매기기

이번에는 하나의 열에 순서대로 1부터 10까지 연번을 입력해봅시다.

1. 자동 채우기로 연번 매기기

첫 번째 셀에 1을 입력한 후 〈끌어 복사하기 → Ctrl → 연속 데이터 채우기 선택〉을
차례로 실행합니다. 그림 6-20을 참고하세요.

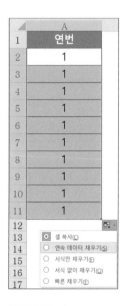

그림 6-20 끌기로 연번 매기기 방법 ①

그림 6-21처럼 연속된 숫자가 있는 2개의 셀을 선택한 후 끌어 복사를 해도 자동 채
우기가 됩니다.

끌기로 연번 매기기 방법 ②

자동 채우기의 단점은 한 번 입력 후 데이터 범위 내 행을 추가하거나 삭제하면 같은 작업을 계속 반복해야 한다는 것입니다. 그림 6-22와 같이 행을 추가하면 빈칸이 생겨서 다시 자동 채우기 작업을 수행해야 합니다.

그림 6-22 끌기로 연번 매긴 후 행 추가 시 나타나는 문제

2. ROW 함수 사용해서 연번 매기기

ROW 함수는 해당 셀이 몇 번째 행에 있는지 행의 숫자를 불러오는 함수입니다. ROW 함수를 사용해서 연번을 매기려면 행의 숫자를 불러오는 함수인 ROW 함수를 쓰고 제목행이 1개 있으므로 1을 빼줍니다. 그림 6-23을 참고하세요.

	A	B
1	연번	수식
2	1	=ROW(A2)-1
3	2	=ROW(A3)-1
4	3	=ROW(A4)-1
5	4	=ROW(A5)-1
6	5	=ROW(A6)-1

그림 6-23 ROW 함수로 연번 매기기

ROW 함수로 연번을 매길 때는 데이터의 범위 위쪽의 행이 추가되거나 삭제되면 함수식 중 상수를 바꾸고 수식을 재적용해야 한다는 단점이 있습니다. 그림 6-24와 같이 오류 화면이 나타날 것입니다.

	A	B	C	D	E
1	행추가				
2	행추가				
3	연번	수식		연번	수식
4	3	=ROW(A4)-1		1	=ROW(A4)-3
5	4	=ROW(A5)-1		2	=ROW(A5)-3
6	5	=ROW(A6)-1		3	=ROW(A6)-3
7	6	=ROW(A7)-1		4	=ROW(A7)-3
8	7	=ROW(A8)-1		5	=ROW(A8)-3

그림 6-24 ROW 함수로 행 추가 시 나타나는 문제

3. ROWS 함수 사용해서 연번 매기기

ROWS 함수는 행의 개수를 세는 함수입니다. 첫 번째 행만 고정하고 대표 수식을 끌어 복사를 하면 수식이 한 행 아래로 내려갈 때마다 숫자가 1씩 증가합니다.

	A	B
1	연번	수식
2	1	=ROWS($A$2:A2)
3	2	=ROWS($A$2:A3)
4	3	=ROWS($A$2:A4)
5	4	=ROWS($A$2:A5)
6	5	=ROWS($A$2:A6)

그림 6-25 ROWS 함수로 연번 매기기

ROWS 함수를 사용해서 연번을 매기면 상수가 필요 없고, 행이 추가되거나 삭제되어도 수식이 영향을 받지 않습니다. 작업 중 데이터가 수정, 추가, 삭제가 되는 경우에는 연번을 매길 때 ROWS 함수를 사용하는 것이 제일 효율적입니다. 그림 6-26을 참고하세요.

	A	B	C	D	E
1	연번	수식		행추가	
2	1	=ROWS($A$2:A2)		행추가	
3	2	=ROWS($A$2:A3)		연번	수식
4	3	=ROWS($A$2:A4)		1	=ROWS($A$2:A2)
5	4	=ROWS($A$2:A5)		2	=ROWS($A$2:A3)
6	5	=ROWS($A$2:A6)		3	=ROWS($A$2:A4)
7				4	=ROWS($A$2:A5)

그림 6-26 행 추가를 해도 문제없는 ROWS 함수

4. 가로 방향으로 연번 매기기

COLUMNS 함수를 사용하면 가로 방향으로 연번을 매길 수 있습니다. 그림 6-27과 6-28의 수식을 참고하세요.

	A	B	C	D	E	F
1	연번	=COLUMNS($B$1:B$1)	2	3	4	5

그림 6-27 COLUMNS 함수로 가로로 연번 매기기 수식

	A	B	C	D	E	F
1	연번	1	2	3	4	=COLUMNS($B$1:F$1)

그림 6-28 COLUMNS 함수로 가로로 연번 매기기 수식 확인

7강 연속 문자 자동 채우기

1. 알파벳 순서대로 자동 채우기

CHAR 함수를 이용해보겠습니다. CHAR 함수는 숫자가 가리키는 문자를 반환하는 함수입니다. CHAR(65) ~ CHAR(90)은 대문자 A부터 Z이고, CHAR(97) ~CHAR(122)는 소문자 a부터 z인 것을 이용해, ROWS 함수와 함께 사용해서 연속된 알파벳을 자동으로 채웁니다. 그림 6-29는 CHAR 함수를 이용해 알파벳 대문자를 채운 화면입니다.

	A	B
1	A	=CHAR(64+ROWS($A$1:A1))
2	B	=CHAR(64+ROWS($A$1:A2))
3	C	=CHAR(64+ROWS($A$1:A3))
24	X	=CHAR(64+ROWS($A$1:A24))
25	Y	=CHAR(64+ROWS($A$1:A25))
26	Z	=CHAR(64+ROWS($A$1:A26))

그림 6-29 CHAR 함수로 알파벳(대문자) 순서대로 넣기

그림 6-29는 CHAR 함수를 이용해 알파벳 소문자를 채운 화면입니다.

	A	B
1	a	=CHAR(96+ROWS($A$1:A1))
2	b	=CHAR(96+ROWS($A$1:A2))
3	c	=CHAR(96+ROWS($A$1:A3))
24	x	=CHAR(96+ROWS($A$1:A24))
25	y	=CHAR(96+ROWS($A$1:A25))
26	z	=CHAR(96+ROWS($A$1:A26))

그림 6-30 CHAR 함수로 알파벳(소문자) 순서대로 넣기

사용자 지정 목록을 직접 추가해보는 과정을 해보겠습니다. 사용자는 자신의 편의에 따라 알파벳을 직접 사용자 지정 목록에 추가하여 자동 채우기를 할 수 있습니다. 방법은 〈파일 → 옵션 → 고급 → 일반 → 사용자 지정 목록 편집 → 새 목록 → 추가 → 원하는 내용 입력 → 확인〉을 차례로 실행하면 됩니다. 그림 6-31과 그림 6-32를 참고하세요.

Excel 옵션

일반
수식
언어 교정
저장
언어
접근성
고급
리본 사용자 지정
빠른 실행 도구 모음
추가 기능
보안 센터

☑ 다른 문서에 대한 링크 업데이트(D)
☐ 표시된 정밀도 설정(P)
☐ 1904 날짜 체계 사용(Y)
☑ 외부 연결값 저장(X)

일반

☐ DDE(동적 데이터 교환)를 사용하는 다른 응용 프로그램 무시(O)
☑ 자동 연결 업데이트 확인(U)
☐ 추가 기능의 사용자 인터페이스 오류 표시(U)
☑ A4 또는 8.5 x 11" 용지 크기에 맞게 내용 조정(A)
시작 시 다음 위치의 모든 파일 열기(L):

웹 옵션(P)...
☑ 다중 스레드 처리 사용(P)

정렬 및 채우기 순서에서 사용할 목록 만들기: 사용자 지정 목록 편집(O)...

그림 6-31 사용자 지정 목록 편집

사용자 지정 목록

사용자 지정 목록

사용자 지정 목록(L):
```
새 목록
Sun, Mon, Tue, Wed, Thu, Fri, Sat
Sunday, Monday, Tuesday, Wednes
Jan, Feb, Mar, Apr, May, Jun, Jul, A
January, February, March, April, Ma
일, 월, 화, 수, 목, 금, 토
일요일, 월요일, 화요일, 수요일, 목요
1월, 2월, 3월, 4월, 5월, 6월, 7월, 8
1사분기, 2사분기, 3사분기, 4사분기
일월, 이월, 삼월, 사월, 오월, 유월,
자, 축, 인, 묘, 진, 사, 오, 미, 신, 유,
갑, 을, 병, 정, 무, 기, 경, 신, 임, 계
```

목록 항목(E):
```
A
B
C
```

추가(A)
삭제(D)

목록 항목을 구분하려면 <Enter> 키를 누르세요.
목록 가져올 범위(I):

가져오기(M)

확인   취소

그림 6-32 새 목록 입력

이번에는 사용자 지정 목록에서 범위를 가져옵니다. 엑셀 시트에 알파벳을 모두 입력한 뒤, 〈사용자 지정 목록〉에서 범위를 가져와서 자동 채우기를 할 수 있습니다. 방법은 〈파일 → 옵션 → 고급 → 일반 → 사용자 지정 목록 편집 → 목록 가져올 범위 → 원하는 목록 범위 설정 → 가져오기 → 확인〉을 차례로 실행하면 됩니다. 그림 6-33을 참고하세요.

[그림 6-33] 사용자 지정 목록 가져오기

가나다라, ㄱㄴㄷㄹ 등과 같이 연속된 목록을 가져올 때는 하나씩 입력하는 방법보다는 먼저 웹에서 원하는 내용을 찾아 다운받은 뒤 범위로 가져오는 것이 빠릅니다.

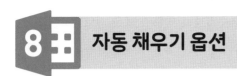

8 자동 채우기 옵션

1. 자동 채우기란?

마우스를 특정 영역까지 끌 때 또는 더블 클릭을 할 때 인접 셀이 채워진 영역까지 자동으로 값이 채워지는 것을 말합니다.

2. 자동 채우기 옵션

자동 채우기 후 옵션을 선택하여 원하는 내용을 채울 수 있습니다. 옵션 중, 셀 복사를 하면 값과 서식 모두 복사됩니다. 그림 6-34과 그림 6-37까지의 과정을 참고하세요.

그림 6-34 자동 채우기 예제

그림 6-35 끌기

그림 6-36 셀 복사 선택

그림 6-37 자동 채우기 값 서식 모두 복사 결과

서식만 채우기를 할 수 있습니다. 서식만 채우기를 실행하면 값은 제외되고 셀 바탕색, 글자색, 글자 크기 등 셀 서식만 채워집니다. 그림 6-38에서부터 6-41의 과정을 참고하세요.

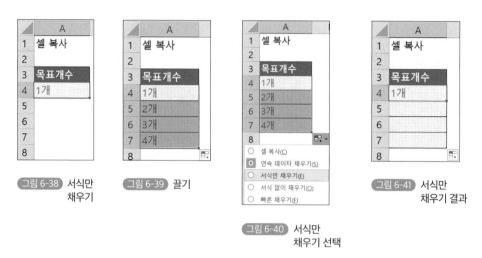

그림 6-38 서식만 채우기

그림 6-39 끌기

그림 6-40 서식만 채우기 선택

그림 6-41 서식만 채우기 결과

원래의 셀 서식은 그대로 두고 값만 채울 수 있는 서식 없이 채우기를 할 수 있습니다. 그림 6-42부터 그림 6-45의 과정을 참고하세요.

그림 6-42 서식 없이 채우기 예제

그림 6-43 끌기

그림 6-44 서식 없이 채우기

그림 6-45 서식 없이 연속된 데이터 채우기 결과

9 표 숨겨진 캐릭터 문자 없애기

보기에는 같은 텍스트이지만 엑셀은 다르게 인식하여 오류가 발생하는 경우가 있습니다. 이를 알아보고 해결 방법을 찾아봅시다.

그림 6-46의 A5:B6 범위를 보면 수식에는 문제가 없는데도 오류 값이 나오고 있습니다. 분명히 같은 값인데 왜 오류가 날까요?

	A	B	C	D	E
1	항목	값			
2	AB	Good			
3					
4	항목	Vlookup		항목	Vlookup
5	AB	#N/A		AB	=VLOOKUP(A5,$A$2:$B$2,2,0)
6	AB	#N/A		AB	=VLOOKUP(A6,$A$2:$B$2,2,0)
7	AB	Good		AB	=VLOOKUP(A7,$A$2:$B$2,2,0)

그림 6-46 캐릭터 문자가 포함된 값 예제

우리 눈으로는 같게 보이지만 A5, A6의 A와 B사이에는 엑셀의 캐릭터 문자가 숨어 있기 때문에 오류가 발생하는 것입니다. 노란색 테두리(A5:A6) 범위를 복사하여 메모장에 붙이면 그림 6-47과 같은 공백 또는 캐릭터 문자들이 숨어 있는 것을 확인할 수 있습니다.

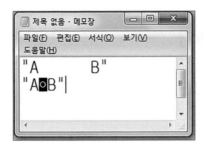

그림 6-47 숨겨진 캐릭터 문자 확인

이럴 때에는 CLEAN 함수를 사용해서 우리 눈에 보이지 않는 캐릭터 문자를 삭제해야 합니다. 그림 6-48을 참고하세요.

9	항목	Vlookup	항목	Vlookup
10	AB	Good	=CLEAN(A5)	=VLOOKUP(A10,$A$2:$B$2,2,0)
11	AB	Good	=CLEAN(A6)	=VLOOKUP(A11,$A$2:$B$2,2,0)
12	AB	Good	=CLEAN(A7)	=VLOOKUP(A12,$A$2:$B$2,2,0)

그림 6-48 캐릭터 문자를 제거하는 CLEAN 함수

CLEAN 함수는 인쇄할 수 없는 모든 문자들을 텍스트에서 제거하는 함수입니다. 그러나 가끔 CLEAN 함수를 써도 오류가 나는 경우가 있습니다. 이럴 때는 텍스트 나누기 3단계에서 셀 서식을 '일반'으로 변경하면 됩니다.

10 필요 없는 공백 없애기

1. 언제 필요한가?

웹이나 특정 시스템에서 데이터를 불러왔을 때 필요 없는 공백까지 모두 복사될 때 그 공백을 없애거나 정리하려면 어떻게 해야 할까요?

2. 모든 공백 없애기

모든 공백을 없애고 싶을 때는 SUBSTITUTE 함수를 사용하면 편리합니다. SUBSTITUTE 함수는 '대신하다'라는 뜻의 함수로 찾아 바꾸기라고 생각하면 됩니다. 구성은 =SUBSTITUTE(text, old_text, new_text)과 같이 이루어져 있습니다. 인수에는 차례로 바꾸고 싶은 내용, 없앨 문자, 대신할 문자를 넣으면 됩니다. 그림 6-49에서 SUBSTITUTE 함수를 사용해 모든 공백을 제거했습니다.

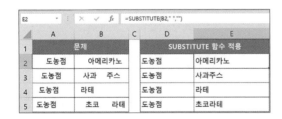

그림 6-49 SUBSTITUTE 함수

SUBSTITUTE 함수의 단점은 단어 사이에 필요한 한 칸의 공백도 모두 제거된다는 것입니다.

3. 필요한 공백은 남기고 필요 없는 공백만 없애기

TRIM 함수를 사용하면 불필요한 공백만 없앨 수 있습니다. TRIM 함수는 '다듬다, 손질하다'라는 뜻의 함수로 셀 안의 내용 중 중간 공백은 1개만 빼고 모두 제거하는 기능을 합니다. 셀의 앞뒤의 공백은 예외 없이 모두 제거합니다.

TRIM 함수의 구성은 =TRIM(text)로, text에 바꾸고 싶은 셀 값이나 주소를 넣어주면 됩니다. 단 텍스트를 넣을 때는 쌍따옴표로 묶어주는 것을 잊지 말아야 합니다. 그림 6-50을 보고 TRIM 함수의 기능을 확인해보겠습니다.

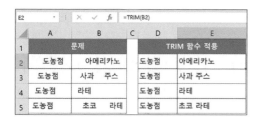

그림 6-50 TRIM 함수

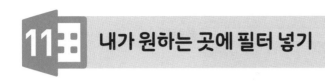

1. 필터가 적용되는 범위 이해하기

보통 셀 병합이 있을 때 내가 원하는 곳에 필터가 들어가지 않습니다. 그림 6-51에서 구입처와 판매자 별로 필터를 하기 위해 A3:D7 영역을 선택한 후 Ctrl+Shift+L을 눌러 필터를 적용시키면 그림 6-51과 같이 판매자에 대한 필터는 생성되지 않습니다. 이미 셀 병합이 되어 있기 때문입니다.

연번	구입처	판매정보	
		판매자	판매개수
1	구입처1	판매인71	20
2	구입처2	판매인72	182
3	구입처3	판매인73	11

구입처별 판매정보

제품명

그림 6-51 데이터 범위 확인

2. 병합된 셀 풀기

병합된 셀이 있는 데이터 범위에서 필터를 넣으려고 하면 엉뚱한 곳에 필터가 걸립니다. 엑셀은 데이터 범위 내의 모든 셀의 병합을 풀어준 후, 필터를 넣고 싶은 범위를 선택 후 필터를 넣어야 합니다. 그림 6-52를 참고하세요.

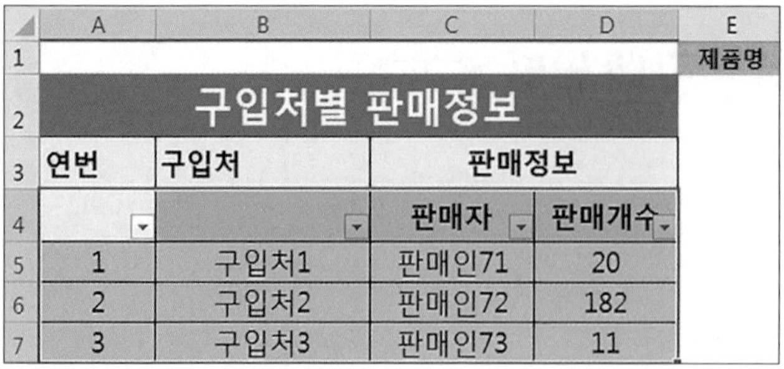

▲	A	B	C	D	E
1					제품명
2	구입처별 판매정보				
3	연번	구입처	판매정보		
4	▾	▾	판매자 ▾	판매개수 ▾	
5	1	구입처1	판매인71	20	
6	2	구입처2	판매인72	182	
7	3	구입처3	판매인73	11	

그림 6-52 셀 병합 해제 후 필터 넣기

12 | 찾기 및 바꾸기

1. 찾기 단축키

찾기 단축키는 'Ctrl+F'입니다. 기능키 Ctrl과 영어 단어로 '찾다'를 뜻하는 FIND의 앞 글자인 F를 따온 것이라고 생각하면 기억하기 더욱 쉬울 것입니다.

2. 바꾸기 단축키

바꾸기 단축키는 'Ctrl+H'입니다. 기능키 Ctrl과 Change의 두 번째 글자인 'H'를 따온 것으로 생각하면 됩니다. 제일 앞 글자인 C를 따오고 싶었으나 이미 복사 단축키를 사용하느라 Copy에서 C를 따왔으므로 다음 알파벳인 H를 따온 것이 아닐까 생각됩니다.

3. 서식 또는 수식 찾기 / 바꾸기

엑셀에서는 내용뿐만 아니라 서식과 수식이 적용된 셀도 찾고 바꿀 수 있습니다. 아래 예제를 보며 연습해보세요.

그림 6-53에서 A1셀과 같은 서식의 셀을 찾으세요. A1셀은 주황색 바탕에 흰색 글자, 테두리 검은색 등으로 이루어져 있습니다.

그 방법은 'Ctrl+F'로 찾기 및 바꾸기 창을 열고, 〈옵션 → 셀에서 서식 선택 → A1 셀 선택 → 확인〉을 누르면 됩니다. A1셀이 가진 서식을 눈으로는 정확히 다 알 수 없으므로 A1셀에서 서식을 가져와야 합니다. 과정은 그림 6-53에서 그림 6-56을, 결과는 그림 6-57을 참고하세요.

	A	B
1	제품	판매 개수
2	마키아토	
3	라테	
4		
5	제품명	판매 개수
6	아메리카노	
7	그린티라테	

그림 6-53 같은 서식을 가진 셀 찾기 예제

그림 6-54 찾기 옵션

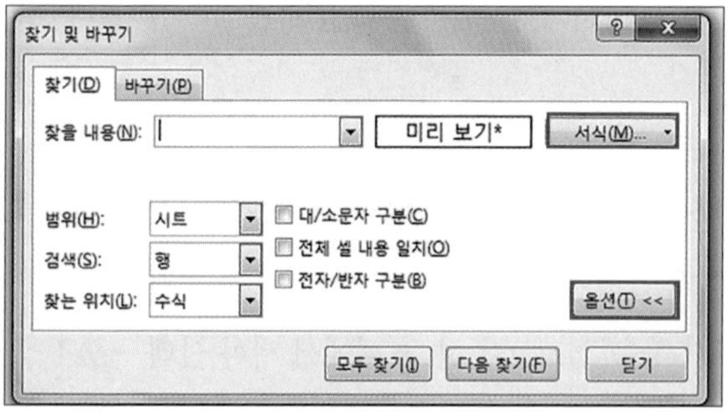

그림 6-55 서식

그림 6-56 셀에서 서식 선택

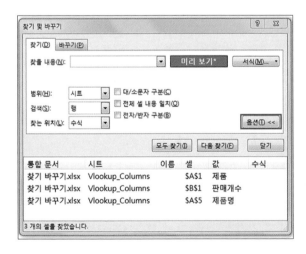

그림 6-57 찾기 결과

그림 6-57에서 찾은 서식을 그림 6-53의 B5의 서식으로 바꿀 수 있습니다. 마찬가지로 셀 서식을 B5에서 가져온 후 바꾸기를 누르면 됩니다. 그림 6-58과 6-59를 참고하세요.

그림 6-58 셀 서식 바꾸기

	A	B
1	제품	판매 개수
2	마키아토	
3	라테	
4		
5	제품명	판매 개수
6	아메리카노	
7	그린티라테	

그림 6-59 셀 서식 바꾸기 결과

13 ⊞ 0 값이 있는 셀에
0이라고 표시하는 방법 알아보기

셀에 값이 '0'으로 존재하나 표시가 되지 않는 경우가 있습니다. 이 문제를 해결하는 방법을 알아보겠습니다.

	A	B	C	D	E	F	G
1	40	9	48	➡	40	9	48
2	37		55		37	0	55
3	13	66			13	66	0
4	54	77	69		54	77	69

그림 6-60 0 값이 있는 셀에 0 표시하기

방법은 〈파일 → 옵션 → 고급 → 이 워크 시트의 표시 옵션 → 0 값이 있는 셀에 0 표시 체크〉를 차례로 실행하는 것입니다. 그림 6-61처럼 체크합니다.

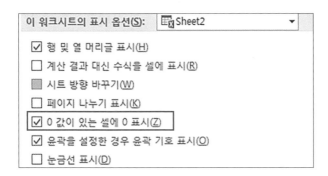

그림 6-61 0 값이 있는 셀에 0 표시 체크

숨겨진 첫 번째 행 또는 열 모두 숨기기 취소하기

시트의 첫 번째 행이나 왼쪽 열이 숨겨진 상태일 때, 숨기기 취소하는 방법을 알아보 겠습니다. 그림 6-62는 첫 번째 행인 1행과 왼쪽 첫 번째 열인 A열이 숨겨진 상태입 니다.

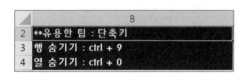

그림 6-62 숨겨진 첫 번째 행/열 숨기기 취소 예제

1. 방법 1

이름 상자에 숨겨진 셀인 A1셀 주소를 입력한 후 〈홈 → 셀 서식 → 숨기기 및 숨기기 취소 → 행과 열 숨기기 취소〉을 차례로 실행하세요. 숨기기가 모두 취소됩니다. 그 림 6-63을 참고하세요. 가장 왼쪽 위의 A1이 써 있는 칸입니다.

그림 6-63 이름 상자 사용

2. 방법 2 (행 기준)

열 이름(A,B,C,D) 행과 2행 사이에 마우스를 가져가면 행의 높이를 조절할 수 있는 모양으로 마우스 커서가 변합니다. 삼각형 모양의 칸이 바로 그 부분입니다. 그때 행 높이를 늘려주면 됩니다. 그림 6-64를 참고하세요.

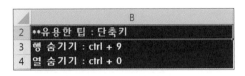

그림 6-64 행 높이 늘이기

3. 방법 3 (열 기준)

두 번째 열과 행 번호(1,2,3,4)가 표시된 열을 선택 후 마우스 오른쪽 버튼을 누르고 〈숨기기 취소〉를 클릭하세요. 단 2번째 열을 먼저 선택 후 행 번호 열을 선택해야 합니다. 그림 6-65를 참고하세요.

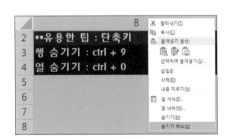

그림 6-65 숨기기 취소 클릭

4. 방법 4 (전체 행과 열 숨기기 취소)

시트 전체 선택 버튼(왼쪽 상단 직각삼각형 모양 버튼)을 누르고 행 번호와 열 이름에서
마우스 오른쪽 버튼을 클릭하세요. 모든 시트가 선택되고 숨기기 취소를 누르는 것이
므로 모든 숨겨진 행과 열이 취소됩니다. 그림 6-66을 참고하세요.

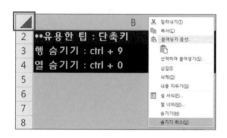

그림 6-66 시트 전체 선택 버튼 활용

5. 숨기기 취소 결과

위의 방법대로 숨기기 취소한 결과를 그림 6-67에서 확인하세요.

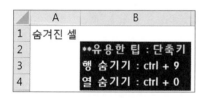

그림 6-67 숨겨진 첫 번째 행/열 숨기기 취소 결과

15 텍스트를 계산 가능한 서식으로 한 번에 만들기

1. 텍스트 형식으로 저장된 숫자를 숫자 서식으로 바꾸기

그림 6-68에서 A2:B6를 참조하여 VLOOKUP 함수를 사용해 E2:E3 값을 채우면 아래와 같이 #N/A 오류가 나옵니다. 분명히 왼쪽 표에 5와 2가 있는데도 오류가 나오는 이유는 무엇일까요?

	A	B	C	D	E
1	제품코드	판매개수		제품코드	판매개수
2	1	100		5	=VLOOKUP(D2,$A$2:$B$6,2,0)
3	2	200		2	#N/A
4		300			
5	4	400			
6	5	500			

그림 6-68 서식이 달라 생기는 오류

그 이유는 A열의 서식은 텍스트이고, D열은 숫자이기 때문입니다. 엑셀은 이렇게 서식이 다르면 전혀 다른 값으로 인식합니다. 이러한 오류를 수정하기 위해서는 당연히 두 개의 서식을 일치시켜주면 되겠지요. 서식을 일치시키는 방법은 여러 개가 있습니다.

서식을 바꾸는 첫 번째 방법은 텍스트 형식으로 숫자를 숫자 서식으로 변환시키는 것입니다. 그림 6-69처럼, 텍스트 형식으로 저장된 숫자를 모두 선택 후 해당 범위 상단 오른쪽에 보이는 느낌표를 클릭하고 '숫자로 변환'을 누르면 됩니다.

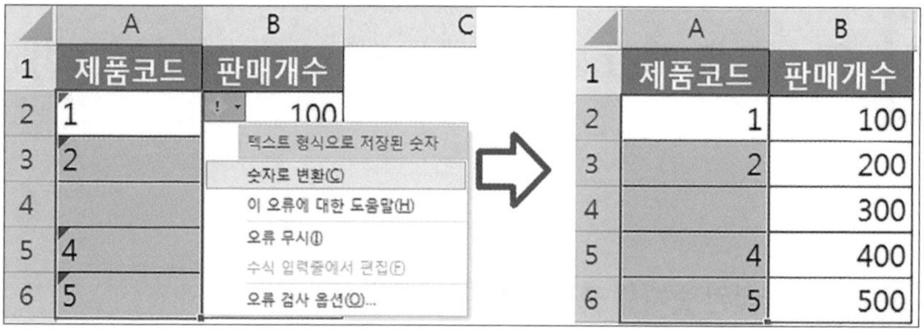

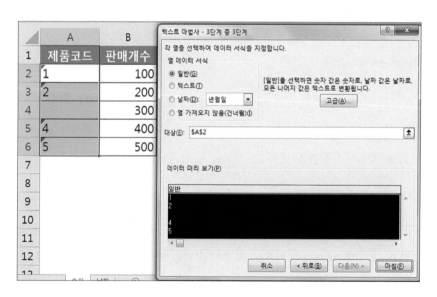

그림 6-69 텍스트 형식으로 저장된 숫자를 숫자로 변환

서식을 한번에 확인할 수 있습니다. 따로 맞춤 설정(왼쪽 맞춤, 가운데 맞춤, 오른쪽 맞춤 등)을 하지 않았을 때, 숫자가 셀의 왼쪽에 붙어 있으면 텍스트 서식, 오른쪽에 붙어 있으면 숫자 서식입니다. 날짜도 마찬가지입니다.

서식을 바꾸는 두 번째 방법은 텍스트 나누기를 사용하는 것입니다. 먼저 범위 선택 후 텍스트 나누기 창을 띄운 후 마침을 누르면 됩니다. 그림 6-70을 참고하세요.

그림 6-70 텍스트 나누기

서식 바꾸기를 한 결과는 그림 6-71과 같습니다. 서식이 같아졌기 때문에 코드에 맞는 판매 개수를 가져오고 있습니다.

	A	B	C	D	E
1	제품코드	판매개수		제품코드	판매개수
2	1	100		5	500
3	2	200		2	200
4		300			
5	4	400			
6	5	500			

그림 6-71 셀 서식 바꾸기 결과

범위를 선택한 후 'Ctrl+1'을 눌러서 셀 서식 대화상자에서 그 범위의 셀 서식 바꾸기를 해도 셀 서식이 바뀌지 않는다는 것을 꼭 알고 계셔야 합니다. 상식적으로 생각하면 범위 선택 후 셀 서식을 숫자로 바꾸기만 해도 셀 서식이 바뀌어야 합니다. 하지만 엑셀에서는 셀 서식을 바꾸고 셀에 하나 하나 적용시켜주는 과정을 한 번 더 거쳐야 합니다. 그러기 위해서는 해당 범위의 모든 셀에서 F2키를 눌러 셀 내에 커서가 보이게 만든 후 엔터를 눌러야 합니다. 쉽게 말하면 범위 선택 후 셀 서식을 바꾼 것은 전체 포장지만 바꾼 것이고, 내용물은 그대로이기 때문에 내용물도 하나 하나 바꾸는 과정이 필요한 것입니다.

데이터 양이 많아 하나씩 바꾸기가 어렵다면, 텍스트 나누기를 사용해서 한번에 모든 셀에 서식을 적용시키는 것이 좋습니다. 텍스트 나누기는 모든 셀을 한 번씩 거쳐 가며 나누기 때문에 전부 각각 바꾸는 것과 같은 효과를 냅니다.

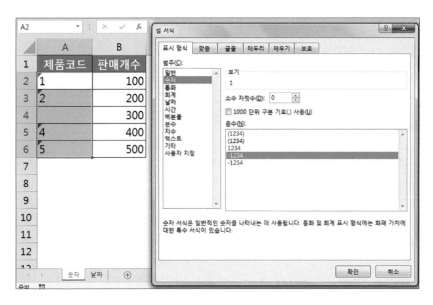

그림 6-72 셀 서식을 변경해도 바뀌지 않는 셀 서식

2. 텍스트 형식으로 저장된 날짜를 날짜 서식으로 바꾸기

그림 6-73을 보면 날짜로 보여지는 데이터를 피벗 테이블로 만든 후 연도별, 월별로
묶으려 했으나 오류 메시지가 나옵니다. 엑셀이 판단하기에는 원본 데이터의 셀 서식
이 날짜가 아니라 텍스트이기 때문입니다.

그림 6-73 그룹 묶기 오류

첫 번째 방법은 찾아 바꾸기로 '/'를 '/' 로 바꿉니다. 같은 것으로 바꾸는 것 같지만 각 셀을 확인하며 날짜 서식으로 바꾸는 효과를 줍니다. 그림 6-74를 참고하세요.

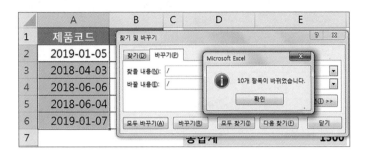

찾기 및 바꾸기

만약 텍스트 형식으로 저장된 날짜를 피벗 테이블로 만든 후, 원본 데이터의 텍스트로 저장된 날짜를 날짜 서식으로 바꾸고자 한다면 반드시 피벗 테이블의 새로 고침을 두 번해야 합니다. 새로 고침을 한번 적용 시 내용만 바뀌고, 한 번 더 눌러야 서식까지 바뀝니다. 그림 6-75와 6-76을 참고하세요.

그림 6-75 새로 고침

그림 6-76 한 번 더 새로 고침

이렇게 두 번 새로 고침을 해야 피벗 테이블에서도 날짜 서식으로 인식해 그림 6-77과 6-78 같이 날짜 그룹화가 가능합니다.

행 레이블	합계 : 판매개수
1월	600
4월	200
6월	700
총합계	1500

그림 6-78 그룹화 결과

그림 6-77 그룹화

두 번째 방법은 텍스트 나누기로 날짜 서식을 지정하는 것입니다. 텍스트 나누기를 실행한 뒤 서식 지정을 할 수 있는 3단계에서 날짜 서식을 선택하고 마침을 누릅니다.

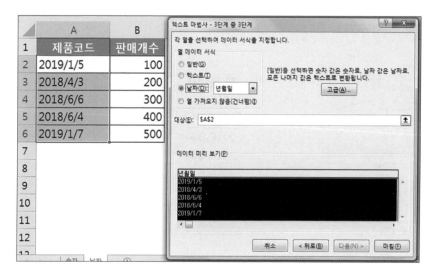

그림 6-79 텍스트 나누기

16강 생각의 전환

생각의 전환만으로도 복잡한 작업을 간단하게 만들 수 있습니다. 서식이 서로 달라 오류가 난다는 것을 알아냈으면 한쪽의 서식을 바꾸게 됩니다. 하지만 이때 일반적으로 텍스트 서식으로 저장된 숫자를 숫자 서식으로 바꾸는 방향으로 작업을 진행합니다. 이는 텍스트 서식으로 저장된 숫자에 경고 표시가 뜨기 때문에 그 경고 표시를 없애는 쪽으로 자연스럽게 작업하는 것으로 생각됩니다. 하지만 어느 쪽이든 데이터가 적은 쪽의 서식을 바꾸는 것으로 생각의 전환을 한 뒤 작업하면 업무 효율이 높아질 것입니다. 아래는 생각의 전환의 한 예입니다.

그림 6-80에서 왼쪽 표를 참고하여 오른쪽 표의 빈칸을 VLOOKUP 함수를 사용해 값을 채우세요. 그림 6-80에서는 보이지 않지만 왼쪽 표는 10,000개 이상의 행이 있습니다.

	A	B	C	D	E
1	제품코드	판매개수		제품코드	판매개수
2	4481	47		7701	
3	4390	35		4390	
4	2559	34			
5	8931	68			
6	5524	38			
7	6424	90			
8	5803	93			
9	7701	91			
10	⋮	⋮			

그림 6-80 생각의 전환 예제

VLOOKUP 함수를 적용하면 그림 6-81과 같이 #N/A 오류가 납니다. A열의 서식
은 텍스트이고 D열의 서식은 숫자이기 때문입니다.

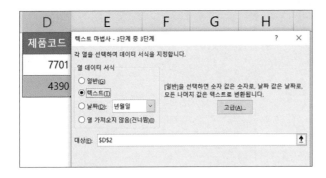

	A	B	C	D	E
				fx	=VLOOKUP(D2,$A$2:$B$9,2,0)
1	제품코드	판매개수		제품코드	판매개수
2	4481	47		7701	#N/A
3	4390	35		4390	#N/A
4	2559	34			
5	8931	68			

그림 6-81 오류

그래서 서식을 바꿔줍니다. 왼쪽 표의 제품코드는 10,000개 이상이라 오랜 시간이
걸릴 것이기 때문에 오른쪽 표의 제품코드 2개를 왼쪽 표의 제품코드 서식인 텍스트
서식으로 바꿉니다. 서식만 맞으면 값을 불러오는 데 문제가 없기 때문에 서식을 바
꿔야 하는 데이터의 양이 적힌 오른쪽 표의 제품코드 서식을 바꾸는 것을 선택했습니
다. 그래서 D열을 텍스트 나누기에서 텍스트로 서식 변환을 해줍니다. 그림 6-82를
참고하세요.

그림 6-82 숫자 서식을 텍스트 서식으로 바꾸기

이제 그림 6-83처럼 A열과 D열의 서식이 같아져서 값을 불러올 수 있습니다.

	A	B	C	D	E
1	제품코드	판매개수		제품코드	판매개수
2	4481	47		7701	91
3	4390	35		4390	35
4	2559	34			
5	8931	68			
6	5524	38			
7	6424	90			
8	5803	93			
9	7701	91			
10	⋮	⋮			

그림 6-83 생각의 전환 결과

17절 자음과 모음이 분리되는 현상 해결하기

그림 6-84 자음과 모음이 분리되는 현상

그림 6-84과 같은 현상은 업무를 하다보면 매우 자주 일어나는 경우 중 하나일 것입니다. 엑셀이 영어권 나라에서 만든 프로그램이기 때문에 우리나라처럼 자음과 모음이 결합되어 글자가 만들어지는 것을 신경 쓰지 않아서 그런 것 같습니다.

해결 방법은 셀 선택 후 〈F2〉 버튼을 눌러 그림 6-85와 같이 셀 안에서 커서가 깜빡깜빡하게 만든 후 입력하면 됩니다. 좀 귀찮지만 자꾸 이런 현상이 나타난다면 유용하게 사용할 수 있습니다.

그림 6-85 F2키 버튼 누르기

7장

엑셀 표에 대해 이해하기

1 표 표와 범위의 차이

엑셀에서는 시트 안에 테두리가 있고 그 내부에 내용이 있다고 해서 표가 되는 것이 아닙니다. 사용자가 데이터 범위를 설정하고 표로 만들어주는 단계를 적용해야만 비로소 표가 됩니다. 표는 열 중심으로 구동되며 조건에 맞게 입력, 수정, 삭제를 한다면 표는 그에 맞게 늘어나고, 변형되고 작아지는 동적 범위를 갖습니다. 또한 자동으로 수식도 적용이 됩니다. 단축키는 'Ctrl+T'입니다. 이제 표로 만들면 무엇이 좋은지 한번 알아보겠습니다.

1. 표의 장점

표의 첫 번째 장점은 동적으로 범위가 변한다는 것입니다. 데이터를 추가, 수정, 삭제해도 표 영역이 바뀌며 표 내부 데이터로 처리됩니다. 단 기존 표의 범위에 인접된 셀에 입력해야 하는 것에 유의하세요.

두 번째 장점은 자동으로 수식이 적용 된다는 것입니다. 필드명을 제외한 제일 위 행에 수식 입력하면 아래 행에는 자동으로 적용이 됩니다.

세 번째 장점은 따로 범위 설정을 하지 않아도 표 이름으로 바로 데이터 범위를 가져올 수 있다는 것입니다.

2. 표의 단점

표로 만드는 데 시간이 소요됩니다. 하지만 아주 짧은 시간이므로 큰 단점은 아닙니다. 처음에 수식 사용 시 셀 주소가 아닌 표의 구성 요소가 나오므로 사용자가 보기에 어색하고 익숙하지 않아 사용이 힘들지도 모릅니다.

3. 그럼 언제 표를 사용해야 할까?

모든 데이터를 표로 만들 필요는 없습니다. 사람에 따라 다르겠지만, 만약 계속 업데이트 등을 해서 사용해야 하는 자료라면 표로 만들고 일시적인 자료라면 범위로 쓰는 것이 가장 효율적일 것입니다.

4. 범위와 표 구분 방법

어떤 데이터 범위 내의 셀을 선택했을 때 그림 7-1처럼 표 도구 탭이 생성되면 표이고 아니면 데이터 범위입니다.

그림 7-1 범위와 표의 구분 방법

5. 표의 구성 요소 및 이름 알기

표 이름에 해당되는 범위는 그림 7-2처럼 A2:E6입니다. 제일 윗줄이 포함되지 않은 것을 확인하세요. A2:E6의 범위만큼 선택하여 수식에 넣고 싶다면 그림 7-2처럼 '종류별판매개수'라고 입력하면 됩니다.

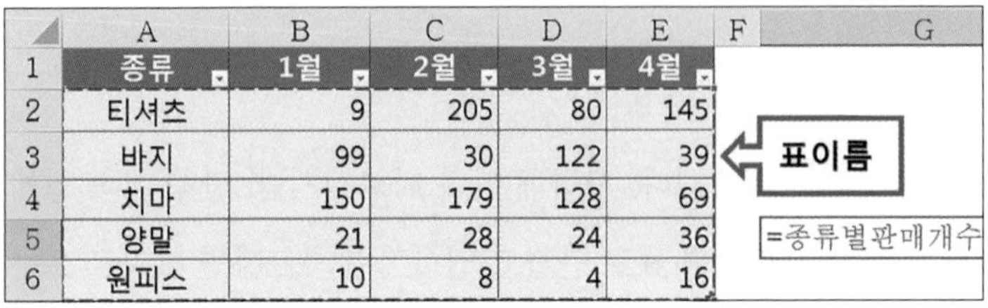

그림 7-2 표 이름 입력 시 설정되는 범위 확인

머리글은 제일 위 행이며, 필드명이 있는 범위와 같습니다. 머리글 범위(A1:E1) 선택 시 수식 표현 방법은 그림 7-3처럼 '종류별판매개수[#머리글]'입니다.

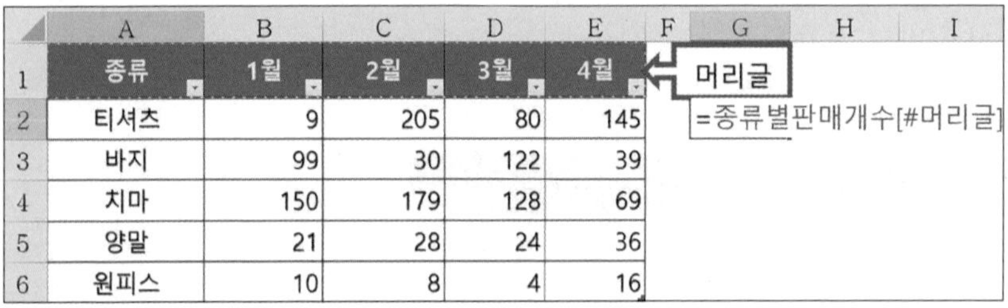

그림 7-3 표 머리글

열 선택(B2:B6) 시 수식 표현 방법은 '표 이름[해당열의 필드명]'입니다. 그림 7-4를 참고하세요.

	A	B	C	D	E
1	종류	1월	2월	3월	4월
2	티셔츠	9	205	80	145
3	바지	99	30	122	39
4	치마	150	179	128	69
5	양말	21	28	24	36
6	원피스	10	8	4	16
7					
8	열 선택	=종류별판매개수[1월]			

그림 7-4 표 열

하나의 행 선택(A2:E2) 시 수식 표현 방법은 그림 7-5처럼 '표 이름[@]'입니다.

	A	B	C	D	E	F	G	H	I
1	종류	1월	2월	3월	4월				
2	티셔츠	9	205	80	145		=종류별판매개수[@]		

그림 7-5 표 행

머리글 중 1개의 셀(D1)만 선택 했을 때 표현 방법은 그림 7-6처럼 '표 이름[[#머리
글], [해당열필드명]]'입니다.

	A	B	C	D	E	F	G	H	I	J	K
1	종류	1월	2월	3월	4월		=종류별판매개수[[#머리글],[3월]]				

그림 7-6 표 셀

데이터 범위와 필드명을 모두 선택(A1:E6)했을 때 표현 방법은 그림 7-7처럼 '표 이름
[#모두]'입니다

	A	B	C	D	E	F	G	H	I
1	종류	1월	2월	3월	4월				
2	티셔츠	9	205	80	145				
3	바지	99	30	122	39		=종류별판매개수[#모두]		
4	치마	150	179	128	69				
5	양말	21	28	24	36				
6	원피스	10	8	4	16				

그림 7-7 표 전체

6. 예제

그림 7-8의 왼쪽 표(표 이름 : 종류별판매개수)를 참조하여 F2:F3에 수식을 넣어 값을 찾으세요.

	A	B	C	D	E	F
1	종류	1월	2월		종류	1월
2	티셔츠	9	205		원피스	
3	바지	99	30		바지	
4	치마	150	179			
5	양말	21	28			
6	원피스	10	8			

그림 7-8 표 활용 예제

E열에 있는 값과 일치하는 값을 '종류별판매개수' 표에서 찾아오는 것이므로 VLOOKUP 함수를 사용합니다.

우선 우리가 찾고자 하는 값은 E2 값입니다. 찾고자 하는 값들이 있는 범위는 '종류별판매개수' 표의 데이터가 있는 범위이므로 Table array에 표 이름을 넣습니다.

1월은 Table array의 2번째 열에 있으므로, Col_INDEX_num에 2를 넣습니다. 결과는 그림 7-9와 같습니다. 범위 대신에 표 이름을 넣었기 때문에 만약 표의 데이터가 수정되거나 추가되거나 삭제된다고 해도 수식을 고칠 필요가 없습니다.

	A	B	C	D	E	F
1	종류	1월	2월		종류	1월
2	티셔츠	9	205		원피스	=VLOOKUP(E2,종류별판매개수,2,0)
3	바지	99	30		바지	99
4	치마	150	179			
5	양말	21	28			
6	원피스	10	8			

그림 7-9 표 활용 예제 수식

7. 표의 구성 요소 보기 예제

그림 7-10의 왼쪽 표(표 이름 : 종류별판매개수)를 참조하여 H2:I3에 수식을 넣어 값을 찾아보겠습니다.

	A	B	C	D	E	F	G	H	I
1	종류	1월	2월	3월	4월		종류	1월	3월
2	티셔츠	9	205	80	145		양말		
3	바지	99	30	122	39		치마		
4	치마	150	179	128	69				
5	양말	21	28	24	36				

그림 7-10 표의 구성 요소 보기 예제

찾고자 하는 열인 1월, 3월이 연속된 숫자가 아니므로 INDEX 함수와 MATCH 함수를 사용합니다. array는 필드명과 A열을 제외한 데이터 값으로 합니다. 그림 7-11을 참고하세요.

	A	B	C	D	E	F	G	H	I
1	종류	1월	2월	3월	4월		종류	1월	3월
2	티셔츠	9	205	80	145		양말	=INDEX(종류별판매개수[[1월]:[4월]],	
3	바지	99	30	122	39		치마	INDEX(**array**, row_num, [column_num]) INDEX(reference, row_num, [column_num], [area_num])	
4	치마	150	179	128	69				
5	양말	21	28	24	36				

그림 7-11 INDEX 함수 적용

INDEX 함수의 ROW_num 부분에는 MATCH 함수를 사용해서 G2값과 일치하는 내용의 ROW_num을 array에서 찾습니다. 그림 7-12를 참고하세요.

	A	B	C	D	E	F	G	H	I
1	종류	1월	2월	3월	4월		종류	1월	3월
2	티셔츠	9	=INDEX(종류별판매개수[[1월]:[4월]],match($G2,종류별판매개수[[종류]:[종류]],0)				치마	MATCH(lookup_value, lookup_array, [match_type])	
3	바지	99	30	122	39				
4	치마	150	179	128	69				
5	양말	21	28	24	36				

그림 7-12 MATCH 함수 적용

MATCH 함수 내에서 $G2는 오른쪽으로 수식을 끌어 복사할 때 열이 변하면 안되므로 G앞에 $를 붙여 열 고정을 했습니다. 행은 변해야 하므로 행 주소 앞에 $를 붙이지 않았습니다.

MATCH 함수 내에서 '종류별판매개수[[종류]:[종류]]'도 수식을 오른쪽과 아래로 끌고갈 때 열이 변하면 안되므로 '종류별판매개수[종류]'가 아닌 '종류별판매개수[[종류]:[종류]]'로 입력합니다. 대괄호([ ]) 안에 열 이름을 ':' 를 사용해 한 번 더 넣는 것이 표에서의 열 고정 방법입니다.

INDEX 함수의 col_num 부분에도 MATCH 함수를 사용해서 H$1값과 일치하는 내용의 col_num을 array에서 찾습니다. 그림 7-13을 참고하세요.

	A	B	C	D	E	F	G	H	I
1	종류	1월	2월	3월	4월		종류	1월	3월
2	=INDEX(종류별판매개수[[1월]:[4월]],MATCH($G2,종류별판매개수[[종류]:[종류]],0),								
3	MATCH(H$1,종류별판매개수[[#머리글],[1월]:[4월]],0))								
4	치마	150	179	MATCH(lookup_value, lookup_array, [match_type])					
5	양말	21	28	24	36				

그림 7-13 MATCH 함수 적용

MATCH 함수 내에서 H$1는 오른쪽으로 끌어 복사할 때 행이 변하면 안되므로 H앞에 $를 붙여 행 고정을 했습니다. 결과는 그림 7-14와 같습니다. 수식이 복잡해 보이지만 표 이름과 필드명이 대부분이라 실제로는 복잡하지 않습니다.

`=INDEX(종류별판매개수[[1월]:[4월]],MATCH($G3,종류별판매개수[[종류]:[종류]],0),MATCH(I$1,종류별판매개수[[#머리글],[1월]:[4월]],0))`

	A	B	C	D	E	F	G	H	I
1	종류 ▾	1월 ▾	2월 ▾	3월 ▾	4월 ▾		종류	1월	3월
2	티셔츠	9	205	80	145		양말	21	24
3	바지	99	30	122	39		치마	150	128
4	치마	150	179	128	69				
5	양말	21	28	24	36				

그림 7-14 표의 구성요소 보기 예제 결과

8. 표의 장점

그림 7-15의 오른쪽 표(종류별판매개수)에 목도리 품목을 추가해서 값을 넣으면 어떻게 되는지 확인해보겠습니다. 당연히 왼쪽 표에 목도리 품목이 없기 때문에 #N/A 오류가 나옵니다.

하지만 왼쪽 표에 '목도리 품목'을 추가한 뒤 H4셀의 결괏값을 보면 그림 7-16과 같이 자동으로 계산이 된 것을 볼 수 있습니다. 그 이유는 표와 연속된 셀에 값을 추가했을 때는 추가한 내용도 자동으로 표의 범위로 들어가기 때문입니다.

이렇게 표는 데이터가 추가, 삭제, 수정되어도 따로 참조하는 범위 설정을 변경할 필요 없이 자동으로 적용된다는 장점이 있습니다.

	A	B	C	D	E	F	G	H
1	종류 ▾	1월 ▾	2월 ▾	3월 ▾	4월 ▾		종류	1월
2	티셔츠	9	205	80	145		원피스	10
3	바지	99	30	122	39		바지	99
4	치마	150	179	128	69		목도리	#N/A
5	양말	21	28	24	36			
6	원피스	10	8	4	16			

그림 7-15 표에 데이터 추가하기

	A	B	C	D	E	F	G	H
1	종류 ▾	1월 ▾	2월 ▾	3월 ▾	4월 ▾		종류	1월
2	티셔츠	9	205	80	145		원피스	=VLOOKUP(G2,종류별판매개수,2,0)
3	바지	99	30	122	39		바지	VLOOKUP(lookup_value, **table_array**, col_index_num, [rang
4	치마	150	179	128	69		목도리	3
5	양말	21	28	24	36			
6	원피스	10	8	4	16			
7	목도리	3	1	1	5			

그림 7-16 표에 데이터 추가하기 결과

8장

오류의 종류와
명칭 알기

1 ⊞ 오류의 종류

오류가 난 이유를 안다면 오류를 수정하기도 쉬워집니다. 그렇기 때문에 오류의 종류도 알고 있으면 도움이 됩니다. 8장에서는 엑셀 활용 중 가장 자주 발생하는 오류 다섯 가지에 대해 알아보겠습니다.

1. #N/A(Not Available) 오류

#N/A 오류는 제일 많이 볼 수 있는 오류로 '답이 없다'는 뜻입니다. 사실 #N/A는 오류라기 생각하기보다는 '찾으라고 한 값이 없어서 찾지 못했다'로 이해하는 것이 더 나을 것입니다.

#N/A 오류 예제를 살펴보겠습니다. 그림 8-1을 보면 G2셀에 #N/A 오류가 나타나고 있습니다.

	A	B	C	D	E	F	G
1	연번	묘호	이름	재위기간		묘호	이름
2	1	태조	이성계	1392-1398		세조	#N/A
3	2	정종	이방과	1398-1400			
4	3	태종	이방원	1400-1418			
5	4	세종	이도	1418-1450			
6	5	문종	이향	1450-1452			

그림 8-1 #N/A 오류 예제

G2 셀에 들어간 수식은 그림 8-2와 같이 '=VLOOKUP(F2,$B$2:$D$6,2,0)'입니다. 수식에는 문제가 없습니다.

	A	B	C	D	E	F	G
1	연번	묘호	이름	재위기간		묘호	이름
2	1	태조	이성계	1392-1398		세조	=VLOOKUP(F2,$B$2:$D$6,2,0)
3	2	정종	이방과	1398-1400			
4	3	태종	이방원	1400-1418			
5	4	세종	이도	1418-1450			
6	5	문종	이향	1450-1452			

그림 8-2 오류 이유 찾기

하지만 오류가 나타난 이유는 찾을 값이 있는 데이터 범위에 찾으려고 하는 값인 '세조'가 없기 때문에 #N/A 오류가 반환된 것입니다. 즉, 찾으라고 한 값이 없다고 엑셀이 사용자에게 말해주는 것이라고 할 수 있습니다.

2, #REF(REFFRENCE) 오류

#REF 오류는 범위를 벗어났다는 뜻의 오류입니다. #REF 오류 예제로 자세히 살펴보겠습니다. 그림 8-3에는 #REF 오류가 나타나고 있습니다.

	A	B	C	D	E	F	G
1	연번	묘호	이름	재위기간		묘호	이름
2	1	태조	이성계	1392-1398		세종	#REF!
3	2	정종	이방과	1398-1400			
4	3	태종	이방원	1400-1418			
5	4	세종	이도	1418-1450			
6	5	문종	이향	1450-1452			

그림 8-3 #REF 오류 예제

G2셀에 들어간 수식은 그림 8-4와 같이 '=VLOOKUP(F2,$B$2:$D$6,4,0)'로 수식에 문제가 있습니다.

	A	B	C	D	E	F	G	H
1	연번	묘호	이름	재위기간		묘호	이름	
2	1	태조	이성계	1392-1398		세종	=VLOOKUP(F2,$B$2:$D$6,4,0)	
3	2	정종	이방과	1398-1400			VLOOKUP(lookup_value, table_array, **col_index_num**, [range_lookup])	
4	3	태종	이방원	1400-1418				
5	4	세종	이도	1418-1450				
6	5	문종	이향	1450-1452				

그림 8-4 오류 이유 찾기

오류가 나타난 이유는 참조되는 범위는 3개의 열(빨간 테두리)이 있는데, 가져오라는 값이 있는 열이 4번째 열이기 때문입니다. 열은 3개뿐인데 4번째 열의 값을 가져오라고 하니 범위를 벗어났다는 오류인 #REF 오류를 반환하게 되는 것입니다.

오류를 찾았으니 맞는 수식인 '=VLOOKUP(F2,$B$2:$D$6,2,0)'을 입력하면 그림 8-5와 같이 알맞은 값이 나옵니다.

	A	B	C	D	E	F	G
1	연번	묘호	이름	재위기간		묘호	이름
2	1	태조	이성계	1392-1398		세종	이도
3	2	정종	이방과	1398-1400			
4	3	태종	이방원	1400-1418			
5	4	세종	이도	1418-1450			
6	5	문종	이향	1450-1452			

그림 8-5 #REF 오류 해결

3. #VALUE 오류

#VALUE 오류는 '계산을 할 수가 없다' 또는 '문자는 사칙연산을 못한다'는 오류입니다. 그림 8-6에서 이 #VALUE 오류가 나타나고 있습니다.

	A	B	C	D	E	F
1	연번	묘호	이름	시작	끝	재위기간
2	1	태조	이성계	1392	1398	6
3	2	정종	이방과	1398	1400	2
4	3	태종	이방원	1400	1418	18
5	4	세종	이도	1418	1450	32
6	5	문종	이향	1450	모름	#VALUE!

그림 8-6 #VALUE 오류 예제

수식을 한 번 확인해보겠습니다. F6셀에 들어간 수식은 그림 8-7에서 볼 수 있듯이 '=E6-D6'입니다.

	A	B	C	D	E	F
1	연번	묘호	이름	시작	끝	재위기간
2	1	태조	이성계	1392	1398	6
3	2	정종	이방과	1398	1400	2
4	3	태종	이방원	1400	1418	18
5	4	세종	이도	1418	1450	32
6	5	문종	이향	1450	모름	=E6-D6

그림 8-7 오류 이유 찾기

#VALUE 오류가 나타난 이유는 바로 계산식 내에 들어간 셀인 E6셀이 숫자가 아닌 문자라 사칙연산을 할 수 없기 때문입니다. 당연히 문자는 사칙연산을 할 수 없기 때문에 #VALUE 오류를 반환하게 됩니다.

4. #NULL 오류

#NULL 오류는 '범위 지정이 틀렸다' 또는 '범위가 없다'라는 오류입니다. NULL이라는 용어가 데이터베이스와 같은 분야에서는 '데이터 값이 아예 존재하지 않는다'라는 뜻으로도 쓰이는 것을 알고 계시면 이해하기 더욱 좋을 것입니다. 그림 8-8에서는 #NULL 오류가 나타나고 있습니다.

	A	B	C	D	E	F	G
1	연번	묘호	이름	재위기간		묘호	이름
2	1	태조	이성계	1392-1398		문종	#NULL!
3	2	정종	이방과	1398-1400			
4	3	태종	이방원	1400-1418			
5	4	세종	이도	1418-1450			
6	5	문종	이향	1450-1452			

그림 8-8 #NULL 오류 예제

G2 셀에 들어간 수식은 '=VLOOKUP(F2,B2 D6,2,0)'으로 수식에 문제가 있습니다.

	A	B	C	D	E	F	G	H
1	연번	묘호	이름	재위기간		묘호	이름	
2	1	태조	이성계	1392-1398		문종	=VLOOKUP(F2,B2 D6,2,0)	
3	2	정종	이방과	1398-1400			VLOOKUP(lookup_value, **table_array**, col_index_num, [range_lookup])	
4	3	태종	이방원	1400-1418				
5	4	세종	이도	1418-1450				
6	5	문종	이향	1450-1452				

그림 8-9 오류 이유 찾기

오류가 나타난 이유는 table_array에 들어간 범위인 B2와 D6 사이에 콜론(:)이 빠져서 범위 지정이 제대로 되지 않았기 때문입니다. 따라서 범위 지정이 잘못되어 값을 계산할 수 없는 오류인 #NULL 오류를 반환하게 됩니다.

맞는 수식은 '=VLOOKUP(F2,$B$2:$D$6,2,0)'으로, 수식을 알맞게 고치면 그림 8-10 처럼 오류가 해결됩니다.

	A	B	C	D	E	F	G
1	연번	묘호	이름	재위기간		묘호	이름
2	1	태조	이성계	1392-1398		문종	이향
3	2	정종	이방과	1398-1400			
4	3	태종	이방원	1400-1418			
5	4	세종	이도	1418-1450			
6	5	문종	이향	1450-1452			

그림 8-10 #NULL 오류 해결

5. #DIV / 0 오류

#DIV/0 오류는 0으로는 숫자를 나눌 수 없기 때문에 나타나는 오류입니다. 가장 쉽게 알 수 있는 오류입니다. 그림 8-11에서 #DIV/0 오류를 확인할 수 있습니다.

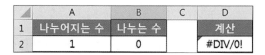

그림 8-11 #DIV/0 오류 예제

D2셀에 들어간 수식은 '=A2/B2'로 분모에 들어가는 수가 0입니다. 0으로는 어떤 수도 나눌 수가 없으므로 #DIV/0 오류를 반환합니다. 그림 8-12를 참고하세요.

그림 8-12 오류 이유 찾기

6. #NAME? 오류

입력한 함수가 존재하지 않거나 함수 이름이 틀렸다는 뜻의 이름 오류입니다. 보통 함수 스펠링이 틀렸을 확률이 높습니다. 그림 8-13에서 #NAME? 오류를 볼 수 있습니다.

	A	B	C	D	E	F	G
1	연번	묘호	이름	재위기간		묘호	이름
2	1	태조	이성계	1392-1398		문종	#NAME?
3	2	정종	이방과	1398-1400			
4	3	태종	이방원	1400-1418			
5	4	세종	이도	1418-1450			
6	5	문종	이향	1450-1452			

그림 8-13 #NAME? 오류 예제

G2셀에 들어간 수식은 '=VLOOKUPP(F2,$B$2:$D$6,2,0)'로 함수 이름이 잘못되었기 때문에 함수 이름이 잘못되었다는 오류인 #NAME? 오류를 반환하고 있습니다. 여기에서 맞는 수식은 '=VLOOKUP(F2,$B$2:$D$6,2,0)'입니다. 어떤 함수들은 특정 엑셀 버전에서만 쓸 수 있기 때문에 버전에 따라 #NAME? 오류는 나타나기도 하고, 안 나타나기도 합니다. 이 점을 유의하세요.

9장

파워 쿼리
(Power Query)

1 뜻풀이

파워 쿼리를 직역해보면 Power는 강한 힘이고 컴퓨터 용어에서의 Query는 데이터를 꺼내거나 검색, 수정, 삭제 등의 조작을 하기 위한 언어라는 뜻입니다. 의역하면 데이터를 분석하거나 조작하는 데 쓰이는 강력한 기능이라는 뜻입니다.

파워 쿼리는 제대로 이해한다면 어떤 기능보다도 간편하게 데이터를 조작할 수 있으며, 함수로 구현할 수 없는 힘든 작업을 손쉽게 해결할 수 있습니다. 엑셀 함수와 기능 그리고 파워 쿼리를 상황에 맞게 적절히 사용하면 더 큰 업무 효율화를 이룰 수 있을 것입니다.

하지만 나온 지 꽤 오래된 엑셀의 매크로도 다룰 줄 알면 너무나 편리하지만 아직도 소수의 사용자들만 사용하는 것처럼, 파워 쿼리도 소수의 사용자만 사용할 것으로 생각됩니다. 또한 나만 하는 작업이면 상관없지만, 다른 동료들과 함께 작업해야 하는 상황이라면 파워 쿼리를 알아도 다른 사람은 사용할 수 없기 때문에 많은 사람이 사용하기는 어려울 것입니다.

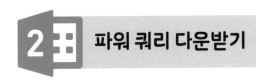

2교 파워 쿼리 다운받기

1. 엑셀 2010, 엑셀 2013

구글 등 검색 사이트에서 '파워 쿼리 다운로드'로 검색합니다. 검색된 페이지 중 주소가 Microsoft사이고, download 가 포함된 링크를 클릭하면, 파워 쿼리를 다운받을 수 있는 홈페이지로 이동됩니다. 그림 9-1과 9-2를 참고하세요.

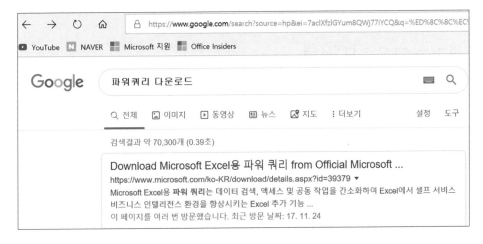

그림 9-1 구글에서 파워 쿼리 다운로드 검색

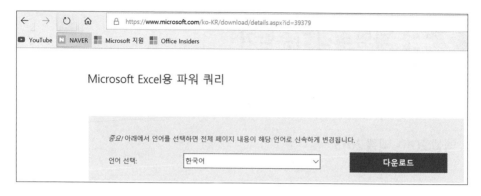

그림 9-2 파워 쿼리 다운로드 선택 화면

다운로드를 누른 뒤 자신의 컴퓨터 사양에 맞는 파일을 다운로드합니다. 그림 9-3을
보면 사양에 따라 파일이 다른 것을 확인할 수 있습니다.

원하는 다운로드 선택

파일 이름	크기
PowerQuery_2.59.5135.201 (32-bit) [ko-KR].msi	17.1 MB
PowerQuery_2.59.5135.201 (64-bit) [ko-KR].msi	17.2 MB
Release Notes (English-only).docx	32 KB

그림 9-3 원하는 다운로드 선택

컴퓨터 시스템 종류를 확인하는 방법은 간단합니다. 윈도우키와 E를 같이 눌러 〈파
일 탐색기〉를 실행시킨 후 내 컴퓨터에서 오른쪽 마우스를 클릭하고 속성을 선택하
면 됩니다.

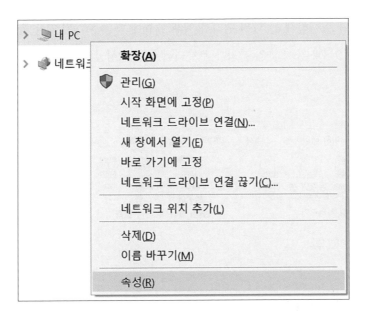

그림 9-4 내 컴퓨터 속성 확인

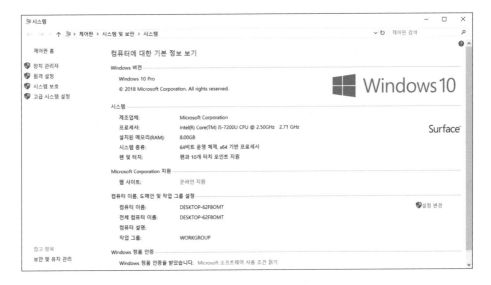

그림 9-5 시스템 종류 확인

다운이 완료되면, 엑셀을 실행하세요. 파워 쿼리가 엑셀 메뉴에 자동 추가된 것을 확인할 수 있습니다. 그림 9-6과 같이 파워 쿼리가 추가되어 있으면 성공적으로 설치한 것입니다.

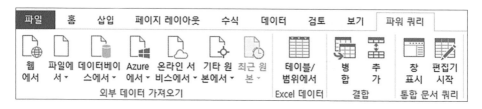

그림 9-6 메뉴에 추가된 파워 쿼리 탭

2. 엑셀 2016, 엑셀 2019, Office 365

엑셀 2016 이상 버전과 Office 365는 따로 다운로드 받을 필요가 없습니다. 메뉴의 데이터 탭에 '데이터 가져오기 및 변환', '쿼리 및 연결' 이라는 이름으로 파워 쿼리가 내장되어 있습니다. 그림 9-7을 참고하세요.

그림 9-7 내장된 파워 쿼리 기능

3. 엑셀 2010 미만 버전

엑셀 2010 미만 버전은 파워 쿼리 설치가 안됩니다. 이 점 유의하세요.

3 VLOOKUP 대신 파워 쿼리

1. 활용

파워 쿼리를 사용하면 불러오려는 값이 여러 개 있을 때 가장 위에 있는 행의 값만 불러오는 VLOOKUP의 한계를 극복하고, 중복값들을 모두 불러올 수 있습니다.

2. VLOOKUP 함수와 파워 쿼리 비교

VLOOKUP 사용해서 데이터 불러오기

그림 9-8 왼쪽의 데이터를 참조하여 오른쪽 표를 완성하세요. F2셀에 대표 수식을 넣어 다른 셀도 끌어 복사해서 채우세요.

	A	B	C	D	E	F	G
1	제품명	계절	판매개수		제품명	계절	판매개수
2	제품A	봄	100		제품A	=VLOOKUP($E2,$A$2:$C$10,COLUMNS($F$2:F2)+1,0)	100
3	제품A	여름	123		제품B	봄	26
4	제품A	가을	21				
5	제품A	겨울	22				
6	제품B	봄	26				
7	제품B	여름	34				
8	제품C	봄	45				
9	제품D	봄	79				
10	제품B	가을	34				

그림 9-8 함수를 사용해서 값 찾기

먼저 제품A에 해당되는 값을 VLOOKUP 함수로 불러옵니다. G열까지 하나의 수식으로 채워야 하므로, column INDEX number에 Coloumns 함수를 사용해 오른쪽으로 열이 하나씩 이동되면 그 값이 1씩 커지도록 만듭니다. 수식은 그림 9-1을 참고하세요. 그런데 그림 9-8의 왼쪽 표를 보면, 제품 A와 제품 B에 해당하는 값이 여러 개 있습니다. VLOOKUP 은 가장 위에 있는 값 1개만 불러올 수 있기 때문에 1개의 값만 찾아오는 문제가 생깁니다. 그럼 파워 쿼리를 사용해서 데이터를 불러오겠습니다.

그림 9-9의 왼쪽 표의 데이터 집합에서 오른쪽 표 옆에 나머지 값들이 오도록 하세요. 일치하는 값이 여러 개 있으면 모두 불러오세요.

	A	B	C	D	E
1	제품명	계절	판매개수		제품명
2	제품A	봄	100		제품A
3	제품A	여름	123		제품B
4	제품A	가을	21		
5	제품A	겨울	22		
6	제품B	봄	26		
7	제품B	여름	34		
8	제품C	봄	45		
9	제품D	봄	79		
10	제품B	가을	34		

그림 9-9 파워 쿼리를 사용해서 값 찾기 예제

먼저 모든 데이터 집합을 표로 만듭니다. 단축키 'Ctrl + T'을 사용하면 빠릅니다. 그림 9-10과 9-11을 참고하세요.

파워 쿼리 편집기로 데이터를 가져가기 위해서는 먼저 모든 데이터를 표로 만들어야 합니다. 그 이유는 표로 만들어야 데이터를 수정, 삭제, 추가 해도 범위가 자동으로 변해서 적용되기 때문입니다. 표 이름은 사용자가 쉽게 외우고 인식할 수 있도록 만드세요. 원본 데이터, 참조표, 결과표 등의 이름을 사용하면 좋습니다.

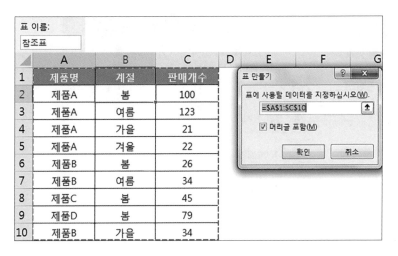

그림 9-10 표 만들기 (참조표)

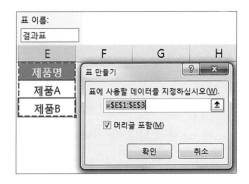

그림 9-11 표 만들기 (결과표)

이제 파워 쿼리 편집기로 만든 표를 가져갑니다. 그림 9-12를 참고하세요.

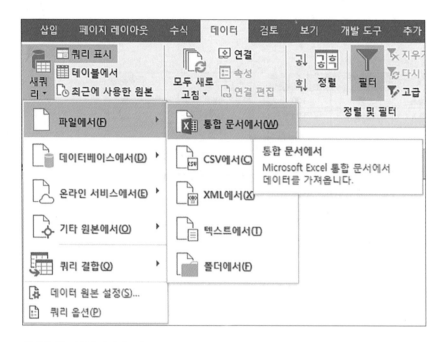

그림 9-12 파일에서 가져오기

엑셀 2010, 2013 버전은 파워 쿼리 메뉴에서 파워 쿼리 편집기로 표를 가져갑니다. 엑셀 2016 버전이나 Office 365의 경우에는 〈데이터 → 가져오기 → 파일에서 → 통합문서에서 등(테이블에서 각각을 하나씩 가져와도 됨) → 파일 선택〉을 차례로 실행합니다. 여러 개의 표를 한꺼번에 가져오기 위해서는 먼저 빈 엑셀 파일을 열고 그림 9-12처럼 표를 파일에서 쿼리로 가져가야 합니다. 표가 몇 개 되지 않는다면 한 개씩 테이블에서 가져가도 됩니다.

여러 항목 가져오기 체크 후 〈만든 표 모두 선택 → 로드 → 다음으로 로드 → 연결만 만들기〉를 차례로 실행합니다. 그림 9-13을 참고하세요.

표 9-13 다음으로 로드

연결만 만든 후 만들어진 쿼리에서 결과표를 선택 후 병합 클릭합니다. 그림 9-14를 참고하세요.

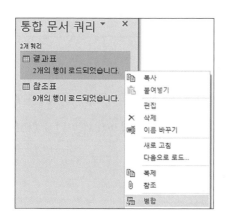

표 9-14 병합

결과표와 참조표의 일치하는 열 선택(제품열) 후 〈조인 종류 선택 → 확인〉을 실행합니다. 그림 9-15를 참고하세요.

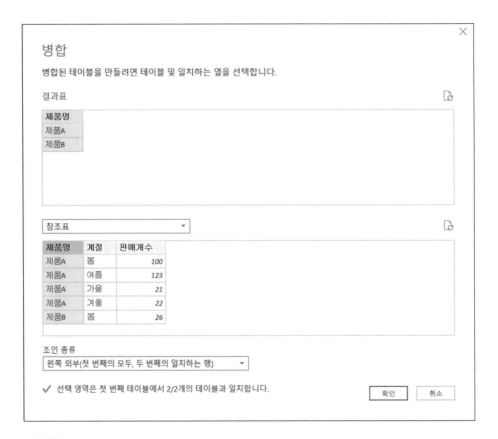

그림 9-15 일치하는 열 및 조인 종류 선택

쿼리 편집기에서 참조표 옆 필드 확장 버튼을 클릭하고 〈계절, 판매 개수 선택 (원래 열 이름을 접두사로 사용 체크 해제 → 확인〉을 실행합니다. 그림 9-16과 9-17을 참고하세요.

그림 9-16 확장

	AᴮC 제품명 ▼	AᴮC 계절 ▼	1²₃ 판매개... ▼
1	제품A	봄	100
2	제품A	여름	123
3	제품A	가을	21
4	제품A	겨울	22
5	제품B	봄	26
6	제품B	여름	34
7	제품B	가을	34

그림 9-17 쿼리 편집기에서 결과 확인

〈닫기 및 다음으로 로드 → 기존 워크시트 → 로드〉를 실행합니다. 그림 9-18과 9-19
를 참고하세요.

그림 9-18 닫기 및 다음으로 로드

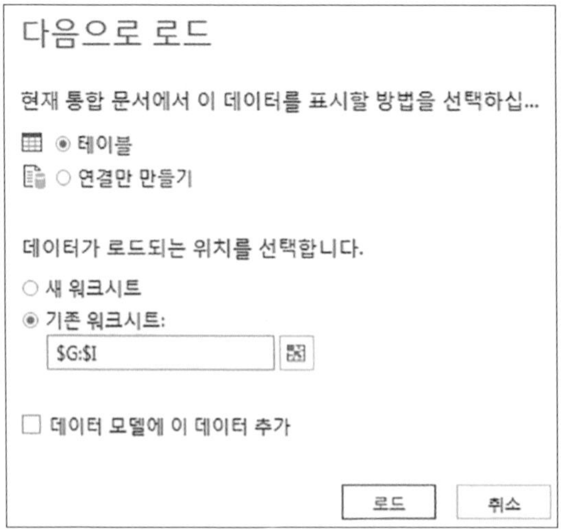

그림 9-19 로드되는 위치 선택

결과는 그림 9-20과 같습니다. 제품명이 제품 A와 제품 B인 모든 데이터를 불러온 것을 확인할 수 있습니다.

	A	B	C	D	E	F	G	H	I
1	제품명	계절	판매개수		제품명		제품명	계절	판매개수
2	제품A	봄	100		제품A		제품A	봄	100
3	제품A	여름	123		제품B		제품A	여름	123
4	제품A	가을	21				제품A	가을	21
5	제품A	겨울	22				제품A	겨울	22
6	제품B	봄	26				제품B	봄	26
7	제품B	여름	34				제품B	여름	34
8	제품C	봄	45				제품B	가을	34
9	제품D	봄	79						
10	제품B	가을	34						

그림 9-20 결과

참조표나 결과표를 수정한 후 파워 쿼리에 적용시키려면 반드시 새로 고침 버튼을 눌러줘야 합니다. 피벗 테이블과 같다고 생각하면 됩니다. 모든 내용이 표로 변환되었기 때문에 원본 데이터를 수정, 추가, 삭제해도 모두 반영됩니다.

4 폴더의 파일 이름을 엑셀 시트로 가져오기

그림 9-21의 폴더에 있는 파일 이름들을 엑셀로 가져가세요.

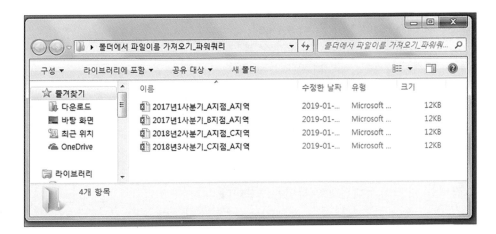

그림 9-21 폴더 내 파일들의 이름 가져오기 예제

그림 9-22와 같이 〈엑셀 새 문서 열기 → 데이터 → 파일에서 → 폴더에서〉를 차례로
실행합니다.

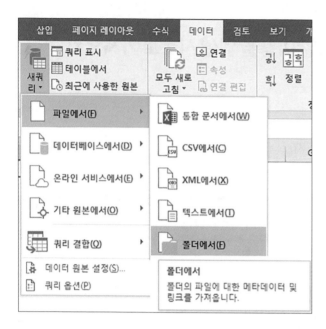

그림 9-22 폴더에서 가져오기

그림 9-16 과 같이 폴더선택 후 확인을 누릅니다.

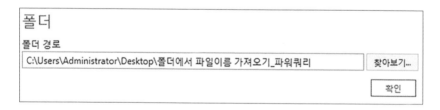

폴더

폴더 경로

C:\Users\Administrator\Desktop\폴더에서 파일이름 가져오기_파워쿼리   찾아보기...

확인

그림 9-23 폴더 선택

그림 9-24과 같이 편집을 클릭합니다.

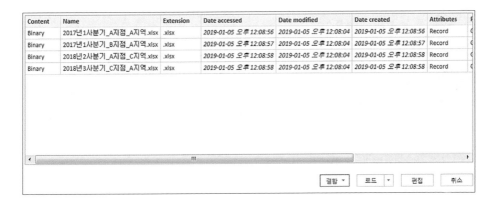

Content	Name	Extension	Date accessed	Date modified	Date created	Attributes	
Binary	2017년1사분기_A지점_A지역.xlsx	.xlsx	2019-01-05 오후 12:08:56	2019-01-05 오후 12:08:04	2019-01-05 오후 12:08:56	Record	
Binary	2017년1사분기_B지점_A지역.xlsx	.xlsx	2019-01-05 오후 12:08:57	2019-01-05 오후 12:08:04	2019-01-05 오후 12:08:57	Record	
Binary	2018년2사분기_C지점_A지역.xlsx	.xlsx	2019-01-05 오후 12:08:58	2019-01-05 오후 12:08:04	2019-01-05 오후 12:08:58	Record	
Binary	2018년3사분기_C지점_A지역.xlsx	.xlsx	2019-01-05 오후 12:08:58	2019-01-05 오후 12:08:04	2019-01-05 오후 12:08:58	Record	

결합 ▾   로드 ▾   편집   취소

그림 9-24 편집 창

Name 열을 선택한 후 마우스 오른쪽 버튼을 누르고 다른 열 제거를 누릅니다. 그림 9-25를 참고하세요.

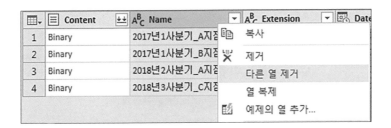

	Content	±	A^B_C Name	▾	A^B_C Extension	▾	Date
1	Binary		2017년1사분기_A지점		복사		
2	Binary		2017년1사분기_B지점		제거		
3	Binary		2018년2사분기_A지점		다른 열 제거		
4	Binary		2018년3사분기_C지점		열 복제		
					예제의 열 추가...		

그림 9-25 다른 열 제거

결과는 그림 9-26, 9-27과 같습니다.

그림 9-26 닫기 및 로드

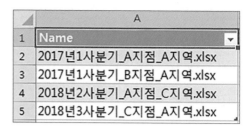

그림 9-27 엑셀 시트로 로드된 파일 이름 확인

5 텍스트 나누기 대신 파워 쿼리 열 분할

1. 텍스트 나누기로 코드 분할하기

엑셀 텍스트 나누기는 같은 구분 기호가 여러 개 있으면 모두 분리되므로 먼저 모든 코드를 구분 기호로 분리한 뒤 다시 숫자를 합쳐줘야 하는 한계점이 있습니다. 하지만 파워 쿼리의 열 분할로는 왼쪽에 있는 구분 기호 하나만 찾아 분리할 수 있습니다.

그림 9-28의 코드를 문자와 숫자로 구분해보겠습니다. 〈데이터 → 텍스트 나누기 → 구분 기호로 나누기 → 마침〉을 차례로 실행하세요. 그림 9-28을 참고하세요.

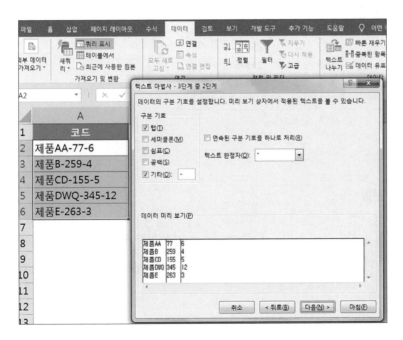

그림 9-28 텍스트 나누기

텍스트 나누기의 결과는 그림 9-29와 같습니다. 문자와 숫자만 구분하는 것이 최종 목적이지만 엑셀 텍스트 나누기로는 부분 텍스트 나누기가 불가능합니다.

	A	B	C
1	코드		
2	제품AA	77	6
3	제품B	259	4
4	제품CD	155	5
5	제품DWQ	345	12
6	제품E	263	3

그림 9-29 텍스트 나누기 결과

따라서 그림 9-30과 같이 추가로 나눠진 내용 다시 연결하는 작업을 해야 합니다.

	A	B	C	D	E
1	코드				
2	제품AA	77	6		77-6
3	제품B	259	4		259-4
4	제품CD	155	5		155-5
5	제품DWQ	345	12		345-12
6	제품E	263	3		=B6&"-"&C6

그림 9-30 다시 연결

2. 파워 쿼리 열 분할

파워 쿼리 열 분할을 사용하면 원하는 만큼만 텍스트 나누기를 할 수 있습니다. 위에서 텍스트 나누기 기능을 사용해서 실행했던 문제를 파워 쿼리로 다시 실행시켜 보겠습니다.

그림 9-31의 코드를 문자와 숫자로 구분하세요. 먼저 데이터 범위를 표로 만들고

〈데이터 → 테이블에서 가져가기〉를 실행합니다. 그림 9-31을 참고하세요.

파워 쿼리로 가져가기

파워 쿼리 편집기에서 〈홈 → 열 분할〉을 실행합니다. 그림 9-32를 참고하세요.

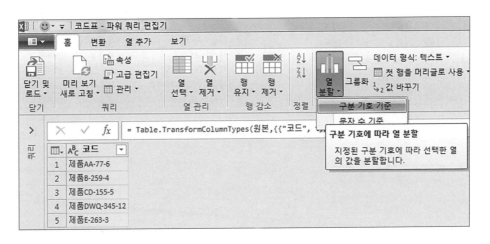

열 분할

그림 9-33처럼 〈구분 기호 입력 → 다음 위치에 분할 : 맨 왼쪽 구분 기호에서 → 확인〉을 누르세요.

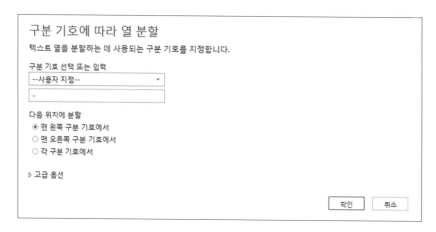

그림 9-33 분할 위치 선택

결과는 그림 9-34, 9-35와 같습니다. 텍스트 나누기처럼 다시 숫자를 연결해야 하는 단계를 거치지 않아도 되기 때문에 좀 더 효율적입니다.

그림 9-34 파워 쿼리 편집기에서의 열 분할 결과

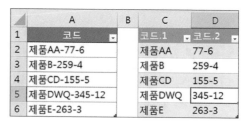

그림 9-35 엑셀 시트에서의 열 분할 결과

3. 파워 쿼리 열 병합으로 열 합치기

그림 9-36의 분할된 코드를 다시 병합해보겠습니다.

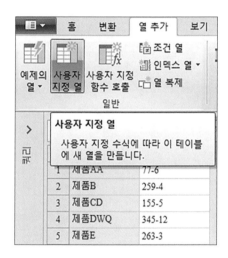

	ABC 코드.1	ABC 코드.2
1	제품AA	77-6
2	제품B	259-4
3	제품CD	155-5
4	제품DWQ	345-12
5	제품E	263-3

그림 9-36 파워 쿼리 열 병합 예제

그림 9-37처럼 파워 쿼리 편집기에서 〈열 추가 → 사용자 지정 열 추가〉를 합니다.

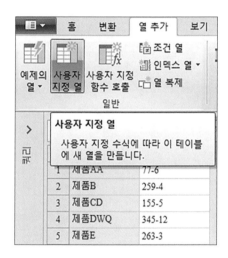

그림 9-37 사용자 지정 열 추가

사용자 지정 열 수식을 입력합니다. 이렇게 열을 단순히 연결하는 코드는 엑셀과 똑같습니다. 그림 9-38을 참고하세요.

사용자 지정 열

새 열 이름

코드병합

사용자 지정 열 수식:

= [코드.1]&"-"&[코드.2]

사용 가능한 열:

코드.1
코드.2

<< 삽입

파워 쿼리 수식에 대해 알아보기

✓ 구문 오류가 검색되지 않았습니다.

확인   취소

그림 9-38 수식 입력

코드병합 열 필드명에서 오른쪽 마우스 클릭하고 다른 열 제거를 누릅니다. 그림 9-39를 참고하세요.

	A^B_C 코드.1 ▼	A^B_C 코드.2 ▼	ABC 123 코드...		
1	제품AA	77-6	제품AA-77-	📋	복사
2	제품B	259-4	제품B-259-	✖	제거
3	제품CD	155-5	제품CD-15		다른 열 제거
4	제품DWQ	345-12	제품DWQ-		열 복제
5	제품E	263-3	제품E-263-	🗂	예제의 열 추가...

그림 9-39 다른 열 제거

파워 쿼리 열 병합 결과는 그림 9-40과 같습니다.

	ABC 123 코드... ▼
1	제품AA-77-6
2	제품B-259-4
3	제품CD-155-5
4	제품DWQ-34...
5	제품E-263-3

그림 9-40 열 병합 결과

여러 행이 있는 하나의 셀을 각각의 행으로 분할하기

엑셀 기본 기능이나 함수로 쉽게 할 수 없는 것들이 많이 있습니다. 그중 하나가 하나의 셀에 텍스트 줄 바꿈으로 들어있는 여러 가지 내용을 각각의 행으로 분할하는 것입니다. 그림 9-41의 표를 파워 쿼리를 사용하여 행으로 분할해봅니다.

	A	B
1	제품 ▼	분류 ▼
2	아메리카노	커피
3	녹차 오렌지티 홍차 자몽티	차
4	초코쿠키 바닐라쿠키	쿠키

그림 9-41 행으로 분할하기 예제

먼저 그림 9-41처럼 데이터 범위를 표로 만듭니다. (단축키 Ctrl+T) 구분 기호에 따라 열 분할에서 사용자 지정을 선택합니다. 여러 개의 행으로 구분해야 하므로 각 구분 기호에서 분할을 누르고 고급 옵션에서 행을 선택합니다. 특수 문자를 사용하여 분할 선택 후 줄 바꿈을 선택하고 확인을 누르면 셀 내에서 줄 바꿈을 뜻하는 기호인 #(If) 가 자동으로 입력됩니다. 그림 9-42를 참고하세요.

구분 기호에 따라 열 분할

텍스트 열을 분할하는 데 사용되는 구분 기호를 지정합니다.

구분 기호 선택 또는 입력

--사용자 지정--

#(lf)

다음 위치에 분할

○ 맨 왼쪽 구분 기호에서
○ 맨 오른쪽 구분 기호에서
◉ 각 구분 기호에서

▲ **고급 옵션**
다음으로 분할
○ 열
◉ 행

따옴표

"

☑ 특수 문자를 사용하여 분할

특수 문자 삽입 ▾

확인   취소

그림 9-42 구분 기호 선택과 고급옵션 행 선택 및 특수 문자 삽입

결과는 그림 9-43과 같습니다. 모든 행이 분리되면서 분류 값도 같이 가져온 것을 확인할 수 있습니다.

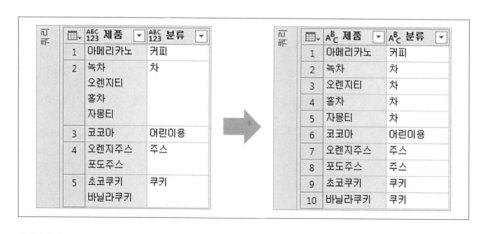

그림 9-43 행으로 분할하기 결과 확인

7 SUMIF 함수 대신 파워 쿼리 그룹화

1. 뜻풀이

파워 쿼리 그룹화는 함수의 SUMIF 함수(조건에 맞는 값들만 더하라)와 같은 기능을 수행합니다. 피벗 테이블의 기능과 비슷합니다.

2. 파워 쿼리 그룹화하기

그림 9-44에서 제품별로 판매 개수의 합을 구하겠습니다.

	A	B
1	**제품명**	**판매개수**
2	제품A	4
3	제품B	41
4	제품C	28
5	제품B	38
6	제품A	33
7	제품B	80
8	제품C	45
9	제품A	91
10	제품A	34
11	제품B	24

그림 9-44 그룹화 예제

먼저 데이터 범위를 표로 만듭니다. 표 이름은 '판매개수표'로 합니다. 〈데이터 → 테이블에서 가져오기 → 필드명에서 마우스 오른쪽 버튼 → 그룹화〉를 차례로 실행하세요. 그림 9-45를 참고하세요.

그룹화

그룹화 기준은 제품명으로 새 열 이름은 '제품별판매현황', 연산은 '합계', 열은 '판매개수'를 선택한 후 확인을 누르세요. 그림 9-46과 같이 작성하세요.

그룹화

◉ 기본　○ 고급

그룹화 기준으로 사용할 열과 원하는 출력을 지정합니다.

그룹화 기준

| 제품명 ▾ |

새 열 이름	연산	열
제품별판매현황	합계 ▾	판매개수 ▾

확인　취소

그룹화 옵션 선택

닫기 및 다음으로 로드 후 기존 워크시트로 로드하세요. 그림 9-47을 참고하세요.

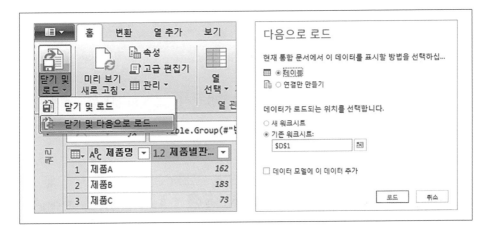

그림 9-47 기존 워크시트로 로드

그룹화 결과는 그림 9-48과 같습니다. 제품별로 판매 개수의 합이 구해진 것을 확인할 수 있습니다.

	A	B	C	D	E
1	제품명 ▾	판매개수 ▾		제품명 ▾	제품별판매현▾
2	제품A	4		제품A	162
3	제품B	41		제품B	183
4	제품C	28		제품C	73
5	제품B	38			
6	제품A	33			
7	제품B	80			
8	제품C	45			
9	제품A	91			
10	제품A	34			
11	제품B	24			

그림 9-48 그룹화 결과 확인

원본 데이터를 수정, 삭제, 추가 등을 할 경우 파워 쿼리에서 로드한 표는 피벗 테이블처럼 새로 고침 버튼을 눌러야 업데이트가 됩니다.

3. 여러 시트에 분산된 값을 한꺼번에 그룹화하기

그림 9-49에서 sheet1~sheet3까지에 있는 분기별 데이터 값들의 제품별 합계를 구하세요.

	A	B			A	B			A	B
1	제품명	판매개수		1	제품명	판매개수		1	제품명	판매개수
2	제품A	10		2	제품C	20		2	제품B	30
3	제품B	10		3	제품B	20		3	제품C	30
4	제품C	10		4	제품C	20		4	제품B	30
5	제품B	10		5	제품B	20		5	제품B	30
6	제품A	10		6	제품B	20		6	제품A	30
7	제품B	10		7	제품B	20		7	제품B	30
8	제품C	10		8	제품C	20		8	제품A	30
9				9				9		
10	sheet1	1분기		10	sheet2	2분기		10	sheet3	3분기

그림 9-49 여러 시트 합치기 예제

각각의 시트에 있는 데이터 범위를 표로 만듭니다. 표 이름은 각각 분기1, 분기2, 분기3으로 하세요. 표 이름 설정 시 앞에 숫자나 특정 기호가 오면 안됩니다. 반드시 텍스트로 시작하는 표 이름을 넣으세요.

새 쿼리에서 파일로 가져오면 한꺼번에 여러 항목을 선택할 수 있습니다. 먼저 엑셀 빈 파일을 하나 열고 통합 문서에서 가져오기를 누른 뒤 원하는 표만 선택하면 됩니다. 방법은 그림 9-50과 9-51을 참고하세요.

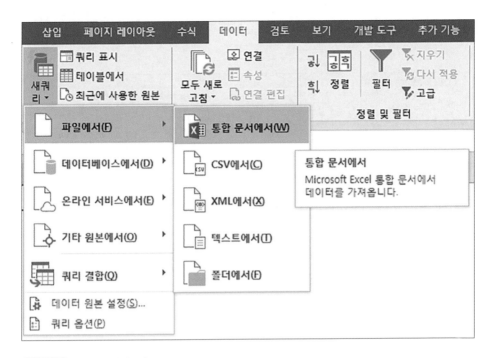

그림 9-50 파일에서 가져오기

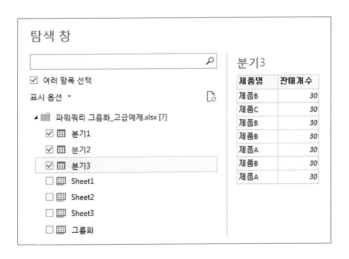

그림 9-51 표 선택

쿼리 편집기의 홈 메뉴에서 그림 9-52와 같이 쿼리를 새 항목으로 추가하세요.

그림 9-52 쿼리 추가

3개 이상의 테이블 선택 후 모든 테이블을 추가하고 확인을 누르세요. 그림 9-53을 참고하세요.

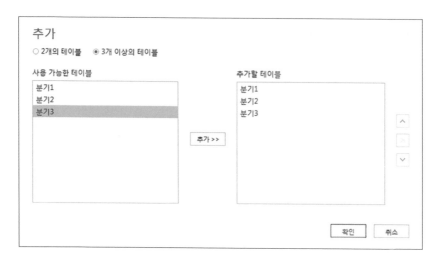

그림 9-53 3개 이상의 테이블 선택 및 추가

앞에서 배운 대로 그룹화 과정을 진행하세요. 그림 9-54를 참고하세요.

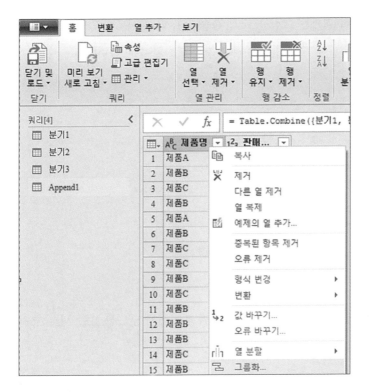

그림 9-54 그룹화

그룹화 결과를 다음으로 로드에서 연결만 만들기를 선택한 뒤 추가한 쿼리만 원하는 시트로 로드하세요. 그림 9-55와 9-56을 참고하세요.

	AᴮC 제품명	1.2 제품별판...
1	제품A	80
2	제품B	230
3	제품C	110

`fx` = Table.Group(원

그림 9-55 그룹화 결과

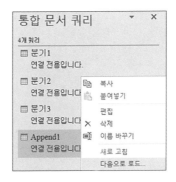

그림 9-56 다음으로 로드

여러 표를 모두 그룹화한 결과는 그림 9-57과 같습니다. 다른 시트에 있던 표들의 값이 제품별로 그룹화되어 판매 개수의 합이 나온 것을 확인할 수 있습니다.

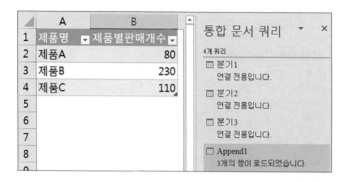

그림 9-57 엑셀 시트에서 결과 확인

원본 데이터를 수정, 삭제, 추가 등을 할 경우 파워 쿼리에서 로드한 표는 새로 고침 버튼을 눌러야 업데이트가 됩니다.

여러 조건의 중복값 제거하기

A열과 B열의 값이 모두 같은 행을 제거해보겠습니다. 그림 9-58에서 제거될 행은 4
행과 8행입니다.

	A	B
1	제품명	지점
2	A	가
3	B	나
4	A	가
5	D	다
6	E	나
7	C	가
8	D	다
9	F	라

그림 9-58 중복값 제거 예제

먼저 범위를 표로 만듭니다. 표 이름은 '원본'으로 합니다. 단축키 'Ctrl+T'를 사용하면
편합니다.

그림 9-59 표로 만들기

〈테이블 / 범위〉에서 데이터 가져오기를 누르세요. 그림 9-60을 참고하세요.

그림 9-60 데이터 가져오기

파워 쿼리 편집기 메뉴에서 열 추가의 예제의 열(모든 열에서)을 선택하세요. 그림 9-61을 참고하세요.

예제의 열 추가

예제의 열 만들기에서 예제에 'A가'를 입력하세요. 입력과 동시에 파워 쿼리에서 자
동으로 규칙을 확인하여 아래 내용까지 자동 입력을 해줍니다. 코드도 화면에 나오기
때문에 제대로 된 규칙이 맞는지 확인도 가능합니다. 그림 9-62를 참고하세요.

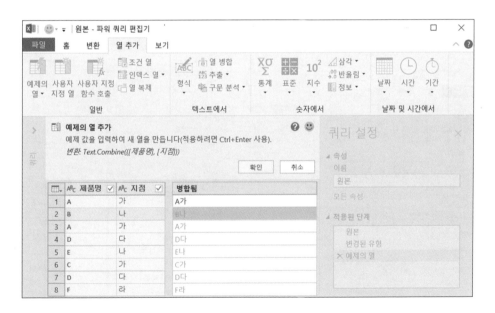

예제의 열 추가에서 규칙 확인

중복된 항목 제거를 위해 행 제거에서 중복된 항목 제거를 클릭합니다. 그림 9-63을 참고하세요.

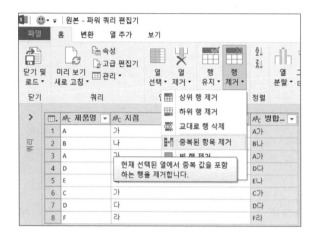

[그림 9-63] 중복된 항목 제거

중복된 항목을 제거하였으므로 추가로 만들었던 열을 제거합니다. 그림 9-64를 참고하세요.

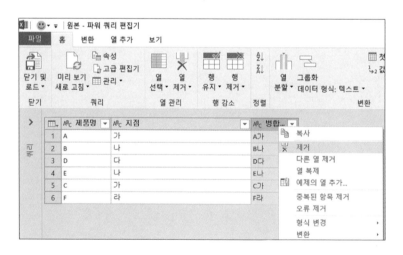

[그림 9-64] 예제의 열 제거

닫기 및 다음으로 로드 후 기존 워크시트에 표로 가져갑니다. 그림 9-65와 9-66을 참고하세요.

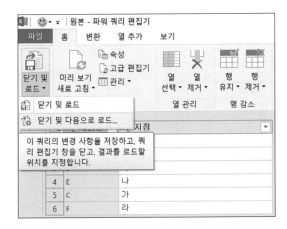

그림 9-65 닫기 및 다음으로 로드

데이터 가져오기

현재 통합 문서에서 이 데이터를 표시할 방법을 선택하십시오.

- ● 표(T)
- ○ 피벗 테이블 보고서(P)
- ○ 피벗 차트(C)
- ○ 연결만 만들기(O)

데이터가 들어갈 위치를 선택하십시오.

- ● 기존 워크시트(E):
  =sheet1!$D$1
- ○ 새 워크시트(N)

□ 데이터 모델에 이 데이터 추가(M)

속성(R)... ▾   확인   취소

그림 9-66 데이터 가져오기

결과는 그림 9-67과 같습니다. 중복된 값이 있던 4행과 8행이 사라진 것을 확인할 수 있습니다.

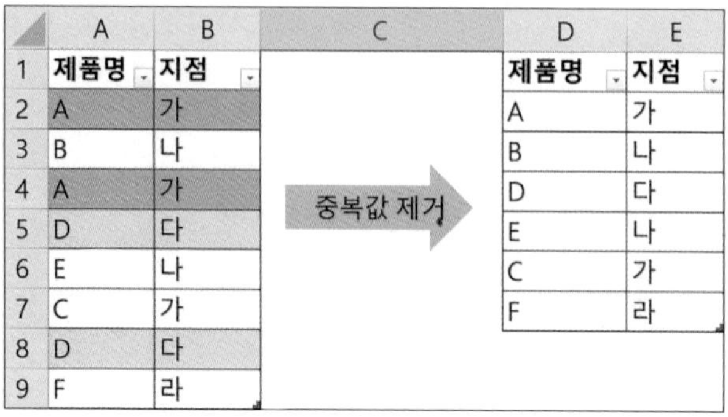

	A	B	C	D	E
1	**제품명**	**지점**		**제품명**	**지점**
2	A	가		A	가
3	B	나	**중복값 제거** ➡	B	나
4	A	가		D	다
5	D	다		E	나
6	E	나		C	가
7	C	가		F	라
8	D	다			
9	F	라			

그림 9-67 중복값 제거 결과

9-68 파일 내 여러 개의 시트에서 원하는 데이터만 가져오기

그림 9-68의 sheet1~sheet3에서 연번, 날짜, 판매 개수에 관한 데이터만 가져오세요. 그림 9-68처럼 시트가 3장으로 나누어져 있는 것을 확인할 수 있습니다. 전부 값을 수동적으로 직접 옮기면 오류가 날 확률이 매우 높은 상황입니다.

Sheet1

	A	B	C
1	연번	날짜	판매개수
2	1	2017-01-01	10
3	2	2017-01-02	12
4	3	2017-01-03	11
5	4	2017-01-04	13
6	5	2017-01-05	11
7	6	2017-01-06	9
8	7	2017-01-07	11
9	8	2017-01-08	12
10	9	2017-01-09	12
11	10	2017-01-10	8
12			
13	연번	코드	등급
14	1	A	20
15	2	B	21
16	3	F	25
17	4	G	26

Sheet2

	A	B	C
1	연번	날짜	판매개수
2	1	2017-01-21	10
3	2	2017-01-22	12
4	3	2017-01-23	11
5	4	2017-01-24	13
6	5	2017-01-25	11
7	6	2017-01-26	9
8	7	2017-01-27	11
9	8	2017-01-28	12
10			
11			
12			
13	연번	코드	등급
14	1	A	20
15	2	B	21
16	3	C	22
17	4	D	23

Sheet3

	A	B	C
1	연번	날짜	판매개수
2	1	2018-04-02	10
3	2	2018-04-03	12
4	3	2018-04-04	11
5	4	2018-04-05	13
6	5	2018-04-06	11
7			
8			
9			
10	연번	코드	등급
11	1	A	20
12	2	B	21
13	3	C	22
14			
15		코드	
16		2044	
17		2166	
18		2265	

그림 9-68 원하는 데이터 가져오기 예제

먼저 데이터 메뉴의 〈새 쿼리 → 파일에서 → 통합 문서에서〉 해당 파일을 가져옵니다. 그림 9-69를 참고하세요.

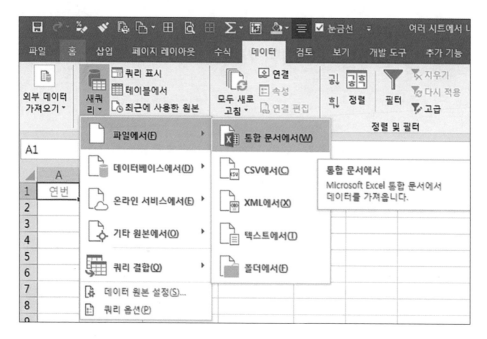

그림 9-69 통합 문서에서 가져오기

그림 9-70처럼 탐색 창에서 편집을 누르세요.

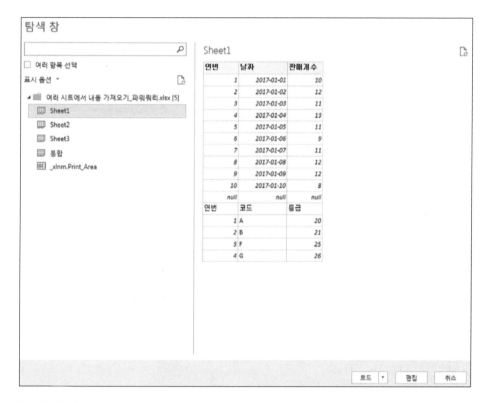

그림 9-70 탐색창

다른 단계를 삭제 후 원본을 변경합니다. 그림 9-71, 그림 9-72를 참고하세요.

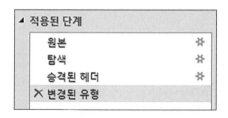

그림 9-71 적용된 단계 확인 화면

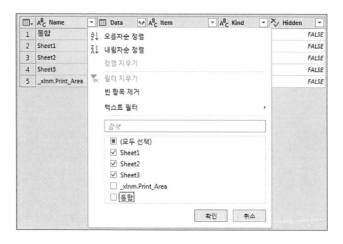

그림 9-72 단계 삭제 후 화면

필요 없는 시트를 제거하기 위해 필터링을 하세요. 그림 9-73을 참고하세요.

그림 9-73 필터링

그림 9-74처럼 필요 없는 열을 제거합니다.

그림 9-74 다른 열 제거

테이블을 확장합니다. 그림 9-75를 참고하세요.

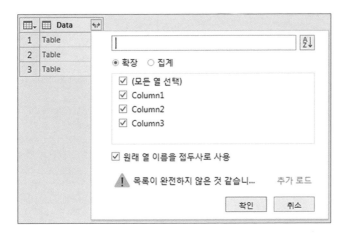

그림 9-75 테이블 확장하기

첫 행을 머리글로 사용하세요.

그림 9-76 첫 행을 머리글로 사용

필요한 내용만 남길 수 있는 규칙을 찾아봅니다. 두 번째 열에서 날짜만 남도록 필터
링을 하면 필요한 내용만 남길 수 있습니다. 먼저 정렬을 한 후 필터링을 해도 좋습
니다. 서식을 날짜로 바꾸고 오류가 난 항목을 한꺼번에 선택해서 필터링을 해도 됩
니다.

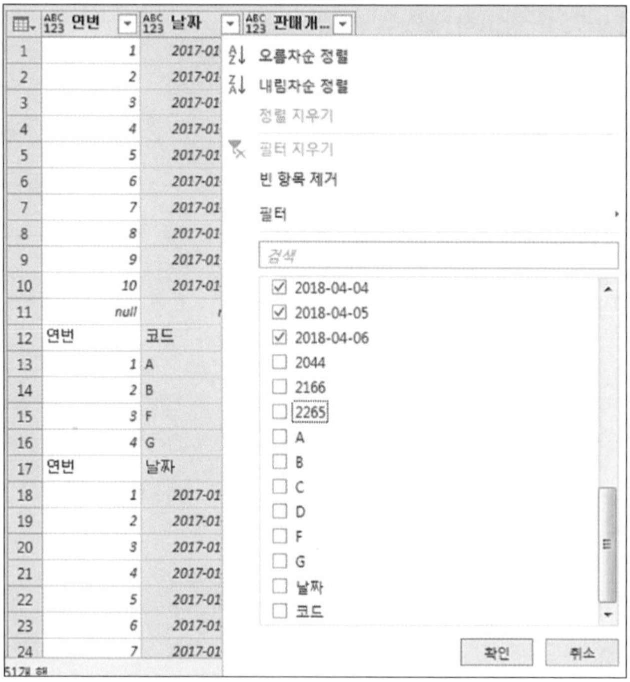

그림 9-77 날짜로 필터링하기

각각의 열을 알맞은 서식으로 맞춥니다.

그림 9-78 서식 맞추기

닫기 및 다음으로(사용자가 원하는 곳으로) 로드합니다.

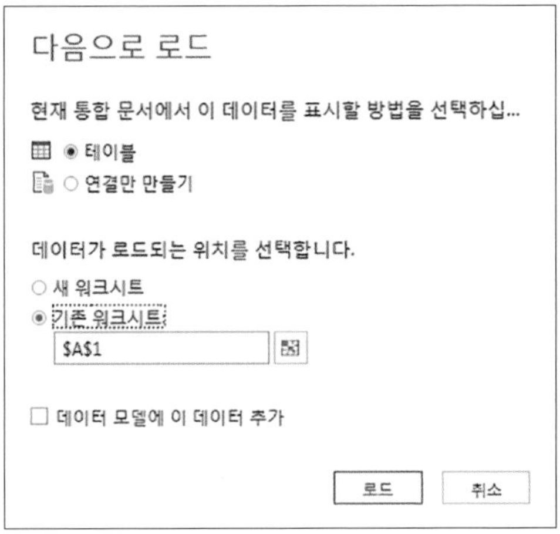

그림 9-79 다음으로 로드

결과는 그림 9-80과 같습니다. 원하는 데이터만 추출된 것을 확인할 수 있습니다.

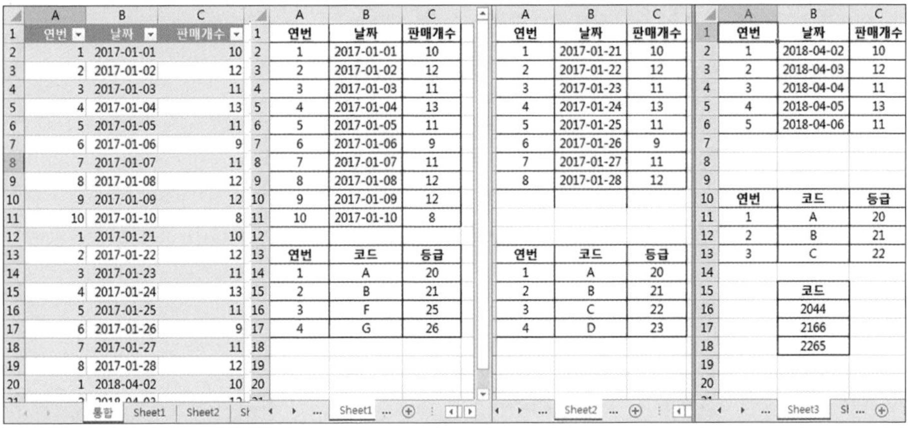

통합

연번	날짜	판매개수
1	2017-01-01	10
2	2017-01-02	12
3	2017-01-03	11
4	2017-01-04	13
5	2017-01-05	11
6	2017-01-06	9
7	2017-01-07	11
8	2017-01-08	12
9	2017-01-09	12
10	2017-01-10	8
1	2017-01-21	10
2	2017-01-22	12
3	2017-01-23	11
4	2017-01-24	13
5	2017-01-25	11
6	2017-01-26	9
7	2017-01-27	11
8	2017-01-28	12
1	2018-04-02	10

Sheet1

연번	날짜	판매개수
1	2017-01-01	10
2	2017-01-02	12
3	2017-01-03	11
4	2017-01-04	13
5	2017-01-05	11
6	2017-01-06	9
7	2017-01-07	11
8	2017-01-08	12
9	2017-01-09	12
10	2017-01-10	8

연번	코드	등급
1	A	20
2	B	21
3	F	25
4	G	26

Sheet2

연번	날짜	판매개수
1	2017-01-21	10
2	2017-01-22	12
3	2017-01-23	11
4	2017-01-24	13
5	2017-01-25	11
6	2017-01-26	9
7	2017-01-27	11
8	2017-01-28	12

연번	코드	등급
1	A	20
2	B	21
3	C	22
4	D	23

Sheet3

연번	날짜	판매개수
1	2018-04-02	10
2	2018-04-03	12
3	2018-04-04	11
4	2018-04-05	13
5	2018-04-06	11

연번	코드	등급
1	A	20
2	B	21
3	C	22

코드
2044
2166
2265

그림 9-80 결과 화면

10장

엑셀 시트(Sheet)
다루기

1 강 시트 이동 및 복사

1. 과정

엑셀 시트 〈이동/복사〉 방법은 시트 이름에서 마우스 오른쪽 버튼을 선택하고 〈이동/
복사 → 위치 선택 → (복사본 만들기에 체크) → 확인〉을 차례로 진행합니다.

그림 10-1 시트 이동 / 복사

그림 10-2 선택한 시트 위치 선택

2. 결과

복사한 시트 이름 뒤에 (2)가 붙은 이름으로 새 시트
가 생성된 것을 그림 10-3에서 확인할 수 있습니다.

그림 10-3 시트 이동 및 복사 결과

2 시트 숨기기 / 숨기기 취소

1. 숨기기

한 개의 시트를 숨기기 위해서는 그림 10-4와 같이 시트 이름에서 마우스 오른쪽 버튼 클릭 후 숨기기를 누르면 됩니다.

그림 10-4 시트 숨기기

여러 개의 시트를 한꺼번에 숨기는 방법은 시트 Ctrl 키를 누른 상태에서 시트를 1개씩 추가 선택하거나 하나의 시트를 선택하고 Shift 키를 누른 상태에서 다른 시트를 선택해 그 사이의 시트들을 모두 선택한 뒤 마우스 오른쪽 버튼을 누르고 〈숨기기〉를 클릭하면 됩니다. 그림 10-5를 참고하세요.

그림 10-5 여러 개의 시트 한꺼번에 숨기기

2. 숨기기 취소

한 개의 시트를 숨기기 취소하는 방법은 시트 이름에서 마우스 오른쪽 버튼을 클릭
후 〈숨기기 취소 → 시트 선택 → 확인〉을 차례로 누릅니다. 그림 10-6을 참고하세요.

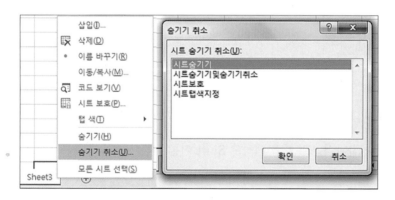

그림 10-6 시트 숨기기 취소

그림 10-6의 시트 숨기기 취소 목록은 다중 선택이 불가능합니다. 따라서 여러 개의
시트를 한번에 숨기기 취소하기 위해서는 다른 방법이 필요합니다.

여러 개의 시트를 한번에 숨기기 취소하는 방법 중 하나는 시트를 숨기기 전에 〈사용자 지정 보기〉를 하는 것입니다. 방법은 〈(시트 숨기기 전 상태에서) 보기 → 사용자 지정 보기 → 추가 → 이름 입력 → 확인 → (시트가 숨겨진 상태에서) 보기 → 사용자 지정 → 입력한 이름 선택〉으로 하면 됩니다. 그림 10-7 과 10-8을 참고하세요.

그림 10-7 사용자 지정 보기

그림 10-8 사용자 지정 보기 추가

〈사용자 지정 보기〉에서 지정해 놓은 사용자 보기를 선택하면, 결과는 그림 10-9처럼 시트가 모두 보이게 됩니다.

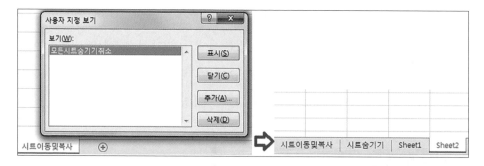

결과 확인

만약 시트 내에 표로 지정한 범위가 있을 경우, 사용자 보기 지정이 불가능하기 때문
에 매크로를 이용해야 합니다.

3 ⊞ VBA를 사용해서 모든 시트 숨기기 취소하기

VBA를 사용하기 위해서는 〈개발 도구〉 메뉴를 활성화시켜야 합니다. 그 방법은 본 책 12장에서 확인하세요. VBA 편집 창을 단축키 'Alt+F11'을 사용해서 열고 삽입에서 모듈을 누릅니다. 그림 10-10을 참고하세요.

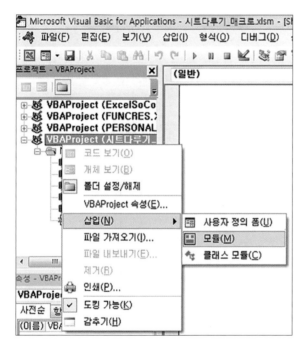

그림 10-10 VBA로 모든 시트 숨기기 취소하기 예제

편집 창에 그림 10-11과 같은 코드 입력하고 저장을 누르세요.

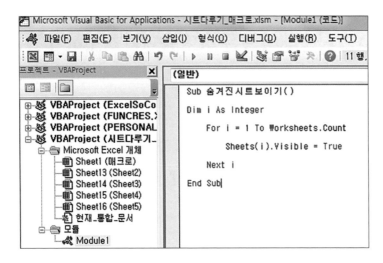

코드 입력

그림 10-12처럼 매크로에 저장한 '숨겨진 시트 보이기'에서 매크로 실행을 합니다.

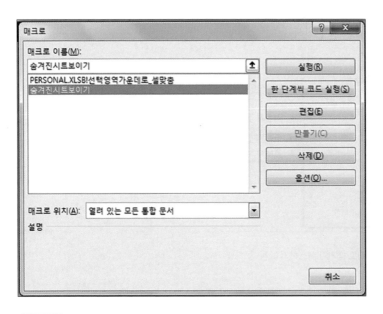

매크로 실행

그림 10-13에서 결과를 확인합니다. 모든 시트가 보이는 것을 확인할 수 있습니다.

그림 10-13 결과

4 ⅃ VBA 직접 실행으로 모든 시트 숨기기 취소하기

그림 10-14에서 나온 4개의 숨겨진 시트를 〈VBA 직접 실행〉을 사용해서 한 번에 숨기기 취소해보겠습니다.

그림 10-14 VBA 직접 실행 창으로 모든 시트 숨기기 취소 예제

'Alt+F11'로 VBA 편집기로 들어가세요. 또는 〈개발 도구〉에서 Visual Basic을 선택해도 됩니다. VBA 편집 창에서 보기 메뉴를 선택 후 직접 실행 창을 누르세요.

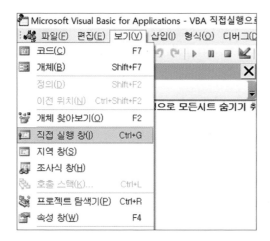

그림 10-15 직접 실행 창

〈직접 실행 창〉에 코드 입력 후 Enter를 누르세요. 그림 10-16을 참고하세요. 입력할 코드는 'FOR Each sheet In Sheets: sheet.Visible = True: Next'입니다. 외울 필요 없이 메모장 등에 복사해 놓고, 필요할 때 쓰면 됩니다.

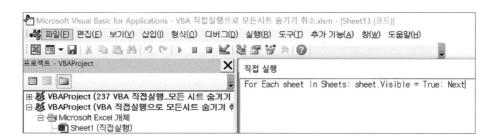

그림 10-16 코드 입력

결과는 그림 10-17과 같습니다. 모든 시트가 보이는 것을 확인할 수 있습니다.

그림 10-17 결과

5 시트탭 색 지정

시트의 탭 색을 지정하여 특정 시트가 눈에 더 잘 띄게 만들 수 있습니다. 방법은 시트 이름에서 마우스 오른쪽 버튼을 클릭한 후 탭 색에서 원하는 색을 선택하는 것입니다. 그림 10-18을 참고하세요.

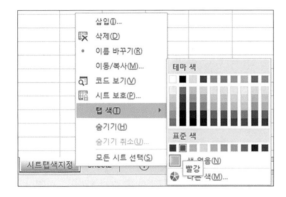

그림 10-18 시트탭 색 설정

6 ⊞ 시트 보호

시트 보호는 시트 내용을 다른 사람이 수정하지 못하게 할 때 사용합니다.

1. 시트 보호 방법

시트 이름에서 마우스 오른쪽 버튼을 누르고 〈시트 보호 → 시트 보호 해제 암호 및
워크시트에서 허용할 내용 선택 → 확인〉을 차례로 실행합니다. 그림 10-19를 참고
하세요. 〈시트 보호〉 해제 암호는 설정해도 되고 설정하지 않아도 됩니다. 설정한다
면 암호를 잊지 않도록 주의하세요. 잊은 암호를 찾을 수는 없습니다.

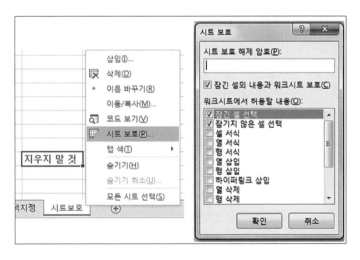

그림 10-19 시트 보호

2. 시트 보호 경고창

보호된 시트를 수정하려고 하면 그림 10-20과 같은 경고창이 나옵니다.

그림 10-20 시트 보호 경고창

시트 이동 단축키

단축키로 시트를 이동할 수도 있습니다. 오른쪽 방향으로 시트 이동 단축키는 'Ctrl+PageDown'이고, 왼쪽 방향으로 시트 이동 단축키는 'Ctrl +PageUp'입니다. 기능키인 Ctrl과 시트의 페이지를 이동시키는 'PageUp / PageDown'의 조합이므로 외울 필요 없이 바로 이해하면 됩니다.

11장

매크로 기록기로 단순 반복 작업을 멈추자

매크로 기록기란?

매크로는 여러 번의 키를 눌러야 하는 작업을 하나로 묶어서 하나의 키만 눌러도 모두 동작하도록 만든 것입니다. 매크로 기록은 실행하는 각 명령을 차례로 기록하여 나중에 그 기록대로 모든 명령을 한꺼번에 실행할 수 있게 합니다. 매크로 기록기를 사용하면 복잡한 VBA 코드를 몰라도 단순 반복 작업을 하나의 키로 실행할 수 있습니다.

매크로 기록을 위한 개발 도구 메뉴 추가

〈개발 도구〉 메뉴 추가 방법은 다음과 같습니다. 〈파일 → 옵션 → 리본 사용자 지정 → 기본탭 → 개발 도구 체크〉를 차례로 실행하세요. 그림 11-1을 참고하세요.

그림 11-1 개발 도구 메뉴 추가

3절 셀 서식 설정 매크로

매크로 기록기를 사용해서 선택한 영역의 제목을 모두 해당 영역에 보이도록 가운데로 조정하는 단축키를 만들어 보겠습니다. 단축키는 'Ctrl+Shift+M'으로 설정하세요. 그림 11-2를 참고하세요.

그림 11-2 매크로 기록기 활용 기초 예제

이제 그림 11-3을 따라서 개발 도구의 '상대 참조로 기록'을 누르세요. 상대 참조를 사용해야 매크로 사용 시 사용자가 선택한 영역에 매크로를 적용할 수 있습니다. 만약 상대 참조로 기록하지 않으면 계속 같은 셀에만 매크로가 실행됩니다.

그림 11-3 상대 참조로 기록

매크로 기록을 시작하세요. 그림 11-4를 참고하세요.

그림 11-4 매크로 기록 시작

매크로 이름 및 바로 가기 키(단축키)를 설정합니다. 그림 11-5를 참고하세요. 매크로
저장 위치를 개인용 매크로 통합 문서로 해야 다른 문서에서도 매크로 바로가기 키를
사용할 수 있습니다. 바로가기 키에 Shift 키를 Ctrl 키와 같이 사용하여 기존 단축키
와 중복되는 것을 방지하는 것이 좋습니다. 바로가기 키 설정 시 사용자가 쉽게 기억
할 수 있는 관련 알파벳을 설정해야 합니다. 예제의 매크로는 선택 영역의 가운데로
셀 맞춤이기 때문에 가운데를 뜻하는 Middle의 앞 글자인 M을 설정했습니다.

그림 11-5 매크로 저장 위치

〈셀 서식(Ctrl+1)〉에서 '선택 영역의 가운데로 및 셀 맞춤'을 설정하세요. 그림 11-6을
참고하세요.

그림 11-6 매크로 기록

기록이 끝났으면 그림 11-7처럼 기록을 중지하세요.

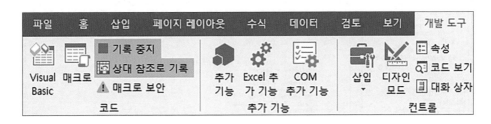

그림 11-7 기록 중지

결과는 그림 11-8과 같이 매크로에 저장되었습니다.

그림 11-8 매크로 저장 확인

VBA 코드를 확인하세요. 꼭 확인을 할 필요는 없으나 내가 기록한 코드가 어떻게 구성되어 있는지 한번 보는 것이 좋습니다. 그림 11-9를 참고하세요.

그림 11-9 VBA 코드 확인

또한 매크로는 실행 후 취소(Ctrl+Z)가 되지 않으니 주의하세요. 한번 실행하면 되돌리기가 안됩니다. 매크로 실행 후 오류가 있으면 VBA 편집기로 들어가서 F8키로 한 단계씩 실행시켜가며 오류를 찾을 수 있습니다.

자동으로 인쇄 설정 매크로

그림 11-10의 데이터 범위를 페이지는 가로로 여백은 좁게, 너비는 1페이지로 인쇄
되도록 바로가기 단축키를 만들어보겠습니다.

	A	B	C	D	E	F	G	H	I	J	K
1	지점	제품	1월 판매 개수	2월 판매 개수	3월 판매 개수	4월 판매 개수	5월 판매 개수	6월 판매 개수	7월 판매 개수	8월 판매 개수	9월 판매 개수
2	상도점	마키아토	152	40	170	31	97	69	185	79	113
3	상도점	카페라테	227	118	40	140	176	142	67	10	134
4	상도동점	카페라테	123	175	49	146	66	164	8	116	124
5	신림점	마키아토	94	42	9	51	76	180	176	30	176
6	신림점	카페라테	169	54	32	128	70	100	91	190	161
7	신림동점	카페라테	31	65	24	80	34	158	144	40	172
8	화성점	카페라테	131	148	118	139	87	51	86	136	169
9	화성점	마키아토	97	50	80	100	17	61	107	18	153
10	화성점	카페라테	174	102	30	184	160	44	41	135	85

그림 11-10) 매크로 기록기 중급 예제

인쇄 영역 선택 후 매크로 기록을 시작하세요. 그림 11-11을 참고하세요.

그림 11-11) 매크로 이름 및 바로가기 키 설정

여백 좁게, 페이지 가로로, 너비 1페이지, 인쇄 영역을 차례로 설정한 뒤 기록 중지 버튼을 클릭하세요. 그림 11-12를 참고하세요.

그림 11-12 인쇄 설정

설정한 매크로 실행 결과는 그림 11-12와 같습니다.

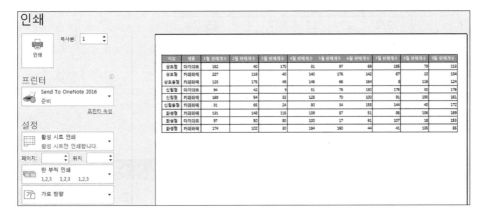

그림 11-13 결과

매크로 기록기로 특정 기능을 기록할 때, 범위가 변동이 있거나 복잡한 내용을 기록하게 되면 오류가 날 확률이 높습니다. 엑셀은 컴퓨터 프로그램이기 때문에 사람이 이해하는 방식과는 다르기 때문입니다. 따라서 매크로 기록기로 복잡한 기능을 수행하고자 할 때는 단순한 기록으로 여러 개를 기록한 뒤 차례로 수행하는 것이 오류를 줄일 수 있습니다.

5 매크로 기록기 사용 시 흔히 일어나는 셀 병합 오류

셀 병합이 있을 때 그 셀을 선택하는 작업을 하게 되면 하나의 셀만 선택하더라도 병합된 셀을 모두 선택한 것과 같게 되므로 반드시 셀 병합을 해제 후 작업해야 합니다. 그림 11-14의 D열을 삭제하는 매크로를 매크로 기록기를 사용해 만들겠습니다.

	A	B	C	D	E	F
1	연번	월	현황			누적 학생수
2			신규	입학	퇴원	
3	1	17/1	10	10	0	10
4	2	17/2	12	12	7	15
5	3	17/3	11	11	4	22

그림 11-14 매크로 기록기 오류 예제

그림 11-15처럼 병합된 셀 병합을 해제하세요.

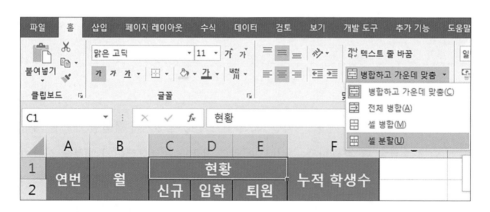

그림 11-15 셀 병합 풀기

매크로 기록을 누르고 매크로 이름을 '열 삭제'로 하고, 바로가기 키를 'Ctrl+Shift+E'로 설정하기 확인을 누르세요. 그림 11-16과 그림 11-17을 참고하세요.

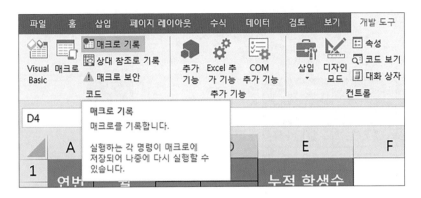

매크로 기록

매크로 기록 창

이제 매크로 기록을 시작할 수 있습니다.

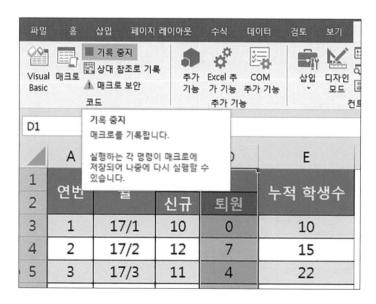

그림 11-18 매크로 기록 시작

기록 중지를 누르세요.

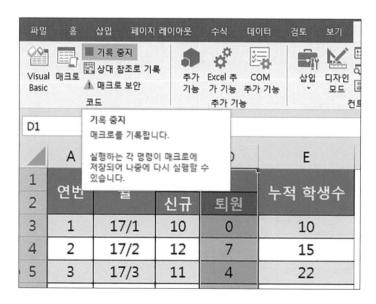

그림 11-19 기록 완료

그림 11-20와 같이 결과를 확인할 수 있습니다. 코드도 꼭 확인하셔야 합니다.

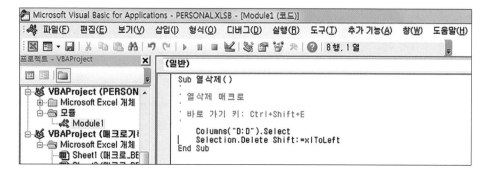

그림 11-20 결과

만약 셀 병합을 풀지 않고 같은 작업을 했다면 C열, D열, E열이 모두 사라지는 결과
가 나타나니 주의하세요.

12장

어떻게 해야 작업을 빠르고 간단하게 끝낼 수 있을까?

1. 다운받은 데이터를 분석 가능한 데이터로 바꾸는 방법

웹이나 문서 등에서 데이터를 다운받아서 엑셀 시트에 복사하는 경우 그림 12-1의
왼쪽 표처럼 분석이 불가능하도록 데이터 구성이 되는 경우가 많습니다. 그런 경우
어떻게 해야 그림 12-2의 오른쪽 표처럼 분석 가능한 표로 만들 수 있을까요?

	A	B	C	D
1	제품1		제품명	판매개수
2	45		제품1	45
3			제품2	66
4	제품2		제품3	78
5	66		제품4	122
6			제품5	432
7	제품3		제품6	456
8	78		제품7	120
9			제품8	70
10	제품4		제품9	25
11	122		제품10	451

그림 12-1 논리적인 사고하기 예제

먼저 그림 12-2와 같이 가져와야 하는 값이 있는 셀 주소를 직접 적어보며 규칙을 찾
아봅니다.

▲	A	B	C	D
1	제품1		**제품명**	**판매개수**
2	45		A1	A2
3			A4	A5
4	제품2		A7	A8
5	66		A10	A11
6				

그림 12-2 규칙 찾기

셀 주소를 적다 보면 제품명과 판매 개수의 행을 뜻하는 숫자가 3씩 늘어나고 있는 규칙을 찾을 수 있습니다. 일정한 규칙을 찾았으므로 아래 행들은 자동으로 채울 수 있습니다. 규칙이 있는 2개의 셀을 선택한 후 끌어 복사를 하면 자동으로 셀을 채울 수 있습니다. 그림 12-3을 참고하세요.

	C	D	E	F
	제품명	**판매개수**		
	A1	A2		
	A4	A5		
	A7	A8		
	A10	A11		
	A13	A14		
	A16	A17		
	A19	A20		
	A22	A23		
	A25	A26		
	A28	A29		

○ 셀 복사(C)
◉ 연속 데이터 채우기(S)
○ 서식만 채우기(F)
○ 서식 없이 채우기(O)

그림 12-3 데이터 자동 채우기

범위 선택 후 A를 '=A'로 바꿔주면 수식이 적용되며 원하는 값이 나옵니다. 그림 12-4를 참고하세요.

제품명	판매개수
A1	A2
A4	A5
A7	A8
A10	A11
A13	A14
A16	A17
A19	A20
A22	A23
A25	A26
A28	A29

그림 12-4 찾기 및 바꾸기로 수식 변환

결과는 그림 12-5와 같습니다. 항목이 바뀐 것을 확인할 수 있습니다.

제품명	판매개수
제품1	45
제품2	66
제품3	78
제품4	122
제품5	432
제품6	456
제품7	120
제품8	70
제품9	25
제품10	451

그림 12-5 수식 적용 후 결과

2. INT 함수를 사용해 일정한 규칙으로 같은 숫자 넣기

그림 12-6에서 이름 순서대로 3명씩 한 조로 만들어보겠습니다.

	A	B
1	이름	조
2	A	
3	B	
4	C	
5	D	
6	E	
7	F	
8	G	
9	H	
10	I	

그림 12-6 논리적인 사고하기 예제

원하는 내용을 일부분 나열해보세요. 그림 12-7을 참고하세요.

	A	B
1	이름	조
2	A	1조
3	B	1조
4	C	1조
5	D	2조
6	E	2조
7	F	2조
8	G	3조
9	H	3조
10	I	3조

그림 12-7 나열하기

도움열을 사용해 ROWS 함수로 연번을 넣으세요. 그림 12-8을 참고하세요.

C2 =ROWS($B$2:B2)

	A	B	C
1	이름	조	Rows 함수
2	A	1조	1
3	B	1조	2
4	C	1조	3
5	D	2조	4
6	E	2조	5
7	F	2조	6
8	G	3조	7
9	H	3조	8
10	I	3조	9

그림 12-8 ROWS 함수로 연속된 숫자 표현

소수점 아래를 버리고 정수만 남기는 함수인 INT 함수를 사용하여 C2:C10 값에 2를 더한 뒤 3으로 나눠 몫만 구합니다.

	A	B	C	D
1	이름	조	Rows 함수	INT함수
2	A	1조	1	=INT((C2+2)/3)
3	B	1조	2	1
4	C	1조	3	1
5	D	2조	4	2
6	E	2조	5	2
7	F	2조	6	2
8	G	3조	7	3
9	H	3조	8	3
10	I	3조	9	3

그림 12-9 간단한 수식과 INT 함수 적용

C2:C10 값에 2를 더하는 이유는 C2의 셀 값인 1을 3으로 나누면 몫이 0이 되기 때문에 몫을 1을 만들기 위해서입니다. D2 수식 내의 'C2' 대신 C2셀 내부에 수식을 넣습니다. 그림 12-10을 참고하세요.

	A	B	C	D
1	이름	조	Rows 함수	INT함수
2	A	1조	1	=INT((ROWS($B$2:B2)+2)/3)

그림 12-10 수식 수정

B2셀에 D2셀의 수식을 복사해서 넣으세요. D2셀의 커서가 깜빡이는 상태에서 복사한 뒤 B2셀 역시 커서가 깜빡이는 상태에서 붙여 넣어야 합니다. 그냥 붙여 넣기를 하면 셀 주소가 바뀌기 때문입니다. 그림 12-11을 참고하세요.

	A	B
1	이름	조
2	A	=INT((ROWS($B$2:B2)+2)/3)

그림 12-11 커서가 깜빡이는 상태로 복사하기

가장 마지막 셀 값(B10)의 수식을 보고 검토까지 완료합니다. 그림 12-12를 참고하세요.

B10		× ✓ fx	=INT((ROWS($B$2:B10)+2)/3)

	A	B
1	이름	조
2	A	1조
3	B	1조
4	C	1조
5	D	2조
6	E	2조
7	F	2조
8	G	3조
9	H	3조
10	I	3조

그림 12-12 검토 및 결과 확인

3. MOD 함수를 사용하여 규칙에 맞는 데이터 찾아보기

그림 12-13의 표를 보고 배수에 맞는 데이터에 알맞은 표시를 하세요.

	A	B	C	D	E	F	G	H
1	표시	배수(열)	1열	2열	3열	4열	5열	6열
2	O	2						
3	▲	3						

그림 12-13 논리적인 사고하기 예제

그림 12-14처럼 원하는 내용을 일부분 나열하세요.

	A	B	C	D	E	F	G	H
1	표시	배수(열)	1열	2열	3열	4열	5열	6열
2	O	2		O		O		O
3	▲	3			▲			▲

그림 12-14 내용 나열하기

COLUMNS 함수로 연번을 넣으세요. 그림 12-15를 참고하세요.

	A	B	C	D	E	F	G	H
1	표시	배수(열)	1열	2열	3열	4열	5열	6열
2	O	2	=COLUMNS($C2:C2)			4	5	6
3	▲	3	1	2	3	4	5	6

그림 12-15 COLUMNS 함수 적용

나머지를 구하는 함수인 MOD 함수를 사용해 C2:H3까지의 연번 값을 원하는 배수 값으로 나누세요. 그림 12-16을 참고하세요.

	A	B	C	D	E	F	G	H
1	표시	배수(열)	1열	2열	3열	4열	5열	6열
2	O	2	=MOD(COLUMNS($C2:C2),$B2)				1	0
3	▲	3	1	2	0	1	2	0

그림 12-16 MOD 함수 적용

$기호를 적절히 사용해 움직이지 말아야 하는 열을 고정해야 합니다. B2셀은 열은 바뀌어서는 안되고 행은 바뀌어야 하기 때문에 $B2로 표시합니다.

IF 함수를 사용해 나누어 떨어지는 값에는 원하는 표시를 넣고 아닌 값은 빈칸으로 표시합니다. 그림 12-17을 참고하세요.

	A	B	C	D	E	F	G	H
1	표시	배수(열)	1열	2열	3열	4열	5열	6열
2	O	2	=IF(MOD(COLUMNS($C2:C2),$B2)=0,$A2,"")					O
3	▲	3			▲			▲

그림 12-17 IF 함수 적용

A2셀은 열은 바뀌어서는 안되고 행은 바뀌어야 하기 때문에 $A2로 표시합니다. 가장 마지막 셀 값(H3)의 수식을 보고 검토하며 결과를 확인합니다. 그림 12-18을 참고하세요.

H3		× ✓ fx	=IF(MOD(COLUMNS($C3:H3),$B3)=0,$A3,"")					
	A	B	C	D	E	F	G	H
1	표시	배수(열)	1열	2열	3열	4열	5열	6열
2	O	2		O		O		O
3	▲	3			▲			▲

그림 12-18 검토 및 결과 확인

4. 같은 숫자가 일정한 간격으로 반복되기 만들기

그림 12-19와 같이 같은 숫자를 일정한 간격으로 반복되게 수식을 사용해 만들어보 겠습니다.

	A	B	C
1	1,2반복		1,2,3반복
2	1		1
3	2		2
4	1		3
5	2		1
6	1		2
7	2		3
8	1		1
9	2		2

그림 12-19 논리적인 사고하기 예제

그림 12-20처럼 ROWS 함수로 먼저 연번을 매깁니다.

	A	B	C
1	1,2반복		1,2,3반복
2	=ROWS($A$2:A2)		=ROWS($C$2:C2)
3	2		2
4	3		3
5	4		4
6	5		5
7	6		6
8	7		7
9	8		8

그림 12-20 논리적인 사고하기 예제

MOD 함수(나머지를 구하는 함수)를 사용하여 나머지를 구하세요. 그림 12-21을 참고 하세요.

	A	B	C
1	**1,2반복**		**1,2,3반복**
2	=MOD(ROWS($A$2:A2),2)		=MOD(ROWS($C$2:C2),3)
3	0		2
4	1		0
5	0		1
6	1		2
7	0		0
8	1		1
9	0		2

그림 12-21 MOD 함수 적용

IF 함수를 사용해 0이 되는 값(나누어 떨어지는 값) 대신 반복되는 숫자 중 가장 큰 수를 넣어 0 대신 그 수가 오도록 하세요. 그림 12-22와 12-23을 참고하세요.

	A
1	**1,2반복**
2	=IF(MOD(ROWS($A$2:A2),2)=0,2,MOD(ROWS($A$2:A2),2))

그림 12-22 IF 함수 적용(1,2 반복)

	C
1	**1,2,3반복**
2	=IF(MOD(ROWS($C$2:C2),3)=0,3,MOD(ROWS($C$2:C2),3))

그림 12-23 IF 함수 적용(1,2,3 반복)

가장 마지막 셀 값(C9) 수식을 보고 검토하세요. 그림 12-24에서 결과를 확인하세요.

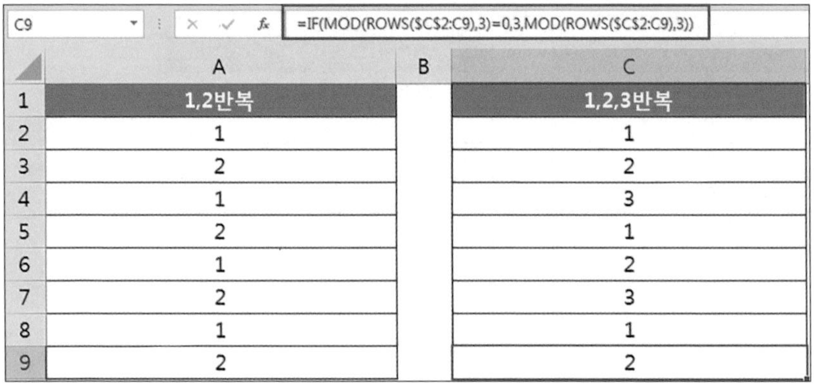

| C9 | ▾ | : | × | ✓ | fx | =IF(MOD(ROWS($C$2:C9),3)=0,3,MOD(ROWS($C$2:C9),3)) |

	A	B	C
1	**1,2반복**		**1,2,3반복**
2	1		1
3	2		2
4	1		3
5	2		1
6	1		2
7	2		3
8	1		1
9	2		2

그림 12-24 검토 및 결과 확인

2코 서식으로 찾기 및 바꾸기를 사용해 데이터 정리하기

그림 12-25의 표에서 폰트 크기가 6으로 되어 있는 행은 2행, 7행, 9행, 11행입니다. 이 데이터는 잘못 입력되었으니 모두 삭제해봅시다.

그림 12-25 논리적인 사고하기 예제

〈찾기 및 바꾸기(단축키:Ctrl+H)〉 창에서 옵션을 선택합니다. 그림 12-26과 같은 창이 나옵니다.

그림 12-26 찾기 및 바꾸기 옵션

〈서식 → 셀에서 서식 선택 → A2셀 클릭〉을 차례로 실행하세요. 그림 12-27과 12-28을 참고하세요.

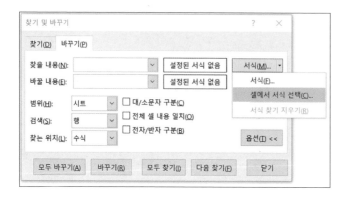

그림 12-27 셀에서 서식 선택

그림 12-28 셀 서식 복사

서식을 한 번 더 선택하세요. 글꼴을 제외한 다른 서식을 지우기 위해서입니다.

그림 12-29 서식 선택

글꼴을 제외한 다른 서식(표시형식, 맞춤, 테두리, 채우기, 보호)은 지우세요. 그림 12-30
을 참고하세요. 서식 찾기의 표시 형식을 눌렀을 때 지우기(R) 버튼이 나옵니다. 이
버튼을 클릭해봅시다.

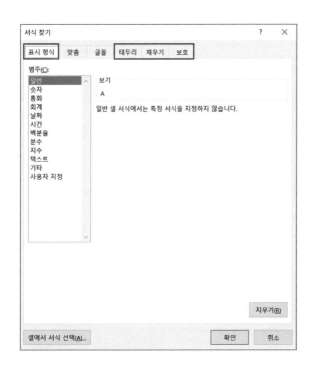

그림 12-30 다른 서식 지우기

모두 바꾸기를 누르세요.

그림 12-31 모두 바꾸기

그림 12-32처럼 바뀐 항목이 몇 개인지 알려줍니다.

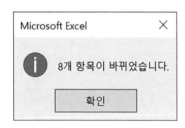

그림 12-32 확인

바뀐 항목 확인 및 A1부터 B11까지 영역 선택 후 필터를 적용(단축키 Ctrl+Shift+L)하세요. 그림 12-33을 참고하세요.

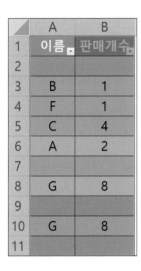

그림 12-33 필터 적용

그럼 이제 그림 12-34와 같이 '(필드 값 없음)'을 선택하세요. 찾아 바뀐 셀은 모두 빈칸이 되었기 때문에 빈칸을 선택하기 위해서 입니다.

그림 12-34 (필드 값 없음) 선택

남겨진 빈 값이 포함된 셀을 모두 선택 후 행 삭제를 하세요. 그림 12-35를 참고하세요.

그림 12-36 행 삭제 결과

그림 12-35 행 삭제

행 삭제 결과는 그림 12-36과 같습니다.

필터 해제 후 결과를 보면 A열에서 폰트가 6이었던 데이터는 모두 사라진 것을 확인할 수 있습니다.

	A	B
1	이름	판매개수
2	B	1
3	F	1
4	C	4
5	A	2
6	G	8
7	G	8

그림 12-37 필터 해제 후 결과 확인

13장

OFFICE INSIDER

13 오피스 참가자로 등록하기

오피스 참가자는 Office Insider를 한글로 번역한 것으로 사실 참가자보다는 내부자라고 해석하는 것이 이해하기 더욱 쉬울 것입니다. 내부자가 되어 새로 만든 기능을 일주일 단위로 먼저 접해보고 오류 등을 피드백 하는 사용자를 뜻합니다. 하지만 새로운 기능에 오류가 있을 경우에는 그 위험을 감수해야 한다는 단점도 있습니다. 13장에서 소개할 새로운 기능들이 이 책을 읽고 있을 시기에 오피스 참가자가 아니어도 사용할 수 있게 변경되어 있을 가능성이 있습니다. 이 점 유의하여 읽어주세요.

1. 오피스 참가자 등록 방법

〈파일 → 계정 → 오피스 참가자 등록(원하는 수준 선택) → 오피스 업데이트〉를 차례로 실행합니다. 참가자 수준은 두 가지가 있습니다. 'Office Insider'와 '월 단위 채널' 수준이 있습니다. Office Insider에 대한 설명은 그림 13-1을 참고하세요.

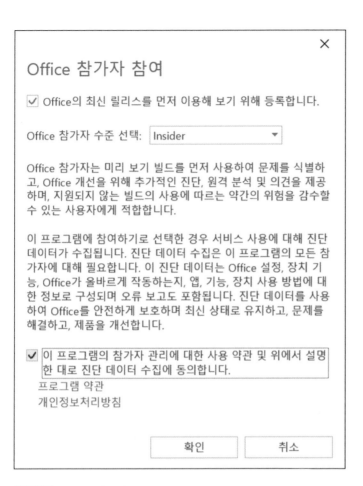

그림 13-1 Office 참가자 참여 Insider

월 단위 채널(대상 지정)이란 Monthly Channel(Targeted)를 한글로 번역한 것으로, Insider보다는 안정적인 수준의 업데이트를 받아보는 사용자를 말합니다. 한 달에 한 번 정도 새로운 기능이 업데이트 됩니다. 그림 13-2를 확인하세요.

Office 참가자 참여   ✕

☑ Office의 최신 릴리스를 먼저 이용해 보기 위해 등록합니다.

Office 참가자 수준 선택: **월 단위 채널(대상 지정)** ▾

Office 월 단위 채널(대상 지정) 참가자는 완전히 지원되는 빌드에
먼저 액세스할 수 있으며 Office 개선을 위한 추가적인 진단, 원격
분석 및 의견을 제공할 수 있습니다.

이 프로그램에 참여하기로 선택한 경우 서비스 사용에 대해 진단
데이터가 수집됩니다. 진단 데이터 수집은 이 프로그램의 모든 참
가자에 대해 필요합니다. 이 진단 데이터는 Office 설정, 장치 기
능, Office가 올바르게 작동하는지, 앱, 기능, 장치 사용 방법에 대
한 정보로 구성되며 오류 보고도 포함됩니다. 진단 데이터를 사용
하여 Office를 안전하게 보호하며 최신 상태로 유지하고, 문제를
해결하고, 제품을 개선합니다.

☐ 이 프로그램의 참가자 관리에 대한 사용 약관 및 위에서 설명
   한 대로 진단 데이터 수집에 동의합니다.
   프로그램 약관
   개인정보처리방침

| 확인 | 취소 |

그림 13-2 Office 참가자 참여 월 단위 채널(대상 지정)

참가자 등록이 완료되면 그림 13-3과 같은 화면이 나옵니다.

제품 정보

 Office

자세한 라이선스 정보 표시

구독 제품

Microsoft Office 365

소유자: hohohigo@naver.com

이 제품에는 다음이 포함되어 있습니다.

계정 관리   라이선스 변경

Office 업데이트

업데이트가 자동으로 다운로드되고 설치되었습니다.

Office 참가자

- Office 참가자 프로그램에 등록하셨습니다.
- Office의 새 빌드를 약 일주일에 한 번 받게 됩니다.

그림 13-3 Office 참가자 참여 완료 화면

2강 UNIQUE 함수

1. 뜻풀이

이하의 내용은 2019년 3월 기준에서 작성했습니다. 엑셀에서의 UNIQUE 함수는 '목록 또는 범위에서 고유값의 목록을 반환'한다고 설명합니다. 좀 더 쉽게 말하면 UNIQUE 함수는 엑셀의 '중복된 항목 제거' 기능을 함수로 구현한 것이라고 할 수 있습니다. 복잡한 배열 함수를 사용하지 않고 배열이 필요한 작업을 단순 함수로 해결할 수 있게 해주었습니다.

2. 함수 구성

UNIQUE 함수의 구성은 '=UNIQUE(array, [by col], [occurs_once])'으로 array는 중복값을 제거하고 하나의 값만 남길 범위이고, [by col]는 중복값을 제거하고 하나의 값만 남기는 기준을 행으로 할지 열로 할지 결정하는 것입니다. 보통 행 기준이므로 생략하면 됩니다. '[occurs_once]'는 전체 목록 중 1개만 존재하는 값을 찾고 싶을 때 선택하는 것으로 이 작업을 원한다면 숫자 1 또는 TRUE를 입력하면 됩니다. 하지만 이런 작업은 실무에서는 거의 사용하지 않습니다. '[occurs_once]'는 보통 생략한다고 생각하면 됩니다.

3. 중복 제거할 열이 1개의 열일 경우

그림 13-4의 표에서 중복값을 제거하고 한 개의 값만 남기세요. C열에 값이 오도록 만드세요.

	A
1	제품명
2	제품1
3	제품2
4	제품3
5	제품1
6	제품2

그림 13-4 UNIQUE 함수 예제

C1셀에 입력할 수식은 '=UNIQUE(A1:A6)'입니다. 행이 기준이고 중복된 값을 제거하는 것이 목적이므로 array를 제외한 항목은 모두 생략해도 됩니다. 필드명도 유일한 값이므로 범위에 넣으면 따로 필드명을 설정하지 않아도 되기 때문에 넣는 것이 좋습니다. 그림 13-5와 같이 수식을 입력해봅시다. 결과는 13-6과 같습니다.

그림 13-5 수식 넣기

그림 13-6 결과 확인

4. 중복 제거할 열이 2개 이상의 열일 경우

그림 13-7의 표에서 A열과 B열 두 개 모두가 같은 값은 제거하고 한 개의 값만 남기세요.

	A	B
1	제품명	코드
2	제품1	A
3	제품2	B
4	제품3	C
5	제품1	A
6	제품2	D

그림 13-7 UNIQUE 함수 예제

D1셀에 입력할 수식은 '=UNIQUE(A1:B6)'입니다. 그림 13-8처럼 바로 입력해봅시다.

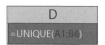

그림 13-8 수식 적용

결과는 그림 13-9와 같이 A열과 B열 모두 같은 값을 가진 5번째 행만 제거됩니다.

D	E
제품명	코드
제품1	A
제품2	B
제품3	C
제품2	D

그림 13-9 결과 확인

5. UNIQUE 함수의 한계

엑셀의 현재 기능 중 중복된 항목 제거 기능처럼 2개의 열 중 한 개의 열 값만 중복되는 값을 제거하고 다른 열 값은 그대로 가져오는 기능이 아직은 UNIQUE 함수에는 없습니다. 그림 13-10은 엑셀의 중복값 제거 기능 창입니다. 이 기능으로는 한 개의 열만 중복되는 값을 제거하는 것이 가능합니다.

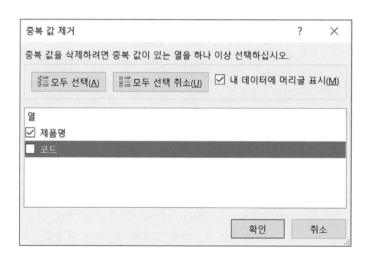

그림 13-10 중복값 제거 창

FILTER 함수

1. 뜻풀이

엑셀에서는 FILTER 함수를 조건을 바탕으로 일정 범위의 데이터를 필터링하는 기능이라고 설명하고 있습니다. 좀 더 쉽게 설명하면 엑셀의 필터 기능을 함수로 구현한 것이라고 할 수 있습니다. 복잡한 배열 함수를 사용하지 않고도 배열이 필요한 작업을 단순 함수로 해결할 수 있습니다.

2. 함수 구성

FILTER 함수의 구성은 '=FILTER(array, include, [if_empty])'입니다. array는 필터링하는 범위이고, include는 필터링 조건으로 수식을 넣어야 합니다. '[if_empty]'는 만약 필터링 결과가 없다면 나타낼 값이며 생략이 가능합니다.

3. 필터링할 열이 1개일 경우

그림 13-11의 표를 필터 조건에 맞게 필터링 한 후 G2셀에 나타내세요.

	A	B	C	D	E	F	G	H	I
1	제품명	날짜	판매개수		필터조건		제품명	날짜	판매개수
2	제품1	1월 3일	91		제품1				
3	제품2	1월 4일	17						
4	제품3	1월 5일	71						
5	제품1	1월 6일	16						
6	제품2	1월 7일	97						

그림 13-11 FILTER 함수 예제

G2셀에 입력할 수식은 '=FILTER(A2:C6,A2:A6=E2,"값 없음")'입니다. include 인수에 배열 수식이 나타나도록 수식을 만들어야 합니다. 위의 수식을 입력하면 결과는 그림 13-12와 같이 나옵니다.

	A	B	C	D	E	F	G	H	I
1	제품명	날짜	판매개수		필터조건		제품명	날짜	판매개수
2	제품1	1월 3일	91		제품1		제품1	1월 3일	91
3	제품2	1월 4일	17				제품1	1월 6일	16
4	제품3	1월 5일	71						
5	제품1	1월 6일	16						
6	제품2	1월 7일	97						

그림 13-12 FILTER 함수 결과 확인

필터 조건이 입력된 E2셀 값을 바꾸면 내용이 함수를 적용한 범위의 값도 자동으로 바뀝니다. 그림 13-13을 참고하세요.

	A	B	C	D	E	F	G	H	I
1	제품명	날짜	판매개수		필터조건		제품명	날짜	판매개수
2	제품1	1월 3일	91		제품2		제품2	1월 4일	17
3	제품2	1월 4일	17				제품2	1월 7일	97
4	제품3	1월 5일	71						
5	제품1	1월 6일	16						
6	제품2	1월 7일	97						

그림 13-13 조건에 따라 자동으로 바뀌는 FILTER 함수

4. 필터링할 열이 2개 이상인 경우

그림 13-14의 표를 필터 조건에 맞게 필터링해서 H2셀에 나타내세요.

	A	B	C	D	E	F	G	H	I	J
1	제품명	날짜	판매개수		필터조건 1	필터조건 2		제품명	날짜	판매개수
2	제품1	1월 3일	91		제품1	1월 6일				
3	제품2	1월 4일	17							
4	제품3	1월 5일	71							
5	제품1	1월 6일	16							
6	제품2	1월 7일	97							

그림 13-14 FILTER 함수 예제

H2셀에 입력할 수식은 '=FILTER(A2:C6,(A2:A6=E2)*(B2:B6=F2),"값 없음")'입니다. Include 인수에 배열수식이 나타나도록 수식을 만들어야 합니다. 결과는 그림 13-15 와 같습니다.

	A	B	C	D	E	F	G	H	I	J
1	제품명	날짜	판매개수		필터조건 1	필터조건 2		제품명	날짜	판매개수
2	제품1	1월 3일	91		제품1	1월 6일		제품1	1월 6일	16
3	제품2	1월 4일	17							
4	제품3	1월 5일	71							
5	제품1	1월 6일	16							
6	제품2	1월 7일	97							

그림 13-15 결과 확인

5. 부등호가 포함된 필터링 조건

그림 13-16의 표를 필터 조건에 맞게 필터링해서 H2셀에 나타내세요.

	A	B	C	D	E	F	G	H	I	J
1	제품명	날짜	판매개수		필터조건 1	필터조건 2 (판매개수 F2 셀 값 이상)		제품명	날짜	판매개수
2	제품1	1월 3일	91		제품1	50				
3	제품2	1월 4일	17							
4	제품3	1월 5일	71							
5	제품1	1월 6일	16							
6	제품2	1월 7일	97							

그림 13-16 FILTER 함수 예제

H2셀에 입력할 수식은 '=FILTER(A2:C6,(A2:A6=E2)*(C2:C6)=F2),"값 없음")'입니다. Include 인수에 배열수식이 나타나도록 수식을 만들어야 합니다. 결과는 그림 13-17과 같습니다.

	A	B	C	D	E	F	G	H	I	J
1	제품명	날짜	판매개수		필터조건 1	필터조건 2 (판매개수 F2 셀 값 이상)		제품명	날짜	판매개수
2	제품1	1월 3일	91		제품1	50		제품1	1월 3일	91
3	제품2	1월 4일	17							
4	제품3	1월 5일	71							
5	제품1	1월 6일	16							
6	제품2	1월 7일	97							

그림 13-17 결과 확인

4⠿ SEQUENCE 함수

1. 뜻풀이

엑셀에서는 SEQUENCE 함수를 일련의 연속된 숫자 목록을 생성할 수 있게 해주는 함수라고 설명하고 있습니다. 좀 더 쉽게 말하면 일정한 범위에 일정한 차이가 나는 숫자 목록을 만들어주는 함수라고 생각하면 됩니다.

2. 함수 구성

SEQUENCE 함수는 '=SEQUENCE(ROWS, [COLUMNS], [start], [step])'으로 구성되어 있습니다. ROWS는 행의 개수이고, '[COLUMNS]'는 열 (생략하면 1열), '[start]'는 시작할 숫자 (생략하면 1), '[step]'은 배열 내 숫자 간의 차이 값입니다.

3. 기초 예제

5개의 행, 4개의 열까지 홀수들의 배열을 만들어 보겠습니다. 시작은 숫자 1로 하세요.

A1셀에 입력할 수식은 =SEQUENCE(5,4,1,2)입니다. 결과는 그림 13-18과 같이 나오는지 확인하세요.

A1 =SEQUENCE(5,4,1,2)

	A	B	C	D
1	1	3	5	7
2	9	11	13	15
3	17	19	21	23
4	25	27	29	31
5	33	35	37	39

그림 13-18 SEQUENCE 함수 결과

4. 활용 예제

그림 13-19의 표에서 등급별로 판매 금액을 구하세요. 단 1등급은 1,000원이고 아래 등급으로 갈 때마다 100원씩 떨어집니다.

	A	B	C	D
1	등급구분	판매개수	판매금액 (일반계산식)	판매금액 (Sequence 함수식)
2	1등급	100		
3	2등급	100		
4	3등급	100		
5	4등급	100		
6	5등급	100		

그림 13-19 SEQUENCE 함수 활용 예제

SEQUENCE 함수를 사용하지 않고 일반 수식으로 계산해보겠습니다.

C2셀에 들어갈 계산식은 '=B2*(1000-100*(ROWS($C$2:C2)-1))'입니다. 수식을 설명하면 판매 개수 * (1등급 가격-100*($C$2셀부터 C2셀까지 행의 개수-1))과 같습니다. 수식 중 'ROWS($C$2:C2)-1'을 보면 $C$2은 고정시켜 놨고, C2는 고정이 안된 수식이라

수식이 아래 셀로 끌어 복사될 때마다 값은 1씩 늘어나게 됩니다. 첫 행은 값이 0이 나와야 하므로 '-1'을 넣었습니다. 일반 수식의 결과는 그림 13-20과 같습니다.

	A	B	C	D
			fx	=B2*(1000-100*(ROWS($C$2:C2)-1))
1	등급구분	판매개수	판매금액 (일반계산식)	판매금액 (Sequence 함수식)
2	1등급	100	100000	
3	2등급	100	90000	
4	3등급	100	80000	
5	4등급	100	70000	
6	5등급	100	60000	

그림 13-20 일반 수식 결과

그럼 이제 SEQUENCE 함수를 사용해서 계산해보겠습니다. D2셀에 들어갈 SEQUENCE 함수를 사용한 계산식은 '=B2*SEQUENCE(5,1,1000,-100)'입니다. SEQUENCE 함수를 사용한 계산식 결과는 그림 13-21 과 같습니다. 앞서 만든 일반 수식보다 훨씬 간단하며 이해하기도 좋습니다.

	A	B	C	D
			fx	=B2*SEQUENCE(5,1,1000,-100)
1	등급구분	판매개수	판매금액 (일반계산식)	판매금액 (Sequence 함수식)
2	1등급	100	100000	100000
3	2등급	100	90000	90000
4	3등급	100	80000	80000
5	4등급	100	70000	70000
6	5등급	100	60000	60000

그림 13-21 SEQUENCE 함수 결과 확인

5 ⠿ SORT 함수

1. 뜻풀이

SORT 함수는 범위 또는 배열의 내용을 정렬해주는 정렬 함수입니다. 정렬 역시 다양한 방법으로 사용자의 편의에 맞게 정렬할 수 있습니다.

2. 함수 구성

SORT 함수는 '=SORT(array, [sort_index], [sort_order], [by_col])'으로 구성되어 있으며 array는 정렬할 범위 또는 배열입니다. 'sort_index'는 정렬 기준이 되는 행 또는 열 번호 (생략 시 1번째 열)입니다. 'sort_order'에는 오름차순 정렬은 1, 내림차순은 -1 (생략 시 오름차순)을 넣으면 됩니다. 'by_col'에는 행 기준 0, 열 기준 1 (생략 시 행 기준)을 넣습니다.

'by_col'에는 생략 시 0이 들어감에 주의하세요. 대부분 다른 함수에서는 생략 시 1이 들어가므로 꼭 기억하세요.

3. 예제 1

그림 13-22에서 A2:B6의 내용을 판매 개수 기준 오름차순으로 D2:E6에 정렬하세요.

	A	B	C	D	E
1	등급구분	판매개수		등급구분	판매개수
2	5등급	23			
3	2등급	35			
4	4등급	25			
5	3등급	10			
6	1등급	33			

그림 13-22 SORT 함수 예제

D2에 들어갈 수식은 '=SORT(A2:B6,2)' 또는 '=SORT(A2:B6,2,1,0)'입니다. 판매 개수는 2번째 열이므로 'sort_index'에 숫자 2를 오름차순과 행 기준 정렬이므로 'sort_order'와 'by_col'에 이은 숫자 1과 0을 각각 입력합니다. 결과는 그림 13-23과 같습니다. 판매 개수가 오름차순으로 정렬된 것을 확인하세요.

D2			f_x	=SORT(A2:B6,2,1,0)	
	A	B	C	D	E
1	등급구분	판매개수		등급구분	판매개수
2	5등급	23		3등급	10
3	2등급	35		5등급	23
4	4등급	25		4등급	25
5	3등급	10		1등급	33
6	1등급	33		2등급	35

그림 13-23 SORT 함수 결과

4. 예제 2

그림 13-24에서 B1:F2의 내용을 판매 개수 기준 오름차순으로 B4:F5에 정렬하세요.

	A	B	C	D	E	F
1	등급구분	5등급	2등급	4등급	3등급	1등급
2	판매개수	23	35	25	10	33
3						
4	등급구분					
5	판매개수					

그림 13-24 SORT 함수 예제

B4에 들어갈 수식은 '=SORT(B1:F2,2,,1)' 또는 '=SORT(B1:F2,2,1,1)'입니다. 판매 개수는 2번째 열이므로 'sort_index'에 숫자 2를, 오름차순이므로 숫자1(또는 생략), 열기준 정렬이므로 'sort_order'와 'by_col'에 둘 다 숫자 1을 입력합니다.

결과는 그림 13-25와 같습니다. 판매 개수가 오름차순으로 왼쪽부터 오른쪽으로 정렬된 것을 확인할 수 있습니다.

B4		× ✓ fx	=SORT(B1:F2,2,1,1)			
	A	B	C	D	E	F
1	등급구분	5등급	2등급	4등급	3등급	1등급
2	판매개수	23	35	25	10	33
3						
4	등급구분	3	5	4	1	2
5	판매개수	10	23	25	33	35

그림 13-25 SORT 함수 결과

6 SORTBY 함수

1. 뜻풀이

SORTBY 함수는 범위 또는 배열을 여러 개의 기준으로 정렬시킵니다. 그룹 내 정렬이 가능합니다. SORT 함수는 그룹 내 정렬이 불가능합니다.

2. 구성 요소

SORTBY 함수의 구성은 '=SORTBY(array, by_array1, [sort_order1],[by array2], [sort_order2]⋯)'와 같습니다. array는 정렬할 전체 범위 또는 배열입니다. 'by_array1'은 첫 번째로 정렬할 기준 열 (1개의 열만 선택)입니다. 'sort_oder1'은 'by_array1'에는 오름차순은 '1' (생략 가능), 내림차순은 '-1'을 넣으면 됩니다. 'by_array2'는 두 번째 정렬할 기준 열 (1개의 열만 선택)입니다. 'sort_oder2'에서 오름차순은 '1' (생략 가능), 내림차순은 '-1'을 넣으면 됩니다.

3. 예제

그림 13-26의 왼쪽 표를 판매 지역끼리 그룹화 한 뒤 많이 팔린 순서로 오른쪽 표에 정렬시키세요.

	A	B	C	D	E
1	판매지역	판매개수		판매지역	판매개수
2	남부	10			
3	서부	20			
4	서부	30			
5	남부	20			
6	서부	10			

그림 13-26 SORTBY 함수 예제

D2에 들어갈 수식은 '=SORTBY(A2:B6,A2:A6,1,B2:B6,-1)'입니다. 전체 범위를 A2:B6로 잡고, 먼저 판매지역 (A2:A6) 순으로 오름차순으로(1) 정렬한 후, 그룹화된 판매 지역 내에서 다시 판매 개수(B2:B6)로 내림차순(-1)으로 정렬합니다.

결과는 그림 13-27과 같습니다. 판매 지역으로 먼저 오름차순 정렬을 한 뒤 그 안에서 판매 개수를 내림차순으로 한 번 더 정렬된 것을 확인할 수 있습니다.

| D2 | | ▾ | ⋮ | × | ✓ | fx | =SORTBY(A2:B6,A2:A6,1,B2:B6,-1) |

	A	B	C	D	E
1	판매지역	판매개수		판매지역	판매개수
2	남부	10		남부	20
3	서부	20		남부	10
4	서부	30		서부	30
5	남부	20		서부	20
6	서부	10		서부	10

그림 13-27 SORTBY 함수 결과

7절 검색으로 명령 찾기

1. 설명

명령어를 검색해서 찾을 수 있는 기능입니다. 방법은 메뉴 오른쪽 상단 돋보기 버튼 클릭하거나 단축키 'Alt+Q'를 사용하면 됩니다. 그림 13-28과 같은 버튼입니다.

[그림 13-28] 검색으로 명령 찾기

검색어로 메뉴 탭에 있는 여러 가지 기능을 바로 찾을 수 있어 업무 시간을 줄여줍니다.

2. 최근에 사용한 기호 찾기

검색이 아닌 메뉴에서 기호를 찾는다면 삽입 메뉴에서 기호를 선택해야 합니다. 접근 경로가 길지는 않지만, 어떤 기능을 자주 쓰지 않는다면 그 기능이 어떤 경로에 있는지 찾는데 시간이 많이 소요됩니다. 따라서 검색으로 명령어를 찾는 방법도 알아두면 유용할 것입니다. 검색으로 기호를 찾는 방법은 그림 13-29를 참고하세요.

기호 찾기

검색창에서 '기호'를 먼저 입력해서 검색합니다. 여기서 사용자가 찾으려고 하는 기호
를 선택해서 입력하면 됩니다.

14장

실전!
내 업무에 적용하기

여행사를 운영하는 A투어 대표의 정리가 되지 않은 기존 데이터를 고객 상담 및 성과 분석을 위한 분석 가능한 데이터로 만들어봅시다.

그림 14-1은 A투어 대표가 사용하던 기존 데이터입니다. 이는 분석이 불가능한 데이터로 여러 가지의 문제점이 있습니다. 같이 확인해봅시다.

우선 가장 큰 문제인 셀 병합이 여러 군데 이루어져 있습니다. 셀 병합이 있으면 피벗 테이블로 가져갈 수가 없습니다. 또한 상담 날짜는 날짜 형식이 아닌 텍스트 형식으로 되어 있어서 월 단위나 연 단위로 묶을 수 없습니다.

'여행목적' 열을 보면 적혀 있는 데이터 중 '신혼여행'과 '신행'이 같은 내용인데도 불구하고 다르게 입력되어 있습니다. 제대로 된 데이터 분석이 이루어질 수 없고, 완료 여부 또한 같은 내용들이 다르게 입력되어 있어서 마찬가지입니다. 이제 실습을 통해 해결하는 방법을 알아봅시다.

상담날짜	성함	여행목적	항공사	만족도				여행비용	커미션	완료
				상담	항공사	호텔	식사			
2018-08-29	가	출장	A	상	상	중	상	₩ 1,300,430	₩ 260,086	O
2018-09-25	나	레져	B	중	상	상	중	₩ 2,975,820	₩ 595,164	취소
2018-10-06	다	신혼여행	C	하	중	중	상	₩ 2,734,570	₩ 546,914	O
2018-12-15	라	태교여행	D	중	상	중	중	₩ 2,907,750	₩ 581,550	완료
2018-12-19	마	출장	D	상	중	하	상	₩ 2,516,650	₩ 503,330	O
2018-12-21	바	효도여행	B	상	하	중	상	₩ 1,049,610	₩ 209,922	OK
1/11	사	신혼여행	C	상	중	상	중	₩ 2,994,230	₩ 598,846	캔슬
2019-01-21	아	신행	A	하	하	중	하	₩ 2,643,560	₩ 528,712	취소
3.12	자	레져여행	B	중	상	상	상	₩ 2,562,820	₩ 512,564	진행중
3.17	차	일반여행	C	상	상	상	상	₩ 2,417,270	₩ 483,454	진행중

그림 14-1 내 업무에 적용하기 예제

1장 데이터 정규화

먼저 분석 가능한 로데이터(기초 자료)로 만들기 위한 데이터 정규화 과정을 진행합니다.

1. 데이터에 있는 모든 셀 병합 해제하기 (1행, 2행)

먼저 병합된 셀들을 모두 병합 해제합니다. 상단의 맞춤 영역에서 병합된 영역을 선택한 뒤, 〈병합하고 가운데 맞춤 해제〉를 누르면 됩니다. 그림 14-2는 병합이 해제된 시트입니다.

그림 14-2 셀 병합 해제 후 화면

이제 필드명을 정리합니다. 필드명은 1개의 행으로 만들고 빈 셀과 중복값이 없도록 정리해야 합니다. 그림 14-3을 참고하세요.

	A	B	C	D	E	F	G	H	I	J	K
1	상담날짜	성함	여행목적	항공사	상담만족도	항공사만족도	호텔만족도	식사만족도	여행비용	커미션	완료
2	2018-08-29	가	출장	A	상	상	중	상	₩ 1,300,430	₩ 260,086	O
3	2018-09-25	나	레저	B	중	상	상	중	₩ 2,975,820	₩ 595,164	취소
4	2018-10-06	다	신혼여행	C	하	중	중	상	₩ 2,734,570	₩ 546,914	O
5	2018-12-15	라	태교여행	D	중	상	중	중	₩ 2,907,750	₩ 581,550	완료
6	2018-12-19	마	출장	D	상	중	하	상	₩ 2,516,650	₩ 503,330	O
7	2018-12-21	바	효도여행	B	상	하	중	상	₩ 1,049,610	₩ 209,922	OK
8	1/11	사	신혼여행	C	상	중	상	중	₩ 2,994,230	₩ 598,846	캔슬
9	2019-01-21	아	신행	A	하	하	중	하	₩ 2,643,560	₩ 528,712	취소
10	3.12	자	레저여행	B	중	상	상	상	₩ 2,562,820	₩ 512,564	진행중
11	3.17	차	일반여행	C	상	상	상	상	₩ 2,417,270	₩ 483,454	진행중

그림 14-3 필드명 정리

2. 상담 날짜 정리하기 (A열)

상담 날짜를 정리하겠습니다. 먼저 엑셀이 인식할 수 있도록 규칙에 맞게 날짜를 바꿔야 합니다. 날짜 입력 시 년, 월, 일 구분은 반드시 '/' 또는 '-'로 넣습니다. A10, A11셀을 규칙에 맞게 고쳤습니다. 그림 14-4와 같이 작성합니다. 여기에서는 '/'를 사용했습니다.

10	3.12	→	3/12
11	3.17		3/17

그림 14-4 날짜 정리

날짜가 들어가야 하는 열은 날짜 서식으로 바꿔줍니다. 텍스트 나누기로 서식을 한번에 바꾸고 적용시키세요. 그림 14-5를 참고하세요.

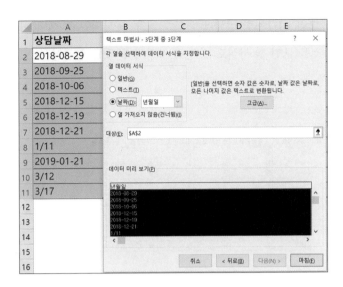

그림 14-5 텍스트 나누기로 날짜 서식으로 바꾸기

셀 서식을 맞춰줍니다. 그림 14-6에서 보이는 양식으로도 데이터 분석은 가능하지
만, 사용자가 보는 서식을 맞춰 양식을 통일하는 것이 더 보기 좋습니다.

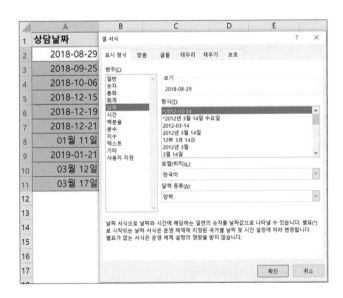

그림 14-6 양식 통일

날짜를 정리한 결과입니다. 그림 14-7처럼 날짜에 연도도 모두 표시되었고, 셀 값이
모두 오른쪽으로 붙어 있는 것을 보면 셀 서식도 날짜로 지정이 된 것을 확인할 수 있
습니다.

	A	B	C	D	E	F	G	H	I	J	K
1	상담날짜	성함	여행목적	항공사	상담만족도	항공사만족도	호텔만족도	식사만족도	여행비용	커미션	완료
2	2018-08-29	가	출장	A	상	상	중	상	₩ 1,300,430	₩ 260,086	O
3	2018-09-25	나	레져	B	중	상	상	중	₩ 2,975,820	₩ 595,164	취소
4	2018-10-06	다	신혼여행	C	하	중	중	상	₩ 2,734,570	₩ 546,914	O
5	2018-12-15	라	태교여행	D	중	상	중	중	₩ 2,907,750	₩ 581,550	완료
6	2018-12-19	마	출장	D	상	중	하	상	₩ 2,516,650	₩ 503,330	O
7	2018-12-21	바	효도여행	B	상	하	중	상	₩ 1,049,610	₩ 209,922	OK
8	2019-01-11	사	신혼여행	C	상	중	상	중	₩ 2,994,230	₩ 598,846	캔슬
9	2019-01-21	아	신행	A	하	하	중	하	₩ 2,643,560	₩ 528,712	취소
10	2019-03-12	자	레져여행	B	중	상	상	상	₩ 2,562,820	₩ 512,564	진행중
11	2019-03-17	차	일반여행	C	상	상	상	상	₩ 2,417,270	₩ 483,454	진행중

그림 14-7 날짜 정리 결과

3. 데이터 유효성 검사를 넣어 오 입력 방지하기 (A열, C열~H열, K열)

엑셀을 잘 다룰 줄 모르는 다른 사용자가 추가 데이터를 입력해도 텍스트가 아닌 날
짜만 입력 가능하도록 데이터 유효성 검사를 넣겠습니다. 데이터 유효성에서 제한 대
상을 날짜로 선택하면 됩니다. 그림 14-8처럼 설정합니다.

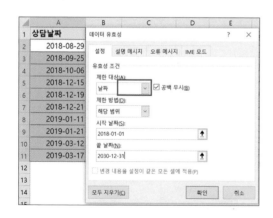

그림 14-8 데이터 유효성 설정

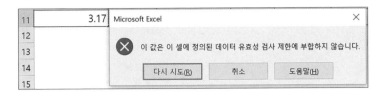

데이터 유효성 오류 경고창

그림 14-9는 A열에 데이터 유효성 설정 후 잘못 입력했을 때 나타나는 경고창입니다. 이렇게 같은 내용을 다른 단어로 넣지 않도록 데이터를 정리해야 합니다. 먼저 잘못 입력된 데이터들을 그림 14-10처럼 다시 입력합니다.

그림 14-10 데이터 정리

데이터를 모두 알맞게 고쳤다면, 이제 데이터 유효성 검사를 위해 데이터 유효성 검사 목록을 표로 만듭니다. 유효성 검사를 넣을 모든 열을 가져온 뒤 중복값 제거를 하면 목록이 깔끔하게 정리됩니다. 그림 14-11을 참고하세요.

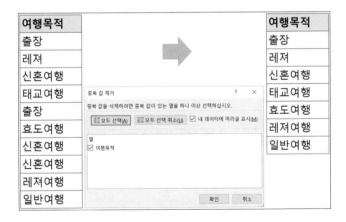

그림 14-11 중복값 제거

같은 내용을 다른 단어로 넣지 않도록 데이터를 정리하세요. (E열~H열, K열) 그림 14-12처럼 정리합시다.

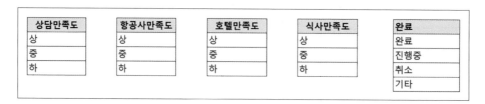

상담만족도	항공사만족도	호텔만족도	식사만족도	완료
상	상	상	상	완료
중	중	중	중	진행중
하	하	하	하	취소
				기타

그림 14-12 데이터 정리

정리한 목록 데이터를 목록 시트에 넣고 표로 만드세요. 데이터가 변해도 자동으로 데이터 유효성 목록이 바뀌게 만들기 위함입니다. 표 이름은 필드명과 일치시켜서 쉽게 기억할 수 있도록 하는 것이 좋습니다. 그림 14-13을 참고하세요.

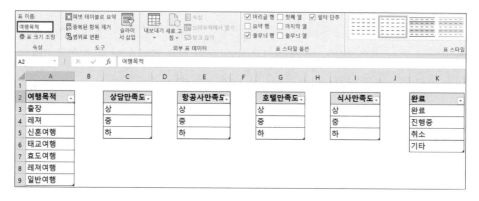

그림 14-13 표로 만들기

표 이름에서 데이터 유효성 목록 가져옵니다. (C열, E열~H열, K열) 그림 14-14를 참고하세요.

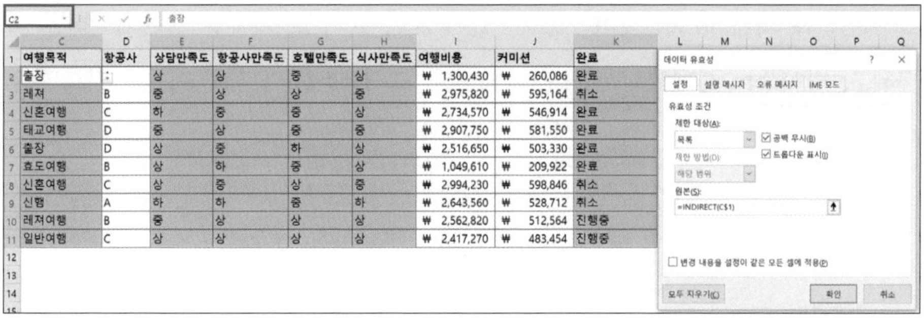

	C	D	E	F	G	H	I	J	K
1	여행목적	항공사	상담만족도	항공사만족도	호텔만족도	식사만족도	여행비용	커미션	완료
2	출장		상	상	중	상	₩ 1,300,430	₩ 260,086	완료
3	레져	B	중	상	상	중	₩ 2,975,820	₩ 595,164	취소
4	신혼여행	C	하	중	중	상	₩ 2,734,570	₩ 546,914	완료
5	태교여행	D	중	상	중	중	₩ 2,907,750	₩ 581,550	완료
6	출장	D	상	중	하	상	₩ 2,516,650	₩ 503,330	완료
7	효도여행	B	상	하	중	상	₩ 1,049,610	₩ 209,922	완료
8	신혼여행	C	상	중	상	중	₩ 2,994,230	₩ 598,846	취소
9	신행	A	하	하	중	하	₩ 2,643,560	₩ 528,712	취소
10	레져여행	B	중	상	상	상	₩ 2,562,820	₩ 512,564	진행중
11	일반여행	C	상	상	상	상	₩ 2,417,270	₩ 483,454	진행중

그림 14-14 표 이름으로 데이터 유효성 검사 설정

데이터 유효성 검사의 원본에 넣을 수식은 '=INIDRECT(C$1)'입니다. 다른 열도 이렇게 행만 고정시켜서 각각의 열의 필드명을 표 이름으로 하는 표를 가져옵니다. 이렇게 하면 쌍따옴표 안에 표 이름을 넣거나 각각의 열을 하나씩 데이터 유효성 검사를 넣는 것보다 빠릅니다.

이름 상자에 선택된 값이 전체 선택된 값 중에 가장 왼쪽 및 위쪽 셀이 되도록 범위를 선택할 때 유의하시기 바랍니다.

4. 원본 데이터를 표로 만들기

원본 데이터도 범위가 자동으로 변하도록 만들기 위해 'Ctrl+T' 단축키로 표를 만드세요. 그림 14-15를 참고하세요.

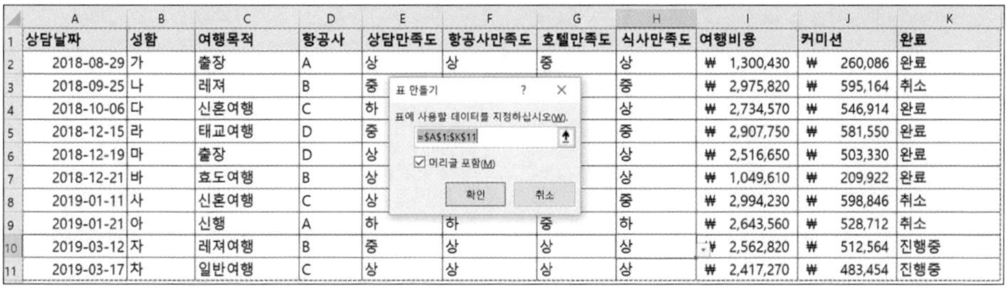

	A	B	C	D	E	F	G	H	I	J	K
1	상담날짜	성함	여행목적	항공사	상담만족도	항공사만족도	호텔만족도	식사만족도	여행비용	커미션	완료
2	2018-08-29	가	출장	A	상	상	중	상	₩ 1,300,430	₩ 260,086	완료
3	2018-09-25	나	레져	B	중			중	₩ 2,975,820	₩ 595,164	취소
4	2018-10-06	다	신혼여행	C	하			상	₩ 2,734,570	₩ 546,914	완료
5	2018-12-15	라	태교여행	D	중			중	₩ 2,907,750	₩ 581,550	완료
6	2018-12-19	마	출장	D	상			상	₩ 2,516,650	₩ 503,330	완료
7	2018-12-21	바	효도여행	B	상			상	₩ 1,049,610	₩ 209,922	완료
8	2019-01-11	사	신혼여행	C	상			중	₩ 2,994,230	₩ 598,846	취소
9	2019-01-21	아	신행	A	하	하	중	하	₩ 2,643,560	₩ 528,712	취소
10	2019-03-12	자	레져여행	B	중	상	상	상	₩ 2,562,820	₩ 512,564	진행중
11	2019-03-17	차	일반여행	C	상	상	상	상	₩ 2,417,270	₩ 483,454	진행중

그림 14-15 원본 데이터를 표로 만들기

표 이름으로 가는 경로인 'Alt → J → T → A'를 눌러 표 이름을 '원본데이터'로 바꾸세요. 마우스로 선택해서 바꿔도 좋습니다. 그림 14-16과 같이 이름을 적으면 됩니다.

표 이름:

원본데이터

그림 14-16 표 이름 넣기

2강 데이터 분석하기

위에서 분석 가능한 데이터로 바꾸는 것을 완료했습니다. 이제는 데이터를 분석해보 겠습니다.

1. 여행 목적 분석

원본 데이터를 피벗 테이블로 가져가세요. 삽입 메뉴에서 피벗 테이블을 클릭합니 다. 그림 14-17을 참고하세요.

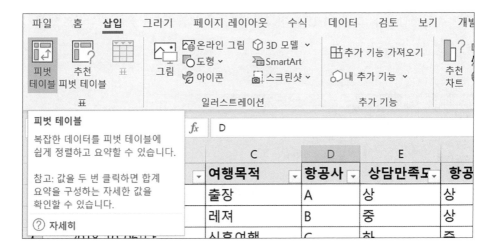

그림 14-17 여행 목적 분석

피벗 테이블 필드에서 행에는 '여행 목적'을 넣고 값에는 '여행 목적'을 넣습니다. 그림 14-18을 참고하세요.

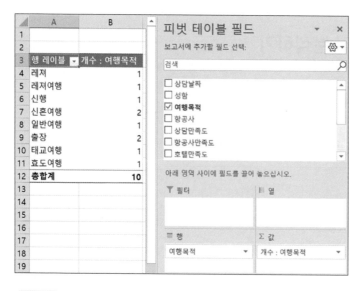

그림 14-18 피벗 테이블에 값 넣기

'여행 목적' 열 숫자 셀을 클릭 후 오른쪽 마우스 클릭하고 정렬 선택 후 숫자 오름차 순으로 정렬합니다. 그림 14-19를 참고하세요. 여기서는 보기 좋은 데이터로 만들기 위해 정렬을 했습니다.

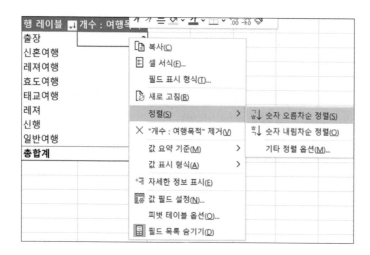

그림 14-19 정렬로 데이터 시각화

피벗 테이블 내 셀을 선택하면 〈피벗 테이블 메뉴〉가 나옵니다. 피벗 테이블 분석 메뉴에서 〈피벗 차트〉를 선택하세요. 그림 14-20을 참고하세요.

피벗 차트 삽입

불필요한 차트 요소를 지우고(차트 제목, 눈금선, 범례) 살려서(데이터 레이블) 보기 좋은 차트를 만듭니다. 그림 14-21을 참고하세요.

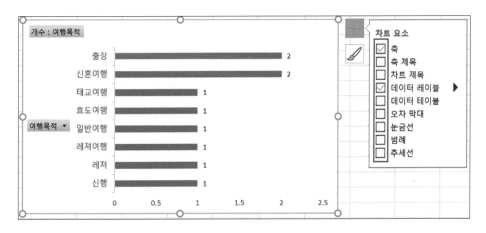

차트 요소 정리

불필요한 피벗 단추를 지우기 위해 피벗 차트 분석, 필드 단추, 모두 숨기기를 차례대로 누릅니다. 보기 좋은 차트를 만들기 위한 작업입니다. 그림 14-22를 참고하세요.

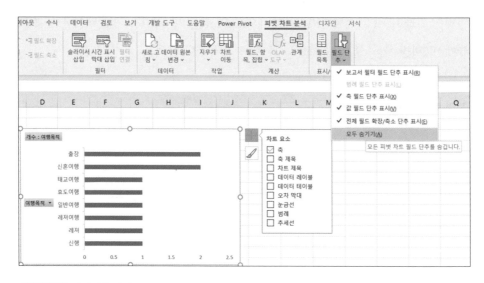

그림 14-22 피벗 단추 정리

조금 더 눈에 띄는 차트를 만들기 위해 데이터 계열 서식에서 '요소마다 다른 색 사용'
에 체크하세요. 데이터 막대 모두 선택(마우스로 클릭하면 됨)한 뒤 〈Ctrl+1 → 페인트 그
림 → 채우기 → 요소마다 다른 색 사용 체크〉 하면 됩니다. 그림 14-23을 참고하세요.

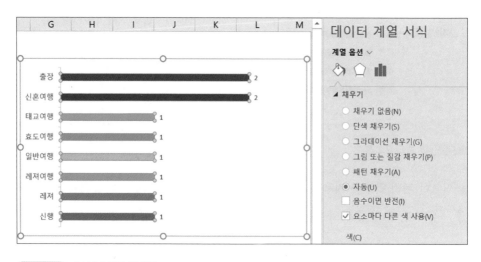

그림 14-23 요소마다 다른 색 사용

데이터 막대 두께를 보기 좋게 조정합니다. 데이터 막대 두께 조정을 위해서는 데이터 막대를 모두 선택(마우스로 클릭하면 됨) 후, 'Ctrl+1'을 눌러 데이터 계열 서식으로 들어간 후 세로 막대 그림, 계열 옵션을 차례대로 선택한 후 간격 너비를 50%로 맞추면 됩니다. 그림 14-24를 참고하세요.

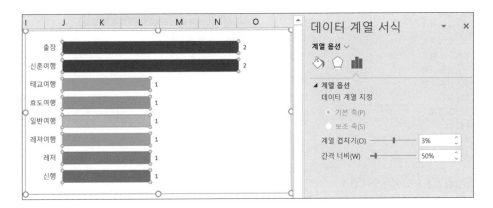

그림 14-24 데이터 막대 두께 조정

차트 전체 영역 선택 후 글자 크기, 글자체 등도 보기 좋게 사용자의 편의에 따라서 조정합니다. 그림 14-25를 참고하세요.

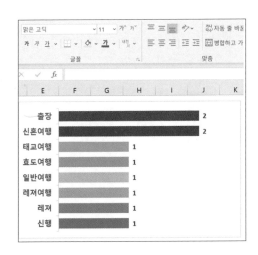

그림 14-25 차트 글자 크기 조정

여행 목적 분석 결과는 그림 14-26과 같습니다.

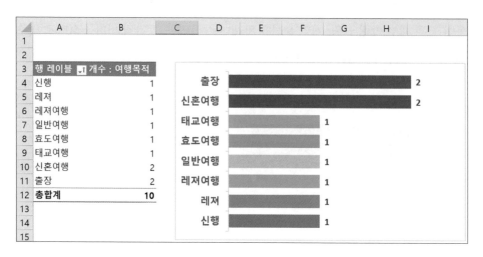

그림 14-26 여행 목적 분석 결과

2. 이용 항공사 분석

그림 14-27은 위와 같은 방법으로 이용 항공사를 분석한 결과 화면입니다.

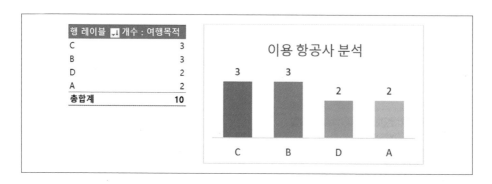

그림 14-27 이용 항공사 분석

열에 빈칸이 없다면 두 번째 열에 '개수 : 항공사'가 아닌 '개수 : 여행목적'을 넣어도 데이터 값에는 변함이 없습니다. 그러나 합계를 구할 때는 관련된 열을 넣어야 합니다.

3. 상담 만족도에 따른 취소 여부 분석

상담 만족도와 취소의 상관도를 분석하기 위한 작업입니다. 먼저 그림 14-28처럼 피벗 테이블을 구성하세요.

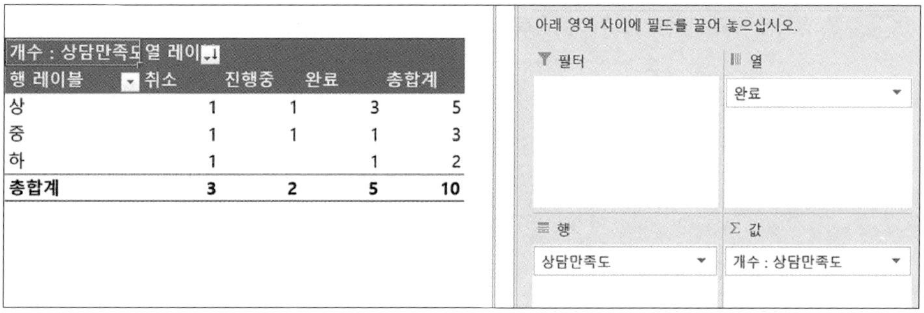

개수 : 상담만족도	열 레이블 ↓			
행 레이블 ▼	취소	진행중	완료	총합계
상	1	1	3	5
중	1	1	1	3
하	1		1	2
총합계	3	2	5	10

아래 영역 사이에 필드를 끌어 놓으십시오.

▼ 필터

||| 열

완료 ▼

≡ 행

상담만족도 ▼

Σ 값

개수 : 상담만족도 ▼

그림 14-28 상담 만족도에 따른 취소 여부 분석 수치 확인

만족도에 따른 취소율을 구하는 것이 목적이기 때문에 비율로 나타내기 위해 값 표시 형식을 행 합계 비율로 나타내겠습니다. 총 합계의 셀 하나를 선택 후 오른쪽 마우스 버튼을 눌러 값 표시 형식을 행 합계 비율로 바꾸세요. 그림 14-29를 참고하세요. 바뀐 결과는 그림 14-30과 같습니다.

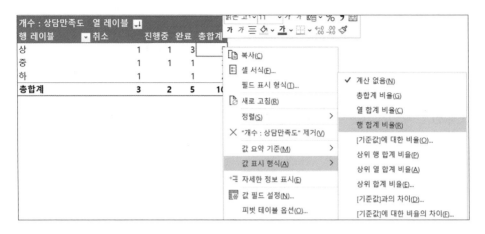

그림 14-29 상담 만족도에 따른 취소 여부 비율로 확인

그림 14-30 비율 확인

소수 자릿수를 줄여 깔끔하게 소수점 아래 1자리수만 나오도록 합니다. 만족도별로
취소 비율을 알 수 있도록 누적 막대형 피벗 차트를 만들겠습니다. 피벗차트 레이블
설정을 위해서 데이터 레이블 서식 레이블 옵션 선택 후 계열 이름에 체크, 레이블 위
치를 가운데로 합니다. 범례를 막대 차트 내부에 넣는 효과를 볼 수 있습니다. 그림
14-31에서 자세히 확인해보겠습니다.

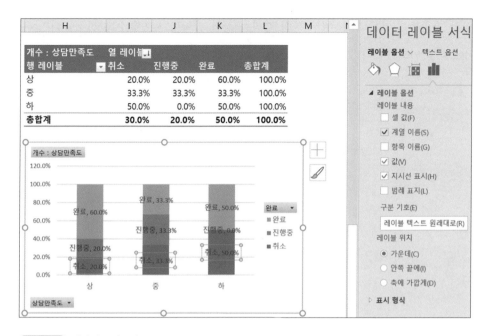

그림 14-31 피벗 차트 만들기

세로축 없애기, 주 눈금선 없애기, 필드 단추 모두 숨기기, 범례 없애기, 데이터 계열 간격너비 조정, 레이블 글자색 변경 등을 실행해 차트를 보기 좋게 정리하세요. 결과는 그림 14-32와 같습니다.

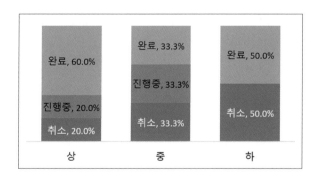

그림 14-32 차트 정리 결과

상담 만족도에 따른 취소 여부 분석 결과는 상담 만족도가 높을수록 취소율이 낮은 것으로 확인되었습니다.

15장

내가 원하는 대로
인쇄하기

15 인쇄 영역 기본 설정

이번 15장의 내용은 말 그대로 사용하기 좋은 내용들을 담았습니다. 부록 개념으로 실무에서 데이터를 인쇄해야 하거나 확인해야 할 때 사용할 수 있습니다.

1. 방법

인쇄 영역을 기본 설정 방법입니다. 인쇄를 원하는 범위 선택 후 메뉴에서 〈페이지 레이아웃 → 인쇄 영역 설정, 너비 : 1페이지, 용지방향 : 세로 / 가로, 여백 : 기본 / 넓게 / 좁게〉를 차례로 실행합니다. 그림 15-1과 15-2를 참고하세요.

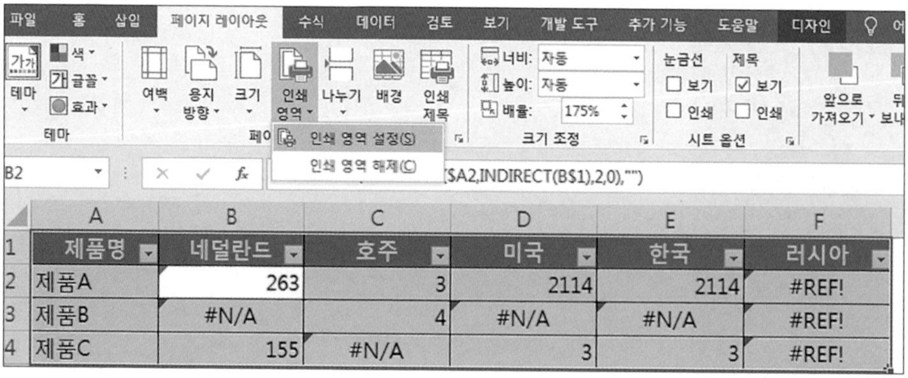

그림 15-1 인쇄 영역 설정

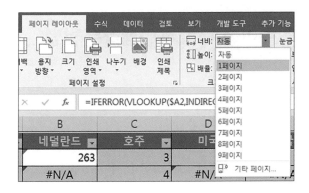

그림 15-2 너비 설정

2. 결과

인쇄 설정 후 인쇄 결과는 그림 15-3과 같습니다.

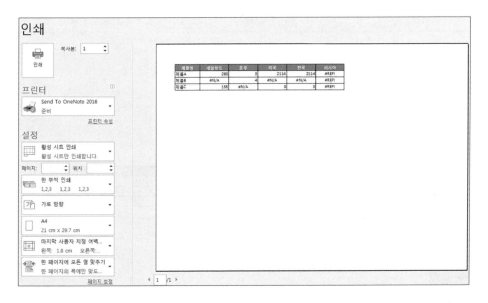

그림 15-3 인쇄 영역 기본 설정 결과

2 선택한 내용을 종이에 꽉 차게 인쇄하는 방법

배율 설정을 통해 선택한 내용을 종이에 꽉 차게 인쇄할 수 있습니다. 〈페이지 레이아웃 → 크기 조정 → 배율:160%〉를 차례로 실행하세요. 그림 15-4와 15-5를 참고하세요.

그림 15-4 배율 설정

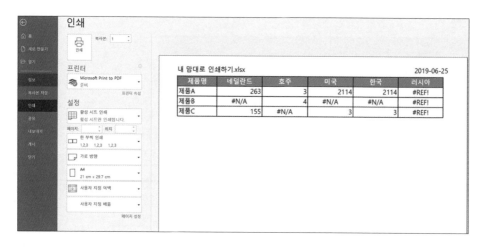

그림 15-5 배율과 머리글 설정 후 인쇄 미리보기 화면

3 머리글에 파일 이름과 날짜 넣기

본문 내용 바깥 영역인 머리글에 파일 이름과 날짜 등을 넣을 수 있습니다. 〈페이지 레이아웃 → 인쇄 제목 → 페이지 설정 → 머리글 편집 → 파일 / 날짜 선택〉을 차례로 실행하세요. 그림 15-6과 15-7을 참고하세요. 결과는 그림 15-5에서 확인하세요.

그림 15-6 머리글 / 바닥글 선택 화면

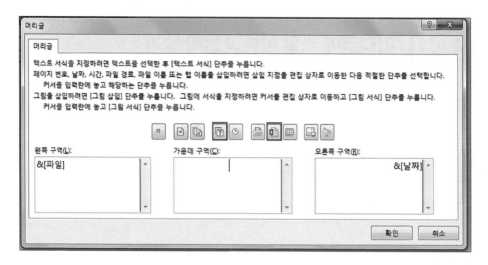

그림 15-7 파일 및 날짜 선택

4 바닥글에 페이지 번호 넣기

본문 내용 바깥 영역인 바닥글에 페이지 번호 등을 넣을 수 있습니다. 〈페이지 레이아웃 → 인쇄 제목 → 페이지 설정 → 바닥글 편집 → 페이지 번호 삽입〉을 차례로 실행하세요. 그림 15-8을 참고하세요.

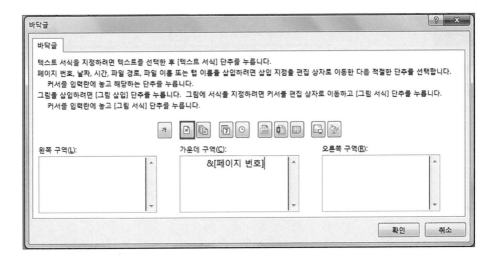

그림 15-8 페이지 번호 넣기

결과는 그림 15-9와 같습니다.

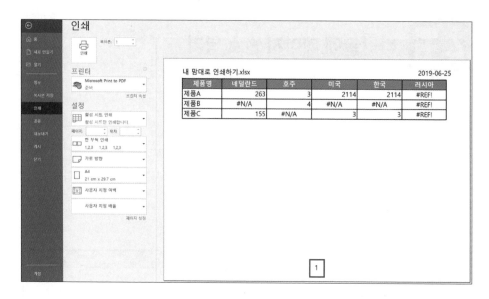

그림 15-9 바닥글에 페이지 번호 넣기 결과

찾아보기

찾아보기

영어

특수문자

읽어보면 안다, 쏘쿨한 엑셀

직장인에 의한, 직장인을 위한, 직장인의 엑셀 실무 해설서

초판 1쇄 발행   2019년 8월 29일

지은이   조애연
펴낸이   김범준
기획/책임편집   오민영
교정교열   이양이
편집디자인   김민정
표지디자인   유재헌

발행처   비제이퍼블릭
출판신고   2009년 05월 01일 제300-2009-38호
주 소   서울시 종로구 종로 1길 50 더케이트윈타워 B동 2층 WeWORk 광화문점
주문/문의   02-739-0739   팩스 02-6442-0739
홈페이지   http://bjpublic.co.kr   이메일   bjpublic@bjpublic.co.kr

가격 22,000원
ISBN 979-11-90014-45-8
한국어판 © 2019 비제이퍼블릭